FTA와
비즈니스

이순철 · 김한성 지음

Σ 시그마프레스

FTA와 비즈니스

발행일 2016년 3월 10일 1쇄 발행

지은이 이순철, 김한성
발행인 강학경
발행처 ㈜시그마프레스
디자인 우주연
편집 문수진

등록번호 제10-2642호
주소 서울특별시 영등포구 양평로 22길 21 선유도코오롱디지털타워 A401~403호
전자우편 sigma@spress.co.kr
홈페이지 http://www.sigmapress.co.kr
전화 (02)323-4845, (02)2062-5184~8
팩스 (02)323-4197

ISBN   978-89-6866-689-6

＊ 책값은 책 뒤표지에 있습니다.

머리말

2000년대에 접어들면서 자유무역협정(FTA)은 우리나라 통상정책의 중요한 수단으로 등장하였다. 아시아 외환위기를 경험하면서 국내 산업의 효율적인 운용과 자원배분에 대한 필요성이 증대하고, 국제시장에서 국내기업의 경쟁력 향상이 절실했던 상황에서 참여국 간의 관세 철폐 및 인하를 주 내용으로 하는 FTA는 국내 산업의 구조조정 촉진과 수출시장 확대의 중요한 수단으로 활용되었다.

2003년 체결한 한 · 칠레 FTA를 시작으로 현재까지 총 49개국과 11개 FTA가 발효되었고, 우리나라 최대 교역상대국인 중국과 체결한 한 · 중 FTA도 협상을 완료하고 국회비준 절차를 준비 중에 있다. 또한 동아시아 내에서는 한 · 중 · 일 FTA나 ASEAN 10개국과 한국, 중국, 일본, 호주, 뉴질랜드, 인도 등 총 16개국이 참여하는 역내 포괄적 경제 동반자 협정(Regional Comprehensive Economic Partnership, RCEP) 협상이 진행 중이며, 아시아 · 태평양 지역을 아우르는 환태평양경제동반자협정(Trans-Pacific Partnership, TPP) 가입도 긍정적으로 검토하고 있다.

기체결 FTA와 진행 중인 FTA를 고려하면, 향후 우리나라 수출입에서 FTA 체결국과의 교역 비중은 80%에 육박할 것으로 예상되며, 이는 현재 다자간 통상협정인 DDA 협상이 난항을 겪는 상황에서 FTA라는 통상정책이 앞으로 상당 기간 우리나라 통상의 중요한 수단으로 작동할 것이라는 점을 보여준다. 그러나 이러한 중요성에 비해 FTA에 대한 이해와 준비는 아직까지 미흡한 상황이다. FTA를 활용하기 위해서는 FTA에 대한 이해와 이를 활용하기 위한 준비가 필요하지만, 정부와 지방자치단체, 그리고 협회를 중심으로 적극적인 홍보와 교육에도 불구하고 아직까지 일부 대기업을 제외하고는 기업들의 FTA를 활용한 비즈니스 모델 개발이나 활용전략 마련이 미흡한 것으로 평가되고 있다. 더욱이 아직 FTA 학업에 필요한 학술교재도 충분하지 않다.

이 책에서는 그동안 저자가 경험하고 학습했던 내용들을 종합하여 우리나라가 체결한 '협정문'으로서의 FTA와 기업과 무역에 관심 있는 관련 종사자들의 '실무'를 연결하기 위한 작업을 실시했다. 국가 간 협정인 FTA가 실제로 활용되기 위해서는 어떠한 사항을 인지해야 하며 어떠한 방향으로 실무에 적용할 수 있을 것인지에 대한 내용을 원산지규정, 비즈니스 모델 등을 중심으로 살펴보고 있다. 또한 우리나라 기체결 FTA의 추진 배경과 현황, 그리고 FTA 체결 이후 상품무역 추이 등을 살펴봄으로써 통상정책으로서의 FTA의 추진 방향과 영향에 대한 이해를 돕고 있다. 더욱이 학업을 하는 학생들에게는 FTA의 이해와 응용은 물론 실전 능력을 함양하는 목적으로 크게 도움이 되도록 책을 구성하였다.

각각의 FTA 협정은 1,000페이지 이상의 포괄적인 내용을 포함하고 있다. 상품 · 서비스 교역에 대한 내용뿐만 아니라 투자 자유화, 경쟁이나 환경, 노동과 같은 규범에 이르기까지 협정별로 다양하고 복잡한 내용을 포함하고 있다. 이러한 FTA에 대한 내용을 한 권의 책으로 모두 정리할 수는 없다. 다만 이 책을 통해 우리나라 주요 통상정책 수단으로 등장한 FTA의 실무적인 이해와 활용을 높이는 데 조금이라도 도움이 되었으면 하는 기대를 갖는다.

이 책이 출간될 때까지 언제나 함께하고 도움을 주신 많은 분들과 이 책이 나올 수 있도록 노력해 주신 ㈜시그마프레스 출판사 관계자 여러분, 그리고 곁에서 항상 힘이 되어주는 가족들에게 이 책을 바친다.

이순철 · 김한성

차례

제1장

FTA의 개념과 협정문

제2장

한국의 FTA 추진 배경 및 현황

제3장
FTA의 경제적 효과

제4장
FTA의 활용과 지원제도

제5장
원산지규정

제6장
FTA 활용 비즈니스 모델

FTA의 개념과 협정문

1 FTA와 개념

1) FTA란?

(1) FTA의 개념

FTA는 Free Trade Agreement로 자유무역협정이라고 해석되며, 주로 양국 간 상품, 서비스, 투자, 지식재산권, 정부조달 등에 대한 관세 및 비관세 장벽을 철폐하여 상품과 서비스의 이동을 자유롭게 하여 무역을 촉진하기 위한 배타적 무역특혜협정을 의미한다.

FTA는 유럽연합(EU), 북미자유무역(NAFTA), 아세안(ASEAN), 한·미 FTA, 한·EU FTA 등과 같이 인접국가나 일정한 지역을 중심으로 이루어진다. 이러한 이유 때문에 일반적으로 FTA는 **지역무역협정**(Regional Trade Agreement, RTA)이라고 불리기도 한다. 하지만 엄밀한 의미에서 FTA는 RTA의 한 종류라고 할 수 있으며, FTA보다는 RTA가 더 넓은 의미를 갖는다. FTA는 주로 두 국가 간에 많이 이루어지는 양자 간 FTA와 여러 국가 및 지역 간에 이루어지는 다자간 FTA가 있는 등 여러 가지 형태로 이루어진다고 볼 수 있다.

FTA가 양자 또는 다자간에 체결된 무역협정이라는 점에서 **역내**에서 **관세** 및 **비관세 장벽**을 제거하고 무역을 촉진하는 역할을 하지만 관세동맹(customs union)과 같이 역외지역에 대하여 공동관세체제를 갖추는 것은 아니다. 즉 FTA는 체결국가 간의 역내에서 배타적으로 공동관세체제를 갖추지만 역외국가 및 지역과는 정치적·경제적으로 전혀 연관이 없다. 배타적 무역특혜협정이라는 점에서 다른 역외국가나 지역의 제품 또는 서비스들이 역내로 진입하는 것에 대해 특혜를 주지는 않는다. 이러한 특혜를 역내에만 주고 역외에는 주지 않기 위해서 FTA는 **원산지증명**(Rule of Origin)이라는 제도를 활용한다. 즉 역내에서 이동하고 있는 상품이나 서비스, 또는 생산요소들이 역내에서 생산되거나 역내에 있는 것에만 혜택을 주고 역외로부터 유입되는 모든 것은 각 국가가 갖고 있는 일반 무역정책에 의해 제한된다.

FTA의 목표는 양자 간 또는 다자간에 무역을 증진하기 위해 다양한 장벽을 제거하는 것은 물론 비교우위를 통한 **특화, 노동분업** 등을 촉진하는 데 있다. 역내에 상품, 서비스 또는 생산요소들이 자유롭게 이동하는데 상대적으로 비교우위가 있는 제품들이 자연스럽게 이동하여 생산과 소비를 촉진해 역내의 효용과 소득, 그리고 고용을 증진하는 것을 목표로 삼는다.

(2) FTA와 경제통합

RTA는 인접국가나 일반적인 지역을 중심으로 역내국가 간에 체결되는 경제통합협정을 의미한다. 지역무역협정은 자유무역협정, 관세동맹, 공동시장, 단일시장 등을 통칭하는 것으로 **경제통합** 발전의 단계적 협정들을 의미한다.

RTA는 경제통합의 발전 단계에 따라 아래와 같이 FTA, 관세동맹, 공동시장, 단일시장으로 구분된다.

첫째, FTA는 역내관세 철폐 등 회원국 간 역내 무역 자유화에 대한 배타적 무역특혜를 부여하는 무역협정으로 가장 느슨한 RTA이다. 그 예로 NAFTA, ASEAN의 AFTA 등이 있다.

둘째, 관세동맹은 회원국 간 또는 역내 자유무역과 더불어 역외국가에 대해 공동관세를 적용하여 대외적인 관세까지도 역내국가들이 공동 보조를 취하는 협정이다. 가장 대표적인 관세동맹은 MERCOSUR가 있다.

셋째, 공동시장(common market)은 관세동맹에 더하여 회원국 간에 생산요소의 자유로운 이동을 보장하는 협정이다. 그 예로 EEC가 있다.

넷째, 단일시장(single market)은 공동시장을 넘어서 초국가적인 기구를 설립하여 통합적으로 운영하며, 단일통화를 발행하고 동일한 금융정책 등 역내 공동경제정책을 수행하도록 체결된 협정이다. 그 대표적인 예로 현재 EU가 있다.

그런데 경제통합은 이보다 더 복잡하다. 경제통합(economic integration)은 다른 국가들 간 경제정책의 통합을 의미하는데, 주로 관련국가들 간에 발생하는 무역을 제약하는 관세 및 비관세 장벽을 부분적으로 또는 완전히 철폐하는 경제적 정책을 공동으로 수립하여 수행하게 된다.

경제적 통합을 하는 이유는 다양하겠지만 일반적으로 국가들 간에 무역을 증가시키고 이로부터 생산성(productivity)을 개선하는 목적을 갖는다. 각 나라마다 **비교우위**

(comparative advantage)를 갖고 있는 제품 및 서비스를 더 많이 생산하고 이를 해외에 수출하고 **비교열위**(comparative disadvantage)가 있는 제품은 수입을 확대함으로써 효율성을 극대화하는 것이다. 이러한 효율성의 극대화는 교역을 하는 국가들로 하여금 생산 규모를 증대시킨다. 이러한 생산 규모의 확대는 **규모의 경제**(economies of scale)를 유발한다. 규모의 경제는 생산비용을 최소화해 경제적 이윤을 상대적으로 확대하면서도 더 큰 시장을 요구한다. 가령 자동차 생산을 한다고 한다면 자동차 생산은 일반적으로 대량생산체제를 갖춘다. 대량생산체제를 갖춘다는 것은 바로 시장의 수요보다 더 많은 자동차를 생산할 수 있는 시설을 갖추게 된다는 것을 의미한다. 즉 국내시장에서 필요한 자동차보다 더 많이 생산하게 된다. 그런데 이렇게 과다하게 생산된 제품을 무역을 통하여 해소할 수 있다는 점에서 경제통합은 좋은 해결책이 된다.

이러한 경제적 이유와는 달리 경제통합은 전쟁과 같은 정치적 갈등을 해소하기 위한 방안이 되기도 한다. 상호 간에 경제통합이 되어 있으면 정치적으로 갈등관계보다는 협력의 관계를 유지하게 되며, 이러한 과정에서 전쟁과 같은 불필요한 갈등을 피하거나 해소할 수가 있다.

그러면 이러한 경제적 통합의 발전 단계를 좀 더 구체적으로 살펴보자. 경제적 통합 관계는 Balassa(1967)[1]가 제시한 방법에 주로 의존하게 된다. 경제통합의 발전 단계는 주로 아래와 같이 7개로 구분된다.

1. 특혜관세지역(preferential trading area)
2. 자유무역지대(free trade area)
3. 관세동맹(customs union)
4. 공동시장(common market)
5. 경제동맹(economic union)
6. 경제 및 화폐동맹(economic and monetary union)
7. 완전경제통합(complete economic integration)

---

[1] Balassa, B., Trade Creation and Trade Diversion in the European Common Market, *The Economic Journal*, vol. 77, 1967, pp. 1–21.

표 1-1 경제통합 단계별 무역협정 형태와 범위

무역협정 형태	경제통합의 단계											
	역내 활동							역외 공동 정책				
	통합 부문 및 정책					공동정책		상품		서비스	자본	노동
	상품 (관세)	상품 (비관세 정책)	서비스	자본	노동	화폐/금융	재정	관세	비관세			
특혜무역협정(Preferential trade agreement)			TIFA	BIT TIFA								
자유무역협정(Free trade agreement)												
경제동반자(Economic partnership)												
공동시장(Common market)												
화폐동맹(Monetary union)												
재정동맹(Fiscal union)												
관세동맹(Customs union)												
관세 및 화폐동맹(Customs and monetary union)												
경제동맹(Economic union)												
경제 및 화폐동맹(Economic and monetary union)												
완전경제통합(Complete economic integration)												

주 : ☐-부분, ■-전체, TIFA-trade and investment framework agreement(무역 및 투자협정), BIT-bilateral investment treaty(양자 간 투자협정)

자료 : Wikipedia(wikipedia.org, 2015년 8월 23일 접속)

먼저 특혜관세지역은 관세를 부분적으로 주요 품목들에 대하여 양자 간 또는 다자 간 협정에 의해 철폐하는 것으로 **특혜관세협정**(preferential trade agrement, PTA)이 있다. 또한 여기에서는 관세 및 비관세, 서비스, 자본이동 등에 대해서도 부분적으로 협정을 체결하여 공동의 목표를 달성하려는 노력을 하게 된다.

이에 반해 자유무역지대는 특혜관세지역보다는 좀 더 넓은 범위에서 행해지는데, 최소 2개 이상의 국가들 간에 역내에 있는 관세 및 비관세 장벽을 부분적 또는 전체적으로 제거할 때 자유무역지대가 형성된다. 특히 상품에 대해서는 전적으로 관세 및 비관세 장벽을 제거하는 공동정책이 수행되어야 한다.

관세동맹은 앞에서도 언급하였듯이 역외국가들에 대해서 공동으로 단일관세정책을 추진하는 것을 의미한다. 화폐동맹은 공동 화폐제도를 도입하는 것을 말한다. 공동시장은 FTA에 서비스, 자본, 노동 등 생산요소의 자유로운 이동을 포함하게 된다.

경제동맹은 공동시장에 관세동맹이 결합하는 개념으로 재정정책과 예산정책을 공동으로 추진하는 정책을 동반하는 경제통합이다. 완전한 경제적 통합은 FTA에 서비스, 자본, 노동 등 생산요소의 자유로운 이동뿐만 아니라 화폐 또는 금융정책과 재정정책은 물론 정치적 통합까지 포함하는 개념이다.

결과적으로 RTA와 같은 무역협정은 경제통합을 이루기 위한 단계별 수단이라고 할 수 있다. 즉 각국은 본국의 경제적 또는 정치적 이득을 획득하기 위해 2개 또는 그 이상의 국가들과 다양한 형태의 무역협정을 체결하지만 이러한 체결의 궁극적인 목표는 경제통합에 있다고 할 수 있다. 물론 완전한 경제통합이 가장 이상적인 통합을 의미하지는 않는다는 점을 유의해야 한다.

그러면 이러한 단계별 경제통합을 추구하고 있는 나라들은 어떤 나라들이며, 이러한 나라들이 체결한 경제통합의 형태들은 어떤 것들이 있을까? 이러한 사례는 예상보다 많다. 이러한 사례에 대해서는 〈표 1-2〉를 참고하면 다양한 사례를 찾아볼 수 있다.

표 1-2 경제통합 단계와 주요 사례

경제통합 단계 및 유형	주요 경제통합 사례
경제 및 금융 연합(Economic and Monetary Union)	CSME(Caribbean Single Market and Economy/ 단일화폐 EC$), EU(단일화폐 유로 ₡æ)
경제연합/동맹(Economic union)	CSME, EU, EEU(Eurasian Economic Union 또는 EAEU)
관세 및 금융동맹(Customs and Monetary Union)	CEMAC(Economic Community of Central African States, 단일화폐 franc), UEMOA(Economic Community of West African States, 단일화폐 franc)
공동시장(Common market)	EEA, EFTA, CES
관세동맹(Customs union)	CAN, CUBKR, EAC, EUCU, MERCOSUR, SACU
다자무역지대(Multilateral Free Trade Area)	AFTA, CEFTA, CISFTA, COMESA, GAFTA, GCC, NAFTA, SAFTA, SICA

2) FTA의 인정

양자 또는 다자간에 FTA를 체결할 경우 WTO로부터 인정을 받아야 법적 효력이 발생한다. WTO는 전 세계의 무역 자유화 또는 무역 확대를 위하여 상품에 관한 **관세 및 무역에 관한 일반협정**(General Agreement on Tariffs and Trade and Tariff, GATT)과 **서비스무역에 관한 일반협정**(General Agreement on Trade in Services, GATS)을 규정하고 있다. GATT는 상품 분야에 대하여 관세 및 무역에 관한 일반협정 제XXIV조를 일컬으며, GATS는 서비스 분야에 관한 일반협정 제4조를 말한다.

FTA는 다자무역질서에 근간하여 **최혜국대우(MFN) 원칙**에 정면으로 배치된다. 하지만 GATT와 GATS에 의거하여 아래와 같은 원칙을 충족할 경우 적법한 예외로 FTA를 인정하고 있다.

- 실질적으로 모든 무역을 대상으로 하며, 특정한 분야를 전면적으로 제외해서는 안 된다.
- 관세 및 기타 상업적 제한의 합리적 기간 내(통상 10년 이내)에 철폐해야 한다.
- 역외국에 대한 관세 및 기타 상업적 제한이 협정 체결 전보다 더 후퇴해서는 안 된다.

위의 GATT 및 GATS 조항 이외에도 **허용조항**(Enabling Clause)이 있는데, 이는 GATT의 1979년에 결정된 것으로 GATT회원국들이 개도국에 대하여 차별적으로 보다 특혜적인 대우를 할 수 있도록 허용하고 있다. 이러한 조항이 **일반특혜관세**(GSP) 및 **방콕협정**(또는 APTA[2])의 근거가 된다.

2　FTA의 확산과 원인

1) FTA의 확산

1990년대 초반부터 확산하기 시작한 RTA는 2015년 4월 7일 기준으로 612개가 통보되

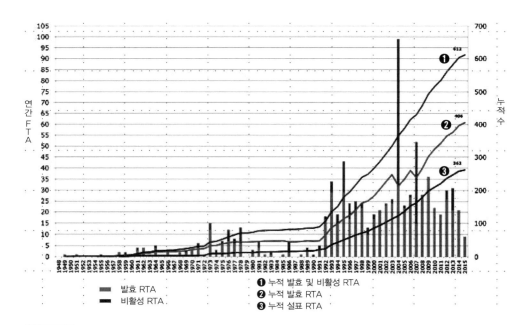

그림 1-1　WTO에 보고된 RTA 현황

자료 : WTO database(www.wto.org), 2015. 8. 23

---

[2] APTA는 방콕협정을 모태로 설립된 아시아–태평양 무역협정(Asia–Pacific Trade Agreement)로 한국, 방글라데시, 인도, 라오스, 스리랑카, 중국이 참여하고 있다.

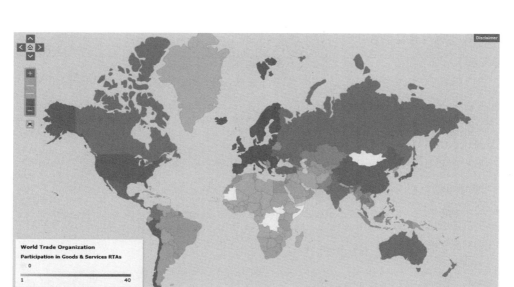

그림 1-2 국가별 RTA 추진 현황

자료 : WTO database (www.wto.org), 2015. 8. 2.

어 있으며, 이 중 406개가 발효 중에 있다.[3] 612개의 RTA 중에서 426개는 GATT/WTO 24조, 즉 상품 분야에 대한 관세 및 무역에 관현 일반협정에 포함되며, 149개는 서비스 분야에 관한 일반협정 GATS 제4조에 의거한 협정이다. 다시 말하자면 426개는 상품에 관련된 FTA이며, 149개는 서비스에 관한 FTA 등을 의미한다.

이러한 RTA는 점진적으로 증가하고 있으며, RTA의 90%가 FTA이고 10%가 관세동 맹으로 구성되어 있다. 현재 449개의 RTA가 실질적으로 보고되고 있는데 이 중 262개 가 발효 중에 있다.

이러한 RTA의 급속한 증가는 1990년대 중반부터라고 할 수 있다. 1948~1994년까 지 RTA는 124개가 보고되었지만, 1995년 WTO가 설립되면서 400개 이상의 RTA가 체결되거나 보고되었다. 이러한 RTA의 확산으로 RTA 역내 무역은 세계 전체 무역의 55% 이상을 차지하고 있을 정도로 그 역할이 매우 크다.

RTA는 현재 유럽, 북미, 동아시아 중심으로 크게 확산되고 있는 실정이다. 양자 간

---

[3] WTO database(www.wto.org), 2015. 8. 23.

표 1-3 경제적 통합 유형별 FTA 추진 현황

경제적 통합 유형	허용조항 (Enabling Clause)	서비스 (GATS Art. V)	상품 (GATT Art. XXIV)	합계
관세동맹(Customs Union)	8		10	18
관세동맹－동의(Customs Union－Accession)	1		7	8
경제통합협정(Economic Integration Agreement)		127		127
경제통합협정－동의(Economic Integration Agreement－Accession)		5		5
자유무역협정(Free Trade Agreement)	14		220	234
자유무역협정－동의(Free Trade Agreement-Accession)	0		2	2
부분무역협정(Partial Scope Agreement)	14			14
부분무역협정-동의(Partial Scope Agreement-Accession)	1			1
합계	38	132	239	409

주 : WTO에서 제공된 자료가 통계집계 기준일에 따라 약간씩 다른 자료를 제시하고 있어 각 자료의 해석에서 주의가 요구된다.

자료 : WTO database(www.wto.org), 2015. 8. 23.

의 RTA 또는 FTA보다는 거대경제권을 중심으로 RTA가 확산되는 양상을 보이고 있다. 아시아-태평양 지역에서는 **TPP**(trans-pacific partnership)에 대한 심도 있는 논의 끝에 마침내 종결되었다. ASEAN도 ASEAN을 포함한 WTO 6개 국가를 포함하여 **RECP**(Regional Comprehensive Partnership Agreement)를 제안하고 있는 상태이다. 즉 양자 간 협정에서 다자간 그것도 거대경제권을 형성하거나 포함하는 경제통합에 대한 논의로 발전되어 가는 것이 최근 추세이다.

한편 경제통합 형태별로 보면, 관세동맹 18개, 경제통합 127개, FTA 234개 등으로 FTA의 체결이 가장 많은 실정이다. 그중에서 상품 RTA(GATT 제24조)가 58%로 가장 많고, 그다음으로 서비스 협정(GATS 제5조)이 32.3%로 많으며, 그리고 개도국 간에 차별적 특별대우를 허용하는 RTA인 허용조항(Enabling Clause)이 약 9.3% 정도이다.

한편 아시아 지역에 있는 국가들도 FTA 체결에 매우 적극적이다. 아시아개발은행(ADB)에 따르면 2015년 현재 아시아 국가들은 총 215개의 FTA를 체결하고 있는 것으

단위 : 개

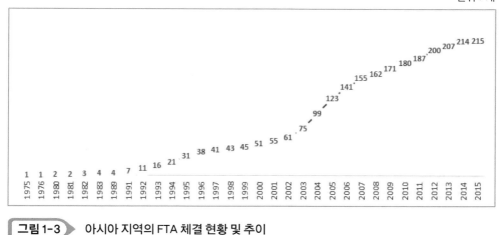

그림 1-3 아시아 지역의 FTA 체결 현황 및 추이

자료 : ADD fta database(http://aric.adb.org). 2015. 8. 23.

로 나타났다. 특히 2003년 이후부터 급속하게 아시아 지역에 있는 국가들이 FTA 체결에 적극적인 것으로 나타났다(〈그림 1-3〉 참조).

현재 아시아 지역 국가들은 다자간 FTA보다는 양자 간 FTA를 더 많이 체결하고 있다. 아시아 지역 국가들은 1991년 이전에는 양자 간 FTA에 관심이 없어 FTA를 체결한 국가가 거의 없었다. 하지만 1991년부터 양자 간 FTA 체결이 급속하게 증가하기 시작하였다. 이러한 추세가 이어져서 2015년 현재 155개의 양자 간 FTA가 체결되었으며, 다자간 FTA는 60개가 체결되어 있다.

2) FTA 확산 원인

FTA가 세계적으로 확산되고 있는 것은 그만큼 FTA가 중요한 역할을 한다는 것을 의미한다. 여기에서는 수많은 국가들이 양자 또는 다자간 FTA를 추진하고 있는 이유 또는 원인에 대하여 살펴보고자 한다.

(1) 지역주의 확산과 국제정치적 의의

글로벌 무역은 다자주의에서 지역주의로 전환되고 있다. WTO는 다자주의를 채택하여 자유무역제도를 확산하는 것을 목표로 하고 공정하고 자유로운 무역, 다자무역, 그

단위 : 개

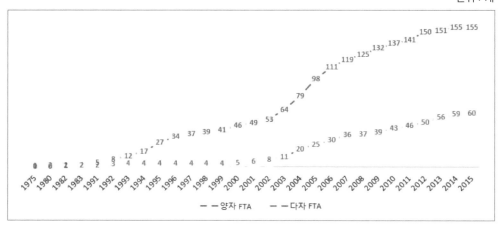

그림 1-4 ▶ 아시아 지역의 양자 또는 다자 FTA 체결 현황 및 추이

자료 : ADD fta database(http://aric.adb.org). 2015. 8. 23.

리고 최혜국대우와 같은 제도를 만들어 왔다. 그런데 WTO체제가 국제무역의 자유화 확산을 위해 새로운 모멘텀을 찾지 못하고 있다. **우루과이라운드**를 제외하고는 현재까지 실질적인 무역활성화 방안을 제시하지 못하고 있다. 심지어 **도하라운드**가 신흥국을 중심으로 다자협상안에 대하여 찬성하지 않으면서 WTO체제에 대한 신뢰성이 크게 떨어졌다. 이에 따라 많은 국가들이 WTO 중심의 개방정책에 의존하지 않고 지역주의로 전환하기에 이르렀다. 지역주의는 양자 또는 몇 개의 나라가 모여 **무역장벽**을 제거하고 무역을 촉진하는 것을 목표로 한다. WTO의 협정에 의하면 지역주의는 관세동맹, FTA와 같은 지역무역협정으로 정의될 수 있다.

더욱이 지역주의는 국가 간의 동맹관계를 강화할 수 있는 것은 물론 지역경제와의 연계를 통한 경제적 영향력을 유지하거나 강화할 수 있다는 장점이 있다. 또한 지역경제의 패권을 둘러싸고 주도권을 잡기 위한 노력의 일환으로 지역주의가 확대되고 있다. 특히 최근에 중국 경제가 급속하게 성장하면서 중국을 중심으로 동아시아를 둘러싼 지역주의 패권화의 대결이 그 좋은 예라고 할 수 있다. 앞에서도 언급하였듯이 TPP도 이러한 측면에서 이해할 수 있다. 한 · 미 FTA도 중국의 경제권 확산과 한국의 중국 경제권 편입에 대한 대응적 차원에서 이루어졌다고 보는 견해도 이러한 맥락에서 해석이 가능하다.

그리고 많은 국가들이 주변국가 또는 지역을 중심으로 다양한 FTA를 체결하고 있다. 이러한 FTA의 체결은 체결국 간의 배타적 특혜를 제공한다는 것을 의미한다. 즉 FTA를 체결한 국가 간에는 배타적으로 상당한 특혜가 주어지지만, 그렇지 못한 국가에 대해서, 즉 역외국가에 대해서는 특혜가 주어지지 않는다. 이러한 격차는 장기적으로 FTA를 체결한 국가들에게는 국제경쟁력을 상승시키지만 FTA를 체결하지 못한 국가들에게는 국제경쟁력을 하락시키는 역할을 하게 된다. 따라서 자국이 배제된 지역주의의 확산은 자국에 불이익을 가져오거나 이를 극복하기 위해서는 상대적으로 높은 기회비용을 발생시킬 수 있다. 이에 주변국 또는 경쟁국들이 FTA를 통하여 지역주의를 확산하게 되면 자국 역시 이에 적극 대응하기 위해서라도 FTA를 경쟁적으로 체결할 수밖에 없다.

(2) WTO 다자협상의 대안 및 보완수단

1995년 WTO가 설립된 후 다양한 다자협상이 추진되었다. 하지만 WTO체제는 원칙적으로 다수의 회원국에 의해 이루어졌다. 문제는 다수의 회원국들이 처한 입장이나 수렴해야 할 의견이 너무 많다는 것이다. 특히 개도국은 상대적으로 발전 단계가 낮기 때문에 보호를 받아야 할 부분이 많거나 아니면 지원이 필요한 부분이 많다. 하지만 각 국가의 상황에 모두 대응할 수 있는 의견수렴은 사실상 불가능하다. 따라서 WTO가 추구하면서도 제시되고 있는 무역확대 방안들에 관한 협상은 타결될 가능성이 점점 낮아지고 있다. 가령 DDA에서 제조업 부문과 비제조업 부문 등 다양한 이슈에 대하여 논의하고 합의가 어느 정도 이루어졌지만 농업 부문은 인도와 중국의 반대로 끝내 합의되지 못해 결렬되는 사태까지 왔다. DDA의 논의를 이어받아 **발리 각료회의**를 통하여 무역원활화협정의 결론으로 이어졌지만 끝내 인도의 불참으로 **무역원활화협정**을 채택하지는 못하였다. 즉 인도의 식량안보 이슈와 WTO협상을 연결하는 것으로 인하여 실질적인 협상 타결이 어려워졌다.

이러한 실정으로 인하여 WTO의 협상은 각국의 의견 수렴 가능성도 낮고 그 협상 타결까지도 상당히 오랜 시간이 소요될 것으로 예상되면서, 세계 각국은 WTO의 무역협정에 의존하기보다는 FTA와 같은 RTA에 의존하게 되었다. 특히 FTA는 원하는 상대국과 비교적 단기간에 협상 타결이 가능하다는 점과 이로 인하여 무역질서 유지 및 확대에 기여할 수 있다는 점에서 FTA가 크게 확산되고 있다.

표 1-4 GATT 및 WTO체제와 FTA의 자유무역규범 특징

구분	GATT(1948~1994년)	WTO(1995~2000년)	FTA(2000년~)
주요 목적	다자간 관세인하와 국제무역 확대	다자간 관세 및 비관세 장벽 제거	WTO체제를 기반으로 지역주의에 의거 관세 및 비관세 장벽 제거
법인 여부	협정체제로 운영	WTO 법인체제	협정 당사국 간 협의 운영
주요 대상	주로 공산품	공산품, 농산물, 서비스, 지적재산권, 정부조달, 환경, 노동, 규범 등 적용 범위 확대	공산품, 농산물, 지적재산권, 투자, 정부조달을 중심으로 추진하고 일부 환경, 노동 등은 부분적 또는 제외
기본 원칙	최혜국대우의 원칙+내국민대우의 원칙	최혜국대우의 원칙+내국민대우의 원칙	최혜국대우 원칙의 예외 허용, 상회이익 균형/민감성 존중
무역구제	긴급수량제한(safeguard) 허용	긴급수량제한+반덤핑관세, 상계관세 부과	긴급수량제한+반덤핑관세, 상계관세 부과+원산지 검증

주 : 최혜국대우의 원칙–동종 상황(like circumstances)하에서 다른 협정에서 이 협정보다 유리한 혜택을 부여하는 경우 이 협정의 당사국에게 자동적으로 그러한 추가적 혜택이 부여된다는 것을 의미한다는 원칙
내국민대우의 원칙–외국인에게만 적용되는 별도의 관세부과 절차를 적용하지 않고 내국인에게 적용되는 절차를 그대로 적용
자료 : FTA포털 자유무역협정 열린 정보마당(www.fta.customs.go.kr)에서 재인용.

(3) 경제적 이익

① 시장 확보 및 경제성장 발판 마련

FTA를 체결하게 된다면 상대적으로 이전보다 더 많은 교역과 외국인투자를 확대할 수 있다는 장점이 생기게 된다. 먼저 FTA를 체결하게 되면 관세 및 비관세의 철폐로 인하여 우리나라의 제품들을 FTA 체결국가에 더 많이 수출할 수 있다. 수출의 증대는 해당 국가에서 우리 제품들의 시장점유율 증가로 이어지게 된다. 즉 FTA의 체결로 인하여 목표시장(target market)에 더 많이 진출하여 시장을 확보하는 효과가 있게 된다.

이와 더불어 FTA 체결은 외국인직접투자 유입을 확대할 수 있다. FTA를 체결할 경

우 관세 및 비관세 장벽이 제거된다. 이러한 무역장벽의 해소는 외국인들로 하여금 국내로 투자를 유치할 수 있는 요인이 된다. 즉 외국인들이 FTA를 체결하지 않는 경우에 높은 관세를 지불하는 것보다는 FTA를 체결한 국가에 진출하여 생산 후 FTA를 체결한 국가에 상대적으로 낮은 가격으로 수출할 수 있다. 이러한 외국인투자 유치 확대는 경제 규모의 확대는 물론 선진기술의 유입이라는 파급효과까지 발생하게 된다. 이러한 파급효과로 인하여 자국 경제가 이전보다 더 높은 성장률을 달성할 수 있다. 특히 우리나라와 같이 **해외무역의존도**가 높은 국가는 해외시장 확보가 경제성장의 관건이 된다. 우리나라의 경우 GDP 대비 무역 규모 면에서 미국과 중국에 상당히 의존하고 있다. 따라서 우리나라가 중국, 미국과 FTA를 체결한 것은 상당한 의의가 있다고 판단된다. 더욱이 이러한 거대 경제권과의 FTA 체결은 세계 최대시장을 선점할 수 있는 기회는 물론 경쟁국의 기회비용을 증가시켜 우리나라 산업 및 기업들에게 유리한 생산 및 비즈니스 환경을 조성할 수 있다는 점에서 중국과 미국과의 FTA 체결은 상당한 의의가 있다.

② 외국인직접투자의 증대

FTA 협정에는 투자자 보호 장치가 필수적으로 포함된다. 즉 외국인들이 국내로 직접투자를 할 경우 대부분의 FTA에서는 자국기업에 준하는 투자자 보호를 해준다. 특히 비상업적 위험으로부터 투자자를 보호할 수 있는 법적 장치가 마련된다. 이러한 투자자 보호정책은 FTA를 체결한 국가로부터 외국인직접투자를 증가시킬 수 있는 여건이 된다. 대부분의 FTA 협정문에 분쟁해결 절차 및 보호까지 포함되어 있어 외국인직접투자 유입이 기대된다.

③ 개방을 통한 생산성 증대

FTA는 개방을 전제로 한다. FTA로 국내시장이 대외에 개방이 된다면 그만큼 경쟁이 심화된다. 경쟁의 심화는 각 기업들로 하여금 효율성을 극대화할 수 있는 방안을 지속적으로 찾는 것은 물론 기술혁신 등을 모색하여 생산성 증대 노력을 해야 한다는 것을 의미한다. 즉 FTA는 경쟁을 심화해 생산성 향상에 기여하게 된다.

④ 배타적 특혜 제공

FTA의 주요 특징이 FTA 체결국가 간에 배타적 특혜를 제공한다는 것이다. FTA를 체결하게 되면 협정에 따라 상품 분야, 서비스, 투자 등에서 협정 체결국 간에 상당한 혜택을 주게 된다. 이러한 조치는 당사국 간 관심사항을 효율적으로 반영하였기 때문에 실익을 제고하는 것뿐만 아니라 부담도 경감시킬 수 있다.

⑤ 다자체제 자유화 선도

현재 WTO를 중심으로 다자체제가 부진하다. 하지만 FTA를 많이 체결할수록 높은 수준의 자유화를 달성할 수 있다. 즉 역내 경쟁국가들보다 상대적으로 높은 수준의 자유화가 추진된다면 지지부진한 다자체제에서 자유화를 선도하는 위치를 차지할 수 있다. 즉 WTO체제에서 선도적으로 무역 자유화를 위한 다양한 요구를 할 수 있다는 이점을 갖게 된다.

⑥ 산업구조의 고도화

FTA는 양자 간 또는 체결국가 간에 무역을 활성화한다. 특히 **무역창출효과**와 **무역대체효과**가 발생하기 때문에 **산업 내 무역**이나 **산업 간 무역**도 확대할 수 있다. 기존보다 양국이 비교우위를 갖고 있는 제품을 수출하고 수입하기 때문에 비교우위가 있는 제품을 체결한 국가에 수출을 더 많이 하게 되고, 상대적으로 비교열위가 있는 제품에 대한 수입을 더 많이 하게 된다. 즉 산업 간 무역이 확대된다는 것이다.

또한 해외직접투자가 활발해지기 때문에 현지 진출한 법인에 부품 및 소재 또는 중간재를 더 많이 수출할 수 있게 된다. 이러한 교역의 증가는 산업 내 무역을 확대한다.

한편 미국, 유럽, 일본, 중국에서 수입되는 제품들은 FTA 협정에 의거하여 수입해야 하는데, FTA의 협정문이 국제 표준과 동일한 기준과 규정에 의하여 통관을 허용하는 규정을 담는 것이 일반적이다. 따라서 FTA를 체결하여 제품을 수출하거나 수입하기 위해서는 국제표준에 맞는 제품을 만들어 공급해야 한다는 점에서 FTA는 국제 표준 적용을 확대하는 역할을 할 수 있다.

3 FTA와 협정문의 주요 내용

1) FTA의 주요 내용

RTA는 대부분 FTA를 중심으로 체결되고 있다는 점을 앞에서 이미 언급하였다. 그런데 FTA는 관세 철폐 등 무역 자유화에 중점을 두고 있지만, WTO체제 출범을 전후하여 상품 외에도 서비스, 투자, 지적재산권, 정부조달, 무역구제제도 등으로 대상 범위가 점차 확대되고 있다.

(1) 관세 철폐

FTA의 궁극적인 목표는 모든 상품에 대한 관세를 완전 철폐하는 것이다. 하지만 FTA는 단기적으로 이행하는 것이 아니며 급속한 개방으로 피해를 입을 가능성이 높은 산업에게는 대응할 수 있는 기회를 제공하거나 피해를 최소화하기 위해 장기간에 걸쳐 단계적 개방을 하게 된다. 따라서 관세도 단계적으로 철폐하는 것이 일반적이다. 또한 모든 상품에 대하여 완전 철폐를 목표로 하지만 안보관련 부분이나 식량관련 안보 등과 같은 일부 품목은 관세를 철폐하지 않는 경우도 많다.

(2) 원산지 규정

FTA는 체결국에 대한 배타적 특혜를 주는 것이다. 따라서 이러한 배타적 혜택을 주기 위해 모든 FTA는 원산지 규정을 두어 협정국에서 생산된 상품에만 특혜를 적용하고 있다. 원산지를 결정하는 기준에는 완전생산기준과 세번변경기준, 부가가치기준, 그리고 주요 공정기준을 포함하고 있는 실질적 변형기준이 있다. 이러한 기준을 각 협정별로 정하여 사용하고 있다.

(3) 서비스

상품 중심의 FTA에서 최근에는 거의 모든 FTA에서 서비스의 개방도 포함하고 있다. FTA에서 논의되는 서비스는 개방이 가능한 금융, 통신, 교육, 의료이며 주요 이슈는 서비스 무역에 대한 장벽을 제거하는 것이다.

서비스의 개방에는 일부 서비스업종만 개방하는 **포지티브**(positive) **방식**과 일부 서비스업종만 개방에서 제외하는 **네거티브**(negative) **방식**이 있다. FTA를 체결하는 국가들은 포지티브 방식보다는 네거티브 방식을 선호한다. 하지만 서비스 부문이 상대적으로 약한 개도국의 경우에는 네거티브 방식보다는 포지티브 방식을 선호한다.

서비스의 개방은 일반 상품의 개방과는 달라서 관세 철폐와 같은 개방 형식을 취할 수가 없다. 따라서 시장접근, 내국인대우, 최혜국대우, 지불 및 송금의 제한 완화 등을 통하여 개방을 해야 한다. FTA협상에서 이러한 개방 방법에 대하여 각 업종별로 협상하게 되며, 협상 결과에 따라 개방의 정도가 달라진다. 즉 FTA 체결국들은 위의 모든 조항을 개방하는 경우도 있지만 일부 조항만 개방하는 경우도 있다. 물론 모두 업종별로 각 조항의 개방이 다르게 이루어진다.

서비스 협정에서 최근에 가장 주목을 받는 부분이 있는데 바로 **인력이동**이다. 서비스는 상품과 같이 이동에 제약을 받게 된다. 서비스는 상품의 이동과는 달리 일반적으로 인력이동을 동반한다. 이는 서비스 무역의 공급 형태로 구분된다. 서비스 교역을 하기 위해서는 지리적으로 격리된 지역의 소비자 또는 공급자가 서로 만나야 거래가 이루어지는 특징이 있다. 따라서 서비스 교역을 자유화하기 위해서는 인력이동이 필수적이다. WTO가 출범한 1995년 이후의 FTA에서는 인력이동에 대한 양허를 필수적으로 포함하고 있는 실정이다. 서비스 공급 형태와 인력이동의 형태는 〈표 1-5〉와 같다.

서비스의 공급 형태에 따라 인력이동의 개방 영역은 상용방문자, 기업내전근자, 계약서비스공급자, 독립전문가 등으로 구분된다. 이를 〈표 1-6〉에 정리하고 있다.

서비스 협정에서 또 하나의 주요 이슈는 **상호인정협정**(mutual recognition agreement)이다. 이는 FTA 체결국 간에 무역 증진 및 상호 경제기술협력을 위하여 각국에서 발행한 기준, 자격, 허가요인을 인정하는 협정이다. 상대국이 지정한 인정기관에서 발생한 인증서를 FTA 체결국의 인증서와 동등한 효력이 있음을 인정하는 것으로 최근에는 인력이동이 FTA 체결로 개방되면서 이 부분의 논의가 활발하게 이루어지고 있다.

표 1-5 서비스 공급의 형태

형태		내용	예
Mode 1	국경 간 공급(cross-border supply)	한 나라에서 다른 나라로 공급되는 서비스	은행, 통신 서비스, 원격 교육, 진료 등
Mode 2	해외소비 (consumption abroad)	다른 나라에 있는 서비스를 이용	유학, 치료, 관광
Mode 3	상업적 주재 (commercial presence)	해외에 자회사 또는 지점을 설립하여 다른 나라에 서비스를 제공하기 위해 임원 및 관리자, 전문가 주재	자회사
Mode 4	자연인 주재(presence of natural persons)	한 나라에 있는 자연인이 다른 나라 서비스를 제공하기 위해 주재	외국기업 자회사 임원, 관리자, 전문인력, 개인 전문가 등의 이동(기술공, 간호사, 요리사, 영어강사 등)

자료 : WTO 홈페이지 내용 저자 정리

표 1-6 서비스 공급과 인력 형태

구분		정의	체류기간
상용방문자		• 서비스 공급계약/협상/판매자 • 투자자 및 고용인(매니저, 임원, 전문가 등) • 상업적 주재 설립을 위한 서비스 판매자	협정기준
기업내전근자		• FTA 체결국 법인의 관리자, 임원, 전문가 등이 현지 지점, 법인, 사무소 등에 고용된 자(일시체류자)	협정기준
전문 인력	계약서비스 공급자	• 국내 법인의 피고용인으로 체결상대국에 일시적으로 방문하여 서비스를 제공하는 자 • 국내 법인의 피고용인으로 FTA 체결국의 자격요건을 갖춘 자 • 해당 분야에 적절한 교육 및 전문자격을 보유한 자	협정기준
	독립전문가	• FTA 체결국 고객과의 계약에 따라 방문하여 서비스를 공급하는 자 • 관련 서비스 필수 교육자격 및 요건을 충족하는 자	협정기준

자료 : 이웅 외(2014), p. 76의 〈표 2 −27〉을 토대로 저자 재작성

(4) 투자자유화

양국 간에 투자관련 규제를 완화하여 양국 간 투자 활성화를 도모하고 있다. FTA에서 투자 분야의 주요 쟁점은 일반조항에 포함되어 있는 내국인대우, 최혜국대우, 이행조

건, 수용/손실/보상, 송금, 분쟁해결 등이다. 또한 개방 방식도 앞에서 언급하였듯이 포지티브 방식과 네거티브 방식이 있다. 개방을 연기하는 투자유보 분야도 결정하게 되는데 **현재유보**와 **미래유보**로 나누어 결정하게 된다.

(5) 정부조달

정부조달은 중앙정부를 포함한 정부기관들이 상품 및 서비스를 조달하는 것으로, 일반적으로 국가안전보장, 국내산업 육성 등의 이유로 국내 상품을 우선 구입하는 정책을 취해 왔기 때문에 GATT에서는 정부조달을 내국민대우 조항에서 예외로 규정하였다(GATT 제3조 제8항). 그러나 정부조달이 국제무역에 미치는 영향이 크다는 점을 고려하여 도쿄라운드(1973~1979년)에서 '정부조달에 관한 협정'이 조인되었으며, 동 협정에 따라 내국민대우와 최혜국대우를 인정하기 시작하였다. 이러한 추세에 따라 FTA에서도 정부조달을 포함하여 협상이 이루어지고 있다. FTA를 통하여 정부조달 시장의 일부 또는 완전 개방으로 협정국에게 실질적인 투자 효과를 발생시키는 것과 더불어 정부조달 활성화에 기여한다는 점에서 FTA의 주요 내용으로 포함되고 있다.

(6) 무역구제 및 무역원활화

한편 FTA로 인하여 급속하게 수입이 증가할 때 산업을 보호하기 위해 세이프가드 및 반덤핑 조치 등을 상호 면제하는 방향으로 협상이 진행된다. FTA 체결국이 개방으로 인하여 수입국 시장에 심각한 피해를 끼칠 수 있는 경우 해당 시점에서 MFN 수준으로 관세를 회복시키는 조치 등을 취할 수 있다. 이러한 경우를 대비하여 무역구제의 요건 및 한계를 양국의 이해에 따라 구체적으로 적시하고 추진하여 양국의 무역 원활화를 도모한다.

　FTA 체결국 간에는 상품 및 서비스가 국경을 이동할 때 장애가 될 수 있는 무역절차, 규정, 수수료 부과, 문서 요구 등의 절차를 단순화 및 표준화하여 무역의 흐름을 원활히 하는 무역원활화에 관한 논의를 하게 된다. 가능한 국제적 표준에 기초하여 통관을 간소화하고 투명한 절차를 따르는 것을 원칙으로 하며, 관련 정보의 교환에 관한 규정도 포함하게 된다. 특히 수출입자가 필요로 하는 서류의 통합 등 관세행정의 통합이 요구되며, 관세행정의 자동화 추진 등이 강조된다. 가장 많이 논의되는 부분이 표준,

기술, 위생 및 검역 장벽 완화이다.

(7) 비관세 장벽

기술규정, 농수산물과 관련된 위생 및 검역절차, 통관절차, 외환규제, 국영무역의 존재 및 선적 전 검사 등을 포함하여 비관세 장벽을 제거하기 위한 조치를 포함한다.

(8) 분쟁해결

FTA협상국 간에 무역으로 발생하는 분쟁에 대해서는 WTO와 같은 국제기구의 분쟁 해결 절차에 따르는 것이 아니라 FTA 당사국 간 협정문을 기반으로 분쟁을 해결한다. 따라서 무역분쟁 문제를 해결하는 데 WTO와 같은 국제기구에 의존하는 것보다는 시 간과 비용을 절약할 수 있다.

2) FTA 협정문의 주요 내용

(1) 협정문의 구조

FTA 협정문 체계는 모든 FTA에서 대체로 비슷하며, 그 구조는 전문(preamble), 협정논 문(장, chapter), 부속서(annex), 부록(appendix), 서한(letter) 등으로 구성되어 있다.

표 1-7 협정문 구성요소별 주요 내용

구성요소	주요 내용
전문	협정 체결의 일반적인 목적을 선언적으로 규정
본문(장)	분야별로 장(chapter)을 분류하여 양측 간 합의 내용을 규정
부속서	양허안 또는 특정 분야의 합의 내용을 규정
부록	부속서 중에서 보다 구체적이고 기술적인 세부 내용을 규정
서한	협상 과정에서 합의한 해석 내용 또는 협상 과정에서 논의 내용을 확인하는 서한 형태의 문서

자료 : 한 · 미 FTA 협정문.

(2) 협정문의 내용

FTA의 협정문은 크게 상품 분야, 무역구제, 기술장벽, 위생검역, 통관원활화, 서비스
무역, 정부조달, 지식재산권, 경쟁정책, 투명성, 분쟁해결 등의 관련 분야로 구분하여
작성된다.

표 1-8 한·미 FTA, 한·EU FTA, 한·중 FTA의 각 장별 주요 내용

각 장 (Chapter)	각 장의 주요 내용		
	한·미 FTA	한·EU FTA	한·중 FTA
제1장	최초 규정 및 정의	목표 및 일반 정의	최초 규정 및 정의
제2장	상품에 대한 내국인 대우 및 시장접근	내국민 대우 및 상품 분야 시장접근	상품에 대한 내국인 대우 및 시장접근
제3장	농업	기술장벽	원산지 규정 및 원산지 이 행절차
제4장	섬유 및 의류	위생검역	통관절차 및 무역원활화
제5장	의약품 및 의료기기	통관원활화	위생 및 식물위생조치
제6장	원산지 규정 및 원산지 절차	서비스 교역 및 전자무역	무역에 대한 기술장벽
제7장	관세행정 및 무역원활화	지불 및 자본이동	무역구제
제8장	위생 및 식물위생 조치	정부조달	서비스 무역
제9장	무역에 관한 기술장벽	지식재산권	금융 서비스
제10장	무역구제	경쟁정책	통신
제11장	투자	투명성	자연인의 이동
제12장	국경 간 서비스 무역	교역 및 지속 발전	투자
제13장	금융 서비스	분쟁해결 절차	전자상거래
제14장	통신	최종 규정	경쟁
제15장	전자상거래		지식재산권
제16장	경쟁		환경과 무역
제17장	정부조달		경제협력
제18장	지적재산권		투명성
제19장	노동		제도규정
제20장	환경		분쟁해결
제21장	투명성		예외

제22장	분쟁해결		최종 규정
제23장	예외		
제24장	최종 규정		

자료 : 각 FTA 협정문.

3) FTA의 추진 절차

FTA의 추진 절차는 '자유무역협정체결절차규정(대통령훈령 제121호)'에 의거한다. FTA의 추진 절차는 △ 협상 전 절차 △ 협상 절차 △ 협상 후 절차로 구분된다.

첫째, 협상 전 절차에는 △ 자유무역협정 추진에 관한 기본 전략의 수립 △ 자유무역협정 체결의 타당성 검토 △ 자유무역협정의 추진 심의 △ 자유무역협정 체결 협상의 개시 의결 요청 △ 협상 전 논의 개시 등이 있다.

여기에서 협상 전 논의에 관한 것으로는 ① 자유무역협정의 효과 및 범위, ② 자유무역협정 체결 원칙 및 협상 방안, ③ 자유무역협정 체결 협상에 참고가 되는 양국의 제도, ④ 그 밖에 자유무역협정에 관련된 사항 등이 포함된다. 특히 양측 통상담당기관들은 FTA의 사전 타당성 조사 및 공동연구를 실시하고, 필요한 경우 공청회도 개최한다.

둘째, 협상 절차에는 △ 협상대표단의 구성 △ 협상안의 심의 △ 협상의 진행 △ 협상진행상황 보고 및 설명 △ 가서명 등이 포함된다. 협상 타결 후 내부보고 절차를 진행하고, 대통령 재가 후 정식 서명한다.

마지막으로 협상이 정식으로 타결되면 협상 후 절차가 있게 된다. 협상 후 절차로는 △ 협상 결과를 국회에 보고하고 국민에게 적절한 방법으로 알리고 △ 필요시 협상 결과에 따른 국내 보완대책을 수립하며 △ 국무회의를 통해 국회에 비준동의를 요청하게 되어 있다. 국회 동의가 있으면 국내 절차가 완료된 것으로 체약국 간 통보 절차를 완료하게 된다. 양국 간 국회비준이 끝나고 통보 절차가 완료되면 정해진 기간(통상 1~2개월)이 지난 뒤 발효된다.

4 GATT와 WTO

여기에서는 FTA의 근간이 되는 GATT와 WTO에 대하여 살펴보고자 한다. 특히 FTA가 무역 자유화를 추진하는 일종의 무역협정이라는 점과 FTA가 GATT와 WTO의 규정과 규칙에 따른다는 점에서 GATT와 WTO의 주요 활동내용과 규정 등에 대한 이해가 필요하다. 이러한 점을 고려하여 GATT와 WTO의 주요 활동과 규정에 대하여 이절에서 간략하게 소개하고자 한다.

1) GATT

GATT는 관세 및 무역에 관한 일반협정(General Agreement on Tariffs and Trade)으로 상품에 대한 국제무역에 관하여 규정하고 있다. GATT는 관세와 무역장벽을 제거하고, 국제무역과 물자교류를 증진하기 위해 1947년에 제네바에서 미국을 비롯한 23개국이 조인한 국제무역협정이다. 제네바에서 조인되었다고 해서 제네바 관세협정이라고도 한다. 이 협정이 1995년 WTO로 대체되기까지 전 세계 120개국이 가입하였다.

GATT가 국제무역을 확대하기 위해 가맹국 간에 체결한 내용은 ① 회원국 상호 간에 관세율을 인하하고 회원국끼리 최혜국대우를 하여 관세의 차별화를 제거하고, ② 영연방특혜와 같은 기존의 특혜관세제도는 인정하며, ③ 수출입 제한은 원칙적으로 폐지하고, ④ 수출입 절차와 대금지불의 차별대우는 하지 않으며, ⑤ 수출 보조금을 금지한다는 것이다.

2) WTO

세계무역기구(World Trade Organization, WTO)는 국가 간에 무역관련 규칙을 다루는 글로벌 국제조직이다. WTO의 핵심은 WTO협정으로 세계를 대상으로 무역을 하는 국가들에 의해 협상 및 비준의 절차에 의해 이루어진다. 공식적으로 WTO는 제품 및 서비스의 생산자, 수출업자, 수입업자들의 비즈니스를 원활하게 수행할 수 있도록 조직화하는 것을 목표로 하고 있다.

WTO의 모든 주제와 내용은 협상을 통하여 만들어진다. 1986~1994년 기간 동안 관세 및 무역에 관한 일반협정(GATT)과 우루과이라운드 협의를 통하여 WTO의 주요 내용들이 구체화되었다. 현재는 2001년부터 시작된 DDA(Doha Development Agenda)하에서 다양한 협상이 이루어지고 있지만, 실질적으로 DDA도 2008년을 기점으로 끝났으며, 이제 새로운 협력 방안을 구상하고 있다.

WTO는 무역을 하는 국가들이 무역장벽에 부딪히고 이를 낮추기를 원하는 국가들 간에 협상을 통하여 무역시장을 개방하는 역할을 하고 있다. 또한 WTO는 시장개방만이 아닌 소비자 보호 또는 질병 확산 방지와 같은 무역장벽을 유지하는 데 유리한 규칙을 만들고 준수하는 역할도 하고 있다. WTO는 세계를 대상으로 하는 국간들 간의 무역에 대한 협정에 의해 운영되는데, 이러한 협정은 국제 상업에 대한 법적 효력을 갖는다. 협정에 조인한 국가들은 협정의 범위 내에서 무역정책을 준수해야 한다.

WTO의 최종 목적은 경제 및 사회발전을 위하여 불필요한 부작용 없이 최대한의 자유무역을 주창하고 있다. 자유무역이라는 뜻에는 무역을 저해하는 요인을 제거한다는 의미도 포함하고 있다. 따라서 무역의 규칙, 무역정책에 대한 신뢰성, 그리고 투명성과 예측 가능성이 중요하다. 더욱이 모든 사항이 협정에 의해 이루어지기 때문에 상호 또는 다자간에 이해가 상충될 수도 있다는 점에서 WTO협정에는 꼭 분쟁해결을 포함하고 있다.

WTO는 회원국들에 의해 운영되고 있으며, WTO협정은 상품무역, 서비스 무역, 지적재산권 등을 포함하고 있다. 여기에는 자유화 원칙과 예외조항이 포함되어 있다. 회원국들은 관세나 무역장벽을 낮추거나, 서비스 시장을 개방하는 이행(commitment)에 대한 약속을 해야 하며, 이러한 약속은 시간을 두고 지속적으로 협의에 의해 발전할 수 있도록 하고 있다.

무역관련 협정을 체결하고 이를 이행하겠다고 WTO에 통보한 각 국가는 무역정책을 입안할 때 WTO에 보고한 범위 내에서 무역법과 조치들을 수립해야 한다. WTO는 이렇게 각 국가들이 체결하여 통보된 협정들이 잘 이행되고 있는지를 지속적으로 모니터링한다. 만약에 협정과 관련하여 분쟁이 생길 경우, 독립 전문가로 구성된 위원회를 통하여 각 나라의 협정과 이행을 해석하고 심의한다.

대부분 협정의 수행은 단기보다는 장기적으로 이행해야 한다는 점에서 WTO는 무역 역량 강화, 기술표준의 이행, 분쟁해결 등에 대하여 역량을 강화할 수 있도록 회원국들을 지원하기도 한다.

　WTO관련 협정들은 장기적인 이행을 요구하면서도 복잡하기 때문에 운영에 필요한 원칙들을 제시하고 이를 준수하도록 하고 있다. 이러한 원칙은 다음과 같다.

- 비차별 : 관련국가들은 무역 협력자들을 차별해서는 안 되며, 자국과 해외 제품, 서비스, 국적 등을 차별해서는 안 된다.
- 개방 확대 : 무역장벽 완화는 무역을 개선하는 여러 가지 방법 중 하나이다. 이러한 장벽들은 관세 및 수입 금지와 **수입할당**, **수량제한** 등과 같은 조치를 포함하고 있다.
- 예측 가능성과 투명성 : 외국기업, 투자자, 정부는 무역장벽이 임의적으로 강화되지 않을 것이라는 신뢰를 가질 수 있도록 해야 한다. 안정성과 예측 가능성이 보장될 때 투자는 확대되고 일자리는 창출되며, 소비는 경쟁의 이익(선택과 가격)으로부터 향유할 수 있다.
- 경쟁 강화 : 수출보조금, 시장가격보다 낮게 판매하여 시장점유율을 높이려는 덤핑 제품 판매와 같은 불공정 행위는 지양하며, 이러한 불공정 무역행위가 발생할 경우 이에 대한 대응 및 조치에 관한 규칙을 정하고 있다.
- 저개발국가에 더 많은 혜택 및 유연성 제공 : 개도국 및 이행기 경제국들에 대해서는 더 많은 시간과 더 큰 유연성, 그리고 특별 권리를 부여하고 있다. 개도국들이 단기적으로 수행하기 어려운 규칙 및 협정에 대해서 적응할 수 있도록 이행기간을 주도록 하고 있다.
- 환경보호 강화 : WTO의 협정들은 회원국들에게 환경보호는 물론 공공 보건, 동물 및 식물 보호 등을 할 수 있도록 규정 및 조치를 포함하고 있다. 이러한 조치들은 국내뿐만 아니라 외국기업들에게도 똑같이 적용되도록 하고 있다.

3) WTO의 무역 협정 분야와 내용

무역 자유화를 위하여 WTO에서 상품무역 협정으로 다루는 분야는 다음과 같이 매우 광범위하고 복잡하다.

- 농업과 농업협상(Agriculture and agriculture negotiations)
- 반덤핑(Anti-dumping and rules negotiations)
- 국제수지(Balance of payments)
- 관세기준 가격(Customs valuation)
- 관세 및 무역에 관한 협정(GATT and the Goods Council)
- 수입허가(Import licensing)
- IT(Information technology products)
- 상품시장접근(Market access for goods and related negotiations)
- 선적 전 검열(Preshipment inspection)
- 원산지 규정(Rules of origin)
- 긴급수입제한[Safeguards (contingency trade barriers)]
- 위생검역(Sanitary and phytosanitary measures)
- 상품양허와 개방계획(Schedules of concessions on goods)
- 국영무역기업(State trading enterprises)
- 보조금과 상계조치(Subsidies and countervailing measures and rules negotiations)
- 관세(Tariffs)
- 무역의 기술장벽(Technical barriers to trade)
- 섬유(Textiles)
- 무역원활화(Trade facilitation)

① 농업과 농업협상

WTO에서 농업협상은 1986~1994년 기간 동안 행해진 우루과이라운드에서 논의를 시작하였다. 농업협상에서 농업에서 시장접근 개선과 무역을 왜곡하는 보조금 감축에 관한 내용이 합의되었다. 보조금 감축에 관한 이행은 1995년부터 6년 동안(개도국은 10년 동안) 단계적으로 철폐하는 것으로 합의되었다. 농업위원회는 이러한 협정의 이행을 감시·감독하기로 했다. 또한 지속적으로 협정내용을 개선하기로 회원국 간에 합의하였다. 현재 농업협정에 따라 지속적으로 협상은 계속되고 있으나 아직 최종적인 결론은 내지 못하고 있다.

② 반덤핑

특정 국가에 속한 기업이 자사 제품을 국내에서 판매하는 것보다 해외에 더 낮은 가격에 판매하는 것을 덤핑이라고 한다. WTO협정은 덤핑을 판정하는 것이 아니라 덤핑에 관한 규칙을 주로 담고 있다. 즉 덤핑에 관한 규칙을 정하는 것을 반덤핑 협정이라고 규정하고 있다.

반덤핑에 대한 협정은 GATT 1994의 제VI항 이행에 대한 협정－반덤핑 협정으로 더 잘 알려져 있다(Agreement on Implementation of Article VI of GATT 1994, Anti-dumping Agreement). 보조금 협정, 상계조치, 그리고 수산업 보조금에 관한 원칙, 그리고 지역무역협정에 적용되는 WTO규정에 준하여 협정을 권고하고 있다.

③ 국제수지

국제수지를 균형에 맞추지 못하고 있는 나라에 대해서는 GATT 1994년 협정과 GATS(서비스 무역에 관한 일반 협정)하에서 수입제한을 할 수 있도록 하고 있다.

이에 적용되는 협정 조항은 다음과 같다.

- Articles XII and XVIII: Bill of GATT 1994
- The Understanding on the Balance-of-payments Provisions of the GATT 1994
- Article XII of the GATS

④ 관세기준 가격

수입제품에 대하여 관세를 부과하기 위해서는 **관세라인**에서 관세기준에 합당한 가치를 추정하는 것이 매우 중요하다. 관세기준 가격을 정하기 위해 공정하면서도 단일화되고 중립적인 시스템 도입이 필요하다. WTO협정에 이에 대한 규정과 규칙을 규정하고 있다.

만약 관세기준 가격에 대하여 합리적이지 못하거나 의심이 갈 경우 가격 및 제품에 관한 더 많은 정보를 요구할 수 있으며, 그 정보가 불충분할 경우 수입품에 대한 가치를 그 국가가 제공한 정보에 의해 결정되지 않을 수도 있도록 규정하고 있다.

⑤ 관세 및 무역에 관한 협정

관세 및 무역에 관한 일반협정(GATT)은 상품에 관한 국제무역을 다루고 있다. 이에 관한 업무는 상품무역위원회(Council for Trade in Goods 또는 Goods Council)가 담당하고 있다. 그 관련 분야는 다음과 같이 농업, 시장접근, 보조금, 반덤핑 조치 등이다.

- 농업
- 상품에 대한 시장접근
- 위생 및 검역 조치
- 보조금 및 상계 조치
- 반덤핑
- 관세기준 가격
- 원산지 기준
- 수입허가
- 투자
- 세이프가드
- 공공무역기업
- 정보기술협정

⑥ 수입허가

수입허가는 수입허가절차에 관한 협정에 근간을 두고 있다. 수입허가절차에 관한 협정 (The Agreement on Import Licensing Procedures)은 수입허가는 단순하면서도 투명하고 예측 가능하여 무역에 장애가 되어서는 안 된다고 규정하고 있다. 예를 들면 동 협정은 관련정부로 하여금 어떻게 그리고 왜 수입허가가 필요한지에 관한 충분한 정보를 발간하도록 요구하고 있다. 그리고 만약에 관련정부가 수입허가제를 도입하게 되거나 아니면 기존의 절차를 바꿀 경우에는 WTO에 통보하도록 하고 있다. 그리고 특정 조건이 충족될 경우, 수입허가는 자동적으로 발급되도록 하고 있다. 특히 수입허가 절차가 무역을 제한하지 않도록 수입허가가 자동적으로 발급되도록 규정을 정하도록 하고 있다.

일부 허가는 자동적으로 발급되지 않아도 되지만, 최소한 허가제 신청에서 수입자의 부담을 최소화하도록 행정업무가 수입을 제한하거나 왜곡되지 않게 하고 있다. 또한 수입허가를 받기까지는 신청일로부터 30일이 넘지 않도록 하고 있다.

⑦ IT

정보기술제품 무역에 대한 협정(Information Technology Agreement, ITA)은 1996년 마무리되었다. 세계 IT의 97%를 담당하고 있는 70개 국가들은 IT관련 제품에 대한 관세를 완전히 제거하기로 합의하였다. 개도국 참여국들에게는 일부 품목에 대해서 개방할 수 있는 시기를 좀 더 연장하고 있다.

ITA는 관세축소 메커니즘으로 비관세 장벽(NTB)에 대하여 논의는 하고 있지만, NTB에 관한 구속적인 이행을 요구하지는 않고 있다. ITA에 참여하는 국가는 다음의 세 가지 원칙을 준수해야 한다―(1) ITA에 등록된 모든 제품은 협정에 구속되고, (2) 모든 제품은 무관세 수준까지 관세를 축소해야 하며, (3) 모든 다른 관세 및 비용도 부과되지 않는다. 모든 제품은 이러한 원칙을 준수해야 하나, 일부 민감한 품목은 일정한 기간 동안 유예할 수 있다. 또한 이러한 원칙은 MFN(최혜국대우) 원칙이 적용되어 WTO에 가입된 모든 국가가 동일한 혜택을 얻을 수 있다.

⑧ 상품시장접근

■ 시장접근

WTO에서 상품에 관한 시장접근은 특정 상품이 각 회원국들의 시장에 진입하기 위해 회원국들에 의해 협의된 조건, 관세, 그리고 비관세 조치를 의미한다. 각 회원국은 관세이행에 대한 관세양허 스케줄을 세워야 한다. 스케줄은 등록된 관세율 이상의 관세를 부과하지 않고 이행하는 것을 의미하며, 이러한 관세율을 구속(binding)된다고 한다. 비관세조치는 특정 WTO협정에 의해 다루고 있다.

■ 관세 : 더 많은 품목의 관세양허와 무관세 접근

우루과이라운드의 가장 중요한 결과는 각 회원국들이 개방 또는 관세 양허할 상품과 서비스의 특정 품목들을 확정하는 것이다. 이러한 이행에 대한 약속에는 수입 품목들에 대한 관세 축소와 양허되는 품목을 규정하고 있다. 일부 품목에 대해서는 관세를 무관세까지 양허하고 있다. 최근에 양허되는 관세 품목 수가 크게 증가하고 있다. 이렇게 개방을 표방한(binding) 품목들의 관세율을 다시 높이는 것은 쉽지 않다.

■ 관세 삭감

자국의 제품을 보호하기 위하여 높은 관세를 부과한 것을 점진적으로 철폐하기로 하였다. 이러한 이행을 위해서 우선 선진국들이 고관세 제품들의 관세율을 삭감하는 조치들이 WTO협상을 통하여 이루어졌다. 선진국들의 관세 삭감은 1995년 1월 1일부터 5년 동안 단계적으로 추진되었으며, 그 결과 산업제품의 40%가 평균 6.3%에서 3.8%로 관세가 삭감되었다. 선진국들이 관세자유화하고 있는 품목은 수가 20%에서 44%까지 상승하였다. 이제 고관세부과 제품들의 수는 거의 남아 있지 않다.

■ 가능한 많은 상품의 양허

WTO에서는 가능한 각 회원국들의 수입제품들을 최대한 개방하도록 규정하고 있다. 이에 따라 선진국들부터 수입제품들에 대하여 비관세 제품들을 정하고 공포하기 시작하여 현재 선진국들의 수입제품에 대한 비관세 품목 수의 비중이 99%에 달할 정도로 개방되어 있다. WTO는 개도국들에 대해서는 73%까지 비관세 품목 수를 증가시키고, 이행기 국가들에 대한 양허품목의 비중을 98%까지 확대시킬 계획이다.

■ 농업

농업제품에 대한 모든 관세는 현재 개방 또는 양허 대상 품목으로 되어 있다. 수입할당과 같은 관세의 형태를 취하지 않고 있는 모든 수입제품에 대한 제약(restrictions)을 **관세화**(tariffication)를 통하여 수입제한 및 수량할당 등을 관세로 전환하고 있다. 관세화는 농업무역에 대하여 예측 가능성을 높여주고 있다. 이전에는 농업생산의 30% 이상이 수입할당이나 수입제한 정책 대상 품목이었다. 관세화의 첫 번째 단계는 수입제한 정책을 기존과 같은 수준으로 보호할 수 있도록 관세로 전환하는 것이다. 점진적으로 이러한 관세화를 확대한다는 원칙을 정하고 있다. 농업에 대한 시장접근 이행은 특정 상품에 대한 수입제한조치를 제거한다. 더욱이 농업제품에 대한 국내지원 및 수출보조도 축소 이행에 포함하고 있다.

■ 비농업부문의 시장접근협상

도하 관료회의에서 비농업제품에 대해서 더 많은 무역자유화를 추진하기로 협의하였다. 이를 위해서 2002년에 NGMA(Negotiating Group on Market Access)를 창립하였다.

⑨ 선적 전 검열

선적 전에 가격, 수량, 제품의 질 등에 관하여 검열을 할 수 있도록 규정하고 있다. 주요 목적은 자금도피, 상업적 사기, 관세회피 등을 사전에 차단하는 것이다. 비차별, 투명성, 신뢰할 만한 비즈니스 보호, 비합리적인 지연 등도 포함된다.

⑩ 원산지 규정

원자재 및 소재들이 많은 지역에 흩어져 있는 제조공장에서 투입물로 활용될 때, 최종제품이 어느 지역에서 생산된 것인지를 결정하는 것은 쉽지 않다. 원산지 증명은 반덤핑, 상계관세, 세이프가드 조치와 같이 무역정책의 주요 수단을 활용할 것인지를 결정하는 데 매우 중요한 역할을 한다.

원산지 규정은 한 제품이 만들어진 곳을 규정하는 데 사용되는 기준이다. 수많은 정책들이 수출하는 국가들 간에 차별이 있기 때문에 원산지 규정은 무역규칙에서 중요한 부분을 차지한다. 원산지 규정은 무역통계를 만들 때 사용되고, 일반적으로 'made in (국가명)'으로 제품에 부착된다. 원산지 규정은 글로벌화와 더불어 한 제품이 만들어지기 위해서는 몇몇 개의 나라에서 가공절차를 걸쳐야 시장에 나올 수 있다는 점에서 복잡해지고 있다. 이에 원산지 표기를 표준화하려고 하고 있다.

원산지 규정은 FTA와 같이 양자협정에서는 양자합의에 의해 WTO협정과는 다른 규칙을 가질 수 있다. 현재 WTO에서는 모든 조건에서 모든 WTO회원국들에 의해 비선호적 무역조건(non-preferential trading conditions)하에서 적응할 수 있는 단일화된 원산지 규정을 만드는 것을 목표로 하고 있다.

⑪ 긴급수입제한

WTO의 회원국들은 국내 산업에 심각한 피해를 줄 정도로 특정 상품의 수입이 급격하게 증가하거나 증가할 것으로 위협을 당할 경우, 그 국내 산업을 보호하기 위해 세이프가드(일시적 수입제한) 조치를 취할 수 있다. 세이프가드 조치는 GATT Article XIX에 의해 가능하다.

WTO회원국들은 만약에 자국 산업이 수입의 급증으로 인하여 피해를 보거나 피해를 볼 수 있다는 위협을 받는 경우 일시적으로 '세이프가드' 행위를 통하여 수입을 제한할 수 있다. 여기에서 피해는 심각해야만 한다. 세이프가드 조치는 항상 GATT 규정에 의해 이루어져야 한다. 하지만 일부 회원국들은 '회색지대(grey area)' 조치를 통하여 국내산업을 보호하는 것을 선호할 수 있다. 즉 세이프가드를 적용하려면 모근 국가에 차별을 두지 않고 실행해야 하고, 일부는 보상을 해야 한다. 더욱이 해당 국가로부터 무역 보복 가능성이 있기 때문에 GATT의 테두리 밖에서 수출상대국에게 자발적으로 수출을 제한하도록 요구하거나, 아니면 시장을 분할하는 다른 수단에 대하여 동의할 수 있는 방법을 사용할 수 있다. 이러한 방법은 자동차, 철강, 반도체 등에 활용되는 수출자율규제, 시장질서유지협정, 다자간섬유협정 등이 대표적이다. WTO에서는 시장 질서를 왜곡할 가능성이 높기 때문에 1999년까지 각국이 시행하고 있는 회색지대 조치를 철폐하도록 했다.

수입의 급증(surge)에 대응하여 세이프가드가 정당하게 행해지기 위해서는 수입이 실질적인 증가가 있어야 하거나, 수입량이 증가하지 않더라도 그 시장에서 수입의 시장점유율이 급증하는 경우에 적용된다. 산업 또는 기업들이 정부에 세이프가드를 요구할 수 있으며, 세이프가드 행위가 발생할 경우 이에 대한 조사를 투명하게 하여 발표해야 한다.

또한 '심각한 피해(serious injury)'의 원인과 영향에 대하여 평가에 대한 기준이 정해져 있으며, 세이프가드 조치는 만약 명확한 기준이 정해져 있지 않은 경우 최근 3년 평균량보다 더 낮게 수입을 제한할 수 없도록 되어 있다. 세이프가드는 일반적으로 특정 국가로부터 수입에 한정하여 조치를 취할 수 없으며, 또한 4년 이상 지속할 수도 없다. 물론 특별한 경우 8년까지 연장할 수도 있다. 세이프가드가 1년 이상으로 발효되면, 그 나라는 그 품목을 매년 점진적으로 자유화시켜야 한다.

한 나라가 세이프가드를 취할 경우, 수출 국가는 그 나라에 보상을 요구할 수 있으며, 만약에 이에 대한 합의가 이루어지 않을 경우, 이에 상응하는 보복적인 조치 — 가령 그 나라로부터 수입되는 제품에 대하여 관세를 높이는 조치 — 를 취할 수 있다. 하지만 그 수출국가가 세이프가드를 가동하고 있는 나라에 대하여 보복조치를 하는 것은 세이프가드를 도입한 지 3년 후에 가능하다.

⑫ 위생검역

외국으로부터 수입되는 식품에 관한 안전 및 동식물 보건 조치에 관하여 WTO에서는 회원국 간에 협의를 통하여 일정한 규칙을 규정하고 있다. GATT 제20조에 정부는 무역에서 인류, 동식물 보호 및 보건에 관한 조치를 할 수 있도록 하고 있다. 이러한 조치를 위하여 위생검역에 관한 표준화를 추진하고 과도한 보호주의를 추진하지 못하도록 노력하고 있다. 특히 동식물 및 식품 무역에서 분쟁이 발생할 것을 염려하여 세계시장에서 통용되는 표준화 및 가이드라인을 활용할 것을 권고하고 있다. 위생검역에 관한 협정에는 주로 통제, 검열, 승인절차 등에 관한 내용들을 포함하고 있다.

⑬ 상품양허와 개방계획

WTO회원국들은 수입관세 품목에 대하여 양허표를 제시해야 한다. 일반적으로 상품양허 스케줄은 '양허관세율(bound tariffs)' 또는 '양허관세(bindings)'(GATT Article II)라고 하는 최대관세율 ― 일정 수준으로 관세를 올리지 않겠다는 관세율 ― 로 구성되어 있다. 농업제품에 대해서는 이러한 양허표에는 관세율 할당, 보조금 제한 등의 양허와 이행까지 포함하고 있다.

일반적으로 상품양허표는 다음과 같이 4개의 부분으로 구성되어 있다.

- Part I : Most-favoured-nation or MFN concessions, maximum tariffs to goods from other WTO members. Part I is further divided into:
  - Section IA—tariffs on agricultural products
  - Section IB—tariff quotas on agricultural products
  - Section II—Other products
- Part II : Preferential concessions (tariffs relating to trade arrangements listed in GATT Article I)
- Part III : Concessions on non-tariff measures (NTMs)
- Part IV : Specific commitments on domestic support and export subsidies on agricultural products

각 상품양허표에는 다음과 같은 정보가 내포되어 있다.

- 관세품목 수(Tariff item number)
- 상품 세부내용(Description of the product)
- 관세율(Rate of duty)
- 현재 양허수준(Present concession established)
- 최초 협상국 권한[Initial Negotiation Rights (or INR, such as main suppliers of product)]
- GATT 스케줄상의 최초 양허(Concession first incorporated in a GATT Schedule)
- 이전 협상에 관한 최초 협상국 권한(INR on earlier occasions)
- 기타 관세 및 수수료(Other duties and charges)

관세양허표는 HS코드(Harmonized Commodity Description and Coding System)에 따라 기록되며, 5,000개 이상의 세번분류 품목으로 구성되어 있고 이러한 분류는 〈표 1-7〉과 같다.

⑭ 국영무역기업

국영무역기업은 배타적 또는 특별한 권리 행사를 통하여 수출입의 수준 또는 수출입 방향에 영향을 주는 정부 및 비정부 기업으로 정의하고 있다. 우리나라는 양허표에 근거하여 현재 쌀, 보리, 쇠고기, 오렌지, 고추, 마늘, 인삼, 천연꿀, 잣 등 17개 품목(HS 4기준)에 대해 농림부, 농수산물유통공사, 축산물유통사업단, 축산업협동조합중앙회, 제주감귤협동조합, 인삼협동조합중앙회, 임업협동조합중앙회 등 7개 지정 국경무역기업 및 기관에서 담당하고 있다고 공표하고 있다.

⑮ 보조금과 상계조치

WTO 협정 내 국가 간에 보조금의 영향으로 마찰이 일어날 경우, WTO 분쟁해결기구에 제소할 수 있는 것은 물론 보조금을 받고 있는 제품의 수입으로 인하여 국내 생산자가 피해를 보게 되면 이에 대응하는 상계관세를 부과할 수 있다.

보조금에는 금지보조금, 상계가능보조금으로 구분된다. **금지보조금**(prohibited

표 1-9 협정문 구성요소별 주요 내용

Section I (Chapters 1−5, live animals and animal products)
Section II (Chapters 6−14, vegetable products)
Section III (Chapter 15, animal or vegetable fats and oils)
Section IV (Chapters 16−24, prepared foodstuffs, beverages and spirits, tobacco)
Section V (Chapters 25−27, mineral products)
Section VI (Chapters 28−38, chemical products)
Section VII (Chapters 39−40, plastics and rubber)
Section VIII (Chapters 41−43, leather and travel goods)
Section IX (Chapters 44−46, wood, charcoal, cork)
Section X (Chapters 47−49, wood pulp, paper and paperboard articles)
Section XI (Chapters 50−63, textiles and textile products)
Section XII (Chapters 64−67, footwear, umbrellas, artificial flowers)
Section XIII (Chapters 68−70, stone, cement, ceramic, glass)
Section XIV (Chapter 71, pearls, precious metals)
Section XV (Chapters 72−83, base metals)
Section XVI (Chapters 84−85, electrical machinery)
Section XVII (Chapters 86−89, vehicles, aircraft, vessels)
Section XVIII (Chapters 90−92, optical instruments, clocks and watches, musical instruments)
Section XIX (Chapter 93, arms and ammunition)
Section XX (Chapters 94−96, furniture, toys, miscellaneous manufactured articles)
Section XXI (Chapter 97, works of art, antiques)

subsidy)은 수출을 목표로 또는 수입제품 대신에 국내제품을 사용하는 수혜자에게 지원되는 보조금으로, 일반적으로 정부 또는 정부로부터 위임받는 기관이 무상으로 지원하는 보조금을 의미한다. **상계가능보조금**(actionable subsidy)은 특정 기업이나 산업을 지원대상으로 하는 특정한 성격을 가지고 있는 보조금으로 보조금 지급 자체가 금지된 것은 아니나, 동 보조금 지급으로 인해 상대방 회원국이 부정적 효과를 주게 되면, 상대방 회원국이 상계관세를 부과하거나 WTO에 제소할 수 있는 보조금을 말한다. 1인당 GNP가 1,000달러 이하의 개도국인 경우, 보조금이 경제발전에 미치는 역할을 고려하여 수출보조금에 대하여 예외적으로 인정해주고 있다.

⑯ 관세

수입되는 제품에 대하여 부과되는 조세를 **관세**라고 하며, 관세는 관세가 부과되는 수입제품과 그 유사한 국내제품에 가격 면에서 혜택을 주게 되고, 정부에게는 관세수입을 올리게 해준다. 문제는 각 나라마다 동일제품에 대해서 다른 수준의 관세를 부과하고 있기 때문에 우루과이라운드에서 관세양허를 다루기 시작하였다. 도하 아젠다에서는 농업과 비농업시장접근으로 구분하여 다루고 있다. 한편, 관세양허와 관세삭감에 대해서는 ⑧의 '상품시장접근'을 참조하면 된다.

⑰ 무역의 기술장벽

기술규정과 상품 표준이 국가별로 다른데, 이렇게 다른 점을 이용하여 국가별로 보호주의적 입장을 취하게 되면 국제무역의 장애가 된다. 따라서 WTO협정은 규정, 표준, 실험 및 인증절차가 무역에 장애가 되지 않도록 상품의 기준 규격 및 적합성 평가절차가 국제규격에 준하는 것은 물론 이 규격에 따라 수입품에 내국인대우 및 최혜국대우를 할 것을 정하고 있다.

생활수준이 높아지면서 안정과 높은 수준의 상품 질, 용수, 공기, 토양 오염 등에 대한 표준 및 기준이 높아지면서 TBT의 협의도 점점 어려워지고 있는 실정이다. 기술기준 및 표준의 차이는 국제무역에서 생산자 및 수출자에게 상당한 비용을 초래하고 있다. 해외규정의 번역, 해외규정을 설명할 수 있는 기술 전문가 고용, 요구되는 제품사양을 조정하게 되는데 이러한 비용은 결국 생산 및 수출비용으로 전이된다.

여기에서 기술규정 및 표준이라는 것은 제품의 규격, 모양, 디자인, 기능, 성능, 라벨, 포장 등이 포함되며, 이러한 특징이 제품을 생산하거나 수출하는 데 영향을 주게 된다. 따라서 TBT협정은 생산 및 수출업자들에게 제품에 대한 국제적 기준을 제공하고 있다. TBT를 하는 이유는 안정성(예 : 안전벨트)과 보건, 동식물 보호, 환경 보호 등을 위한 것이다.

⑱ 섬유

섬유와 의류협정(Agreement on Textiles and Clothing, ATC)은 2005년을 기점으로 만료되었다. ATC 이행에 대한 10년 이행기간의 만료는 섬유와 의류에 대한 무역이 더 이상 WTO/GATT 원칙 밖에서 수입할당이 이루어지지 않는 대신에 다자간 무역시스템의 일반 규칙에 의해 규정되었다는 것을 의미한다.

1995년부터 'WTO의 섬유와 의류에 관한 협정'에 따라 10년 이행 프로그램을 수행하면서 국제섬유 및 의류 무역은 많은 변화를 겪어 왔다. 이 협정 이전에는 개도국의 선진국에 대한 섬유 및 의류 수출에 대한 비중이 GATT 규정과는 달리 정해져 있었다. 하지만 2005년부터 WTO의 회원국들은 이러한 규정을 모두 GATT 규칙에 통합하여 개도국들의 대선진국 수입 비중을 제거하였다.

■ 다자섬유협정(1974~1994년)

우루과이 라운드까지 섬유와 의류의 쿼터는 양자 간의 협상에 의해 정해졌으며, 다자섬유협정의 규칙에 따랐다. 다자섬유협정은 수입하는 산업에 심각한 피해의 원인을 제공하는 특정제품에 대한 수입이 크게 증가할 때 제한적 수입제한을 할 수 있도록 하고 있다. 다자섬유협정은 GATT의 기본 규칙과 비차별원칙에 기본을 두고 있다. 1995년 이 협정은 WTO협정으로 대체되면서 수입제한 쿼터를 제거하는 과정을 거치게 된다.

■ WTO의 섬유와 의류 협정(1995~2004년)

ATC는 중간 단계적 협정으로 섬유와 의류에 관한 모든 협정을 GATT의 원칙에 종속시키는 역할을 하였다. 즉 섬유와 의류에 관한 모든 쿼터를 제거하여 섬유와 의류에 관한 무역자유화를 추구하는 것이다. 특정 품목의 수입이 급증할 경우 세이프가드 조치도 가능하도록 하고 있다.

⑲ 무역원활화

WTO는 2004년에 무역원활화에 대한 협정을 추진하는 데 동의하였다. 여기에는 환적의 자유(GATT Article V: Freedom of Transit), 수출입에 대한 수수료(Article VIII: Fees and Formalities connected with Importation and Exportation), 그리고 무역규칙의 발간과 문서 요구(Article X: Publication and Administration of Trade Regulations)을 다루어 단순화하여 무역 흐름을 원활히 하자는 논의를 하기로 하였다. 그리고 세관 및 관련 당국 간에 무역원활화에 대한 기술지원과 역량을 강화하는 방안도 협상에 포함하기로 하였 . 다. 무역원활화에는 무역절차, 규정, 수수료 부과, 문서 요구 등의 단순화가 주요 협상 분야다. 1996년 싱가포르에서 WTO규칙에 따라 무역 절차를 단순화한다는 기본 골격의 합의에 따라 2004년까지 협상의 기본규칙을 정하고 협상에 들어갔다. 최근에 발리 협상에서 무역원활화 협정이 타결되었으나 인도의 불참으로 현재 계류 중에 있다.

한국의 FTA 추진 배경 및 현황

1 FTA 추진 배경

1980년대 이후 세계 무역질서의 가장 큰 변화는 **지역무역협정**(Regional Trade Agreements, RTA)의 지속적인 확산에 있다. 지역무역협정은 **자유무역협정**(Free Trade Agreements, FTA)과 **관세동맹**(Custom Unions, CU)을 모두 포함하는데, 전자는 역외국에 대한 고유의 무역정책을 유지하면서 **역내 무역장벽**을 완화 혹은 철폐하는 방식이지만 후자는 역외국에 대한 고유의 무역정책을 완전히 철폐하고 공동관세를 적용하는 방식이다. 위 2개의 유형 중에서 FTA가 보다 보편적인 형태라 할 수 있다. FTA를 위시한 지역주의의 경향은 1995년 출범한 **WTO**체제에서 급속도로 확산되었다.

특히 유럽과 미주 대륙뿐 아니라 그동안 세계적인 FTA 대열에 동참을 주저해 왔던 동아시아 지역에서도 FTA 추진이 급박하게 진행되었다. 유럽에서는 EU가 동유럽권으로 회원국을 확대하고 있으며 미주 대륙에서는 34개국을 포괄하는 미주자유무역지대(Free Trade Areas of the Americas, FTAA)가 구체화되고 있다. 2000년 이후 일본, 중국, 싱가포르 등 다수의 동아시아 국가들이 FTA 체결을 위해 전력투구하며 상호 경쟁하는 양상을 보이고 있다. 일본은 싱가포르, 말레이시아, 베트남, 인도네시아 등 동남아시아 국가들을 중심으로 FTA를 체결하였고 중국은 WTO 가입 이후 FTA를 적극 추진하였는데, 대중화 경제권 실현의 구체화를 위해 추진된 ASEAN과의 FTA가 지난 2005년 발효된 데 이어 파키스탄, 칠레, 뉴질랜드 등 전 세계 주요국과의 FTA를 차례로 성사시켜 왔다.

우리나라는 전통적으로 다자주의 통상정책을 선호하였으나 1997년 외환위기 이후 국내산업의 구조조정 및 개방정책을 본격적으로 추진할 필요성이 제기되었다. 1960년대에 본격적인 산업발전을 시작하면서 우리나라는 수입대체산업 육성, 수출촉진정책, 중화학공업 육성전략 등 다양한 산업·통상정책을 추진하였고 이를 통해 전 세계적으로 유례없는 경제발전을 이룩하였다. 그러나 다자주의를 표방하면서 전략적으로 국내 산업을 보호하고 수출을 육성하던 전략은 우리나라의 경제 성장과 더불어 개도국의 지위를 활용하기 어려워짐에 따라 한계를 맞게 되었다. 특히 국내 산업에 대한 과도한 보호는 국제시장에서 국내기업의 경쟁력을 약화시켰고 1997년 외환위기를 겪으면서 국내기업의 경쟁력 향상이 향후 지속 가능한 경제발전의 키워드로 지목되었다. 이러한 과정에서 FTA가 위기상황의 국내 경제에 활로를 제공하고 국내 산업의 체질을 개선할 수 있는 핵심 수단으로 등장하였다. 우리나라가 적극적으로 FTA를 추진하게 된 이유는 크게 세 가지를 들 수 있다.

첫째, 경쟁 상대국들의 잇따른 FTA 체결에 따라 우리나라가 **역외국**으로서 남을 경우 겪게 될 상대적 차별로 인한 기회비용의 상승은 우리나라로 하여금 지역주의를 포용하게 되는 결정적인 계기를 마련하였다. FTA 체결을 통해 회원국 내 **무역장벽**이 완화 혹은 철폐되면서 역외국가와 비교하여 상대적으로 가격 경쟁력이 상승하기 때문에 역내 무역이 증가한다. 이는 결과적으로 회원국 내 경쟁력이 높은 산업의 생산이 증가하게 되는 것을 의미하는데, 국가 전체적으로 볼 때 경쟁력이 약한 산업에서 경쟁력이 높은 산업으로 자원이 이동하므로 자원 배분의 효율성이 증대된다고 볼 수 있다. 또한 무역이 증가하고 자원 배분의 효율성이 향상되면 국내총생산(GDP) 및 소득이 증가하게 된다. 이렇게 증가된 소득의 일부는 저축되기 때문에 투자가 증가하고 국내총생산과 소득을 더욱 크게 증가시키는 효과를 창출한다. 이러한 일련의 FTA 체결에 따른 효과를 고려해 볼 때, 우리나라가 FTA에 동참하지 않을 경우, **역외시장**에서의 우리 기업 상품의 가격 경쟁력 저하 그리고 **교역조건** 악화에 따른 수출시장의 상실만을 의미하는 것이 아니라 중장기적인 우리나라의 **성장잠재력** 훼손을 의미한다는 점에서 FTA 추진의 필요성이 더욱 강조된다.

둘째, 우리나라의 교역 규모가 국내총생산(GDP)의 100% 이상을 차지하고 있다는 점을 고려해볼 때 우리나라가 기존의 수출시장을 유지하고 새로운 시장에 진출하기 위해서는 FTA 추진이 불가피하였다. FTA 체결에 따른 무역장벽의 철폐로 인한 시장통합은 무역창출과 무역전환 효과를 가져왔다. FTA 회원국으로부터 수입된 상품의 수입가격이 낮아지면서 수요가 늘어나고 결국 회원국 간의 교역 증가로 이어지는 것을 무역창출 효과라 하고, FTA 체결 상대국에 대한 특혜관세 제공으로 인해 수입선이 역외국에서 FTA 체결국으로 바뀌는 것을 무역전환 효과라 한다. FTA 회원국이 됨으로써 위와 같은 상황이 발생하는 경우 무역전환 효과로 인한 피해를 줄이고 (즉 기존의 수출시장의 유지) 무역창출 효과로 인해 새로운 시장으로의 접근이 더 쉬

워지는 이점을 누릴 수 있다는 점에 주목해야 할 것이다.

　셋째, 보다 적극적인 시장개방과 자유화를 통해 국가 전반의 시스템을 선진화하고 우리 경제가 질적인 발전을 통해 진정한 선진 경제로 거듭나기 위한 정책 수단으로 FTA 추진이 결정되었다. 과거에 체결된 협정은 회원국 간 관세 인하와 원산지 규정, 통관절차 등 시장접근에 관련된 내용이 주를 이룬 반면, 1990년대 이후 무역장벽의 완화 및 철폐를 통한 시장접근의 확대뿐 아니라 서비스, 투자, 지적재산권, 경쟁정책 및 정부조달 등 대부분의 통상규범을 포함하는 포괄적 FTA가 체결되고 있다. 이러한 높은 수준의 FTA가 추진됨에 따라 FTA를 통한 산업구조의 효율적 조정 및 경쟁력 제고뿐만 아니라 투자의 활성화 그리고 제도와 규율의 선진화를 효과적으로 도모할 수 있게 되었다. 이렇듯 FTA가 산업경쟁력과 국가경쟁력을 신장하는 중요한 정책수단이라는 인식하에 우리 정부는 FTA 추진을 통해 효율적인 통상체계를 구축함으로써 21세기 동북아 중심국가로 도약하려는 목표로 추진되었다.

2　FTA 추진 정책 및 현황

1998년 「주요국과 자유무역협정 추진에 대한 재검토」를 바탕으로 우리나라는 칠레를 첫 번째 FTA 협상 대상국으로 선정하였다. 1999년 12월 칠레와 처음으로 협상을 시작한 이래 2002년 10월 협상을 타결하였으며, 2004년 4월부터 양국 간의 FTA가 발효되었다. 한 · 칠레 FTA는 우리나라가 체결한 최초의 FTA지만 FTA에 대한 경험이 없는 상황에서 많은 시행착오와 어려움을 겪었다. 보다 체계적인 FTA 추진의 필요성을 절감한 한국 정부는 칠레와의 FTA가 타결된 지 약 2년 후인 2004년 9월 동시다발적 FTA 추진을 포함한 'FTA 추진 로드맵'을 발표하였다. 동시다발적인 FTA 추진 목표를 설정한 이유를 두 가지 측면으로 설명할 수 있는데, 첫째로는 그동안 지체된 FTA 체결 진도를 단기간 내에 만회하여 세계적인 FTA 확산 추세에 따른 우리 기업들의 기회비용을 줄이고자 함이다. 둘째는 여러 개의 FTA를 동시다발적으로 추진하여 발효시킴으로써 각 협상별로 발생하는 부정적인 효과를 상쇄하여 전체적인 이익을 극대화하고자 함이다. 물론 동시다발적인 FTA 추진 과정에서 국내 산업구조조정이 자연스럽게 진전되는 것은 불가피하다. FTA의 필요성에 공감하는 국민이 늘어나고 있으나 농업, 수산업 및 다수 제조업종 등 산업구조조정의 압력이 가중되고 있는 취약산업 부문의 반발은 여전하다. 하지만 FTA 추진 과정에서 발생하는 **구조조정비용**은 시장기능을 보완하는 정부의 적극적인 역할이 요구되는 문제지 비용 자체가 발생하는 것을 우려하여 FTA를 소극적으로 추진하는 것은 장기적으로 볼 때 국내산업의 경쟁력 향상에 결코 도움이 되지 않는다.

이와 같은 맥락에서 시장 개방에 따른 경쟁의 심화로 필연적으로 피해를 보는 산업에 대한 비용의 최소화를 위해 FTA를 체결하는 전략보다는 국내산업의 효율성 및 경쟁력 제고를 위해 과감하고 적극적인 FTA 추진 전략으로의 전환이 필요하였다. 이를 위해서는 우선 선진, 거대 경제권과의 FTA 체결을 통해 시장 규모를 확대하고 경제적 이익의 극대화 전략을 펴 가는 것이 필수적이라 할 수 있다. 거대 경제권과의 FTA는 고려해야 할 산업과 이해집단의 범위가 크고 FTA 이후 우리 경제 전반에 걸쳐 미치는 영향이 클 것으로 예상되나, 능동적인 개방을 통한 우리 경제의 선진화 구현이라는 당초의 FTA 추진 목표를 상기해볼 때 이는 불가피한 선택이다. 특히 미국과의 FTA는 미국이 세계의 대표시장이라는 상징적인 의미가 있으며 정치·안보적인 측면에서 양국 간 관계를 강화하고 한반도 평화와 동북아 국제질서에 바람직한 영향을 미칠 수 있다는 점이 강조되었다. 그뿐만 아니라 향후 실현될 미주자유무역협정(FTAA)에 연계되는 거점을 마련하기 위해서도 미국과의 FTA가 주는 시사점은 크다고 할 수 있다.

한편 EU와의 FTA는 역내 무역과 투자를 증진시키면서 미래 발생할 수 있는 통상마찰을 줄일 수 있는 방안으로, 그리고 국내 취약산업에 경쟁적 우위를 가진 품목이 상대적으로 적으면서 산업협력의 가능성이 높다. 또한 급성장하고 있는 신흥유망시장으로 대표되는 BRICs 국가에 대한 우리나라의 수출 비중이 늘어나고 있는 추세에 맞추어 이들과의 FTA 추진은 우리 경제의 성장 동력으로 작용할 것이다. 마지막으로 동북아 금융허브 구축 및 동북아 물류허브 실현을 통한 동북아 경제중심의 건설이라는 목표를 달성을 위해 동아시아 국가들과의 FTA 추진에 적극적일 필요가 있다.

FTA 추진 로드맵에 따른 FTA 추진전략은 추진방식 및 내용에 대한 전략과 추진대상국 선정에 대한 전략으로 구분된다. 추진방식 및 내용에 대한 전략은 상품관세 철폐, 서비스·투자, 지식재산권, 경쟁, 정부조달 등을 포함한 포괄적이고 수준 높은 FTA를 지향하는 정책을 추진한다고 명시하고 있다. 또한 추진대상국 선정에 있어 FTA 추진의 궁극적인 목표가 우리 경제의 선진화와 경제적 이익을 극대화하는 데 있는 만큼 거대경제권과의 FTA 네트워크를 형성하는 데 목적을 두었다.

　WTO/GATT 및 GATS상의 규정과 일치하는 높은 수준의 FTA 추진을 지향함으로써 다자주의를 보완하고 FTA를 통하여 국내제도의 개선 및 선진화를 도모하였다. 우리 경제의 선진화와 경제적 이익을 극대화할 수 있는 거대·선진 경제권과의 FTA 체결을 위해, 주변국과의 FTA 체결을 통한 교두보 구축과 거대경제권과의 직접적인 협상을 위한 국내외적인 여건을 조성한다는 전략으로 접근하였다.

　FTA 대상 선정 시 다음의 다섯 가지를 고려하여 단기 및 중·장기 추진대상을 선정하였다 ─① 경제적 영향(GDP, 국민소득, 무역 및 후생에 미치는 영향)의 정도, ② 우리나라 산업 고도화에 미치는 영향의 정도, ③ 국내제도의 질적 향상에 기여할 수 있는 정도, ④ 국민 공감대를 얻기 위하여 민감 분야에 대한 고려, ⑤ 기타 정치·외교·안보 관계.

　이러한 기준에 따라 우리나라는 FTA 체결 상대국을 크게 3개 그룹으로 분류하였다. 먼저 A그룹은 우리나라의 수출 비중과 상대국의 시장 규모 등을 고려하여 우리나라 5대 교역 대상국가 및 지역을 포진하였다. 반면에 B그룹은 A그룹에 포함된 거대경제권과의 FTA에서 나타날 수 있는 부정적 효과를 보완하기 위한 국가 또는 성장잠재력이 크거나 자원 확보, 산업경쟁력, 비교우위 등에서 FTA 체결에 따른 이익 실현이 가능할 것으로 예상되는 국가를 선정하였으며 인도, 러시아, MERCOSUR와 같은 신흥개도국과 캐나다, 호주와 같은 자원 부국들을 포함하였다. 마지막으로 C그룹으로 분류된 국가는 현 상황에서 즉각적으로 FTA를 추진하기는 어렵지만 FTA 협상의 모멘텀을 유지할 필요가 있는 국가들을 선정하였다. 여기에는 뉴질랜드, EFTA 등 소규모 국가 혹은 거대경제권과의 FTA 추진을 위한 교두보로 활용할 수 있는 국가들을 포함하고 있다.

　2016년 1월 현재 우리나라는 우리의 5대 교역대상 국가 및 지역 중 일본을 제외한 4개 지역/국가(미국, EU, ASEAN 및 중국)와 FTA를 체결하였다. 전체적으로는 총 14개 FTA가 발효되어 운영되고 있으며, 한·중·일 FTA와 역내 포괄적 동반자 협정(Regional Comprehensive Economic Partnership, RCEP) 등의 협상이 진행되고 있다. 다음 표는 현재까지 우리나라 FTA 추진 현황을 간략히 정리하고 있다.

표 2-1 한국 FTA 추진 현황

진행 단계	상대국	추진 현황	의의
발효 (14건)	칠레	1999년 12월 협상 개시, 2003년 2월 서명, 2004년 4월 발효	최초의 FTA, 중남미 시장의 교두보
	싱가포르	2004년 1월 협상 개시, 2005년 8월 서명, 2006년 3월 발효	ASEAN 시장의 교두보
	EFTA (4개국)	2005년 1월 협상 개시, 2005년 12월 서명, 2006년 9월 발효 (*EFTA 4개국 : 스위스, 노르웨이, 아이슬란드, 리히텐슈타인)	유럽시장 교두보
	ASEAN (10개국)	2005년 2월 협상 개시, 2006년 8월 상품무역협정 서명, 2007년 6월 발효, 2007년 11월 서비스협정 서명, 2009년 5월 발효, 2009년 6월 투자협정 서명, 2009년 9월 발효 (*ASEAN 10개국 : 말레이시아, 싱가포르, 베트남, 미얀마, 인도네시아, 필리핀, 브루나이, 라오스, 캄보디아, 태국)	우리의 제2위 교역 대상(2013년 기준)
	인도	2006년 3월 협상 개시, 2009년 8월 서명, 2010년 1월 발효	BRICs 국가, 거대시장
	EU (28개국)	2007년 5월 협상 출범, 2009년 7월 협상 실질 타결, 2009년 10월 15일 가서명, 2010년 10월 6일 서명, 2011년 7월 1일 잠정발효 (*EU 28개국 : 오스트리아, 벨기에, 영국, 체코, 키프로스, 덴마크, 에스토니아, 핀란드, 프랑스, 독일, 그리스, 헝가리, 아일랜드, 이탈리아, 라트비아, 리투아니아, 룩셈부르크, 몰타, 네덜란드, 폴란드, 포르투갈, 슬로바키아, 슬로베니아, 스페인, 스웨덴, 불가리아, 루마니아, 크로아티아)	세계 최대경제권 (GDP 기준)
	페루	2009년 3월 협상 개시, 2010년 8월 협상 타결, 2010년 11월 15일 가서명, 2011년 3월 21일 서명, 2011년 8월 1일 발효	자원 부국, 중남미 진출 교두보
	미국	2006년 6월 협상 개시, 2007년 6월 협정 서명, 2010년 12월 추가 협상 타결, 2011년 10월 22일 '한·미 FTA 이행법' 미 의회 상·하원 통과, 2011년 11월 22일 비준동의안 및 14개 부수법안 국회 본회의 통과, 2012년 3월 15일 발효	거대 선진경제권
	터키 (기본협정 상품무역 협정)	2008년 6월~2009년 5월 공동연구, 총 4차례 공식 협상 개최(2010년 4월~2012년 3월), 2012년 8월 1일 기본협정 및 상품무역협정 서명, 2012년 11월 22일 비준동의안 국회 통과, 2013년 5월 1일 발효	유럽·중앙아시아 진출 교두보

	호주	2009년 5월 한·호주 FTA 협상 개시 선언, 총 7차례 협상 개최(2009년 5월, 8월, 11월 / 2010년 3월, 5월 / 2013년 11월, 12월), 2013년 12월 4일 협상 타결 선언, 2014년 2월 10일 가서명, 4월 8일 공식 서명, 12월 2일 비준동의안 국회 본회의 통과, 2014년 12월 12일 발효	자원 부국 및 오세아니아 주요시장
	캐나다	2005년 7월 협상 개시 선언, 총 14차례 협상 개최(2005년 7월, 9월, 11월 / 2006년 2월, 4월, 6월, 9월, 11월 / 2007년 1월, 4월, 10월, 11월 / 2008년 3월 / 2013년 11월), 2014년 3월 11일 협상 타결 선언, 6월 12일 가서명, 9월 23일 정식서명, 12월 2일 비준동의안 국회 본회의 통과, 2015년 1월 1일 발효	북미 선진시장
	중국	2007년 3월~2010년 5월 산관학 공동연구 이후 민감분야 처리를 위한 실무협의, 2012년 5월 2일 협상 개시 선언, 총 14차례 협상 개최(2012년 5월, 7월, 8월, 10월 / 2013년 4월, 7월, 9월, 11월 / 2014년 1월, 3월, 5월, 7월, 9월, 11월) 2014년 11월 10일 협상 타결 선언, 2015년 2월 25일 가서명, 2015년 6월 1일 정식서명	우리의 제1위 교역 대상(2013년 기준)
	뉴질랜드	2007년 2월~2008년 3월 민간공동연구, 총 4차례 공식협상 개최(2009년 6월~2010년 5월) 후 잠정중단, 2013년 12월 3일 공식협상 개시 선언, 총 5차례 협상 개최(2014년 2월, 3월, 6월, 8월, 10월) 2014년 11월 15일 협상 타결 선언, 2014년 12월 11일 가서명, 2015년 3월 23일 정식서명	오세아니아 주요시장
	베트남	2011년 11월 공동연구보고서 완료, 2012년 8월 6일 협상 개시 선언, 총 9차례 협상 개최(2012년 9월 / 2013년 5월, 10월 / 2014년 3월, 5월, 7~8월, 9~10월, 11월, 12월), 2014년 12월 10일 협상 타결 선언, 2015년 3월 28일 가서명, 2015년 5월 5일 정식서명	우리의 제4위 투자 대상국(2014년 12월 기준)
타결 (2건)	콜롬비아	2009년 3~9월 민간공동연구, 총 6차례 공식협상 개최(2009년 12월 / 2010년 3월, 6월, 10월 / 2011년 10월 / 2012년 4월), 2012년 6월 25일 협상 타결 선언, 2012년 8월 31일 한·콜롬비아 FTA 가서명, 2013년 2월 21일 한·콜롬비아 FTA 정식서명	자원 부국, 중남미 신흥시장
	터키 (서비스·투자협정)	2013년 8월~2014년 7월, 서비스·투자협정 총 4차례 공식협상 개최, 2014년 7월 서비스·투자협정 실질타결, 9월 가서명 2015년 2월 26일 서비스 투자협정 정식서명	유럽·중앙아시아 진출 교두보

협상 진행 (2건)	한·중·일	2003~2009년 민간공동연구, 2010년 5월~2011년 12월 산관학 공동연구, 2012년 5월 3국 정상회의 시 '연내 협상개시 목표' 합의, 2012년 11월 20일 협상 개시 선언, 총 7차례 협상 개최(2013년 3월, 7월~8월, 11월/ 2014년 3월, 9월, 11월/ 2015년 4월)	동북아 경제통합 기반 마련
	RCEP	2011년 11월 ASEAN이 RCEP 작업계획 제시, 2012년 11월 20일 동아시아 정상회의 계기 협상 개시 선언, 총 7차례 협상 개최(2013년 5월, 9월/ 2014년 1월, 3~4월, 6월, 12월/ 2015년 2월) (*RCEP : 한국, 중국, 일본, 호주, 뉴질랜드, ASEAN)	동아시아 경제통합 기여
협상 재개/ 여건조성 (5건)	인도네시아	2011년 10월 공동연구보고서 완료, 2012년 3월 28일 한·인니 CEPA 협상 개시 선언, 총 7차례 협상 개최(2012년 7월, 12월 / 2013년 5월, 7월, 9월, 11월 / 2014년 2월)	ASEAN 회원국 중 우리의 최대 교역국 (2013년 기준)
	일본	2003년 12월 협상 개시, 2004년 11월 6차 협상 후 중단, 2008년~2012년 협상 재개 환경조성을 위한 협의 총 9차례 개최	우리의 제4위 교역 대상(2013년 기준)
	멕시코	2007년 12월 기존의 SECA를 FTA로 격상하여 협상 재개, 2008년 6월 제2차 협상 개최 후 중단	북·중미 시장 교두보
	GCC(6개국)	2008년 7월 협상 개시, 2009년 7월 제3차 협상 개최 후 중단 (*GCC 6개국 : 사우디아라비아, 쿠웨이트, 아랍에미리트, 카타르, 오만, 바레인)	자원 부국, 우리의 제3위 교역 대상(2013년 기준)
	중미(6개국)	2010년 10월 공동연구 개시, 2011년 4월 공동연구보고서 완료, 2015년 6월 18일 한·중·미 FTA 협상 개시 공식 선언(*중미 6개국 : 파나마, 코스타리카, 과테말라, 온두라스, 엘살바도르, 니카라과)	북미와 남미를 잇는 전략적 요충지
협상 준비	MERCOSUR (5개국)	2005년 5월~2006년 12월 정부 간 공동연구 완료 (2007년 10월 연구보고서 채택) (*MERCOSUR 5개국 : 브라질, 아르헨티나, 우루과이, 파라과이, 베네수엘라)	BRICs 국가, 자원 부국
공동 연구 (3건)	이스라엘	2009년 8월 민간공동연구 개시, 2010년 8월 완료	서부 중동지역 거점 시장
	말레이시아	2011년 5월 한·말레이시아 FTA 타당성연구 개시, 2012년 12월 타당성연구 완료	한·ASEAN FTA 업 그레이드 자원 부국
	에콰도르 TA	2012년 4월 통상교섭본부장 에콰도르 통상차관 면담 계기, 타당성연구 진행 합의, 2012년 9월~2013년 6월 민간공동연구 실시, 2015년 2월 한·에콰도르 TA 추진 가능성 검토 회의, 2015년 4월 한·에콰도르 TA 추진관련 대국민 공청회	중남미 시장 진출을 위한 교두보 확보

자료 : FTA 강국, KOREA 검색(http://www.fta.go.kr/main/situation/kfta/ov/, 검색일자 : 2016년 1월 20일)

3 — 한국 FTA의 대내적 성과 : 양자 간 교역

여기에서는 한국의 FTA의 양자 간 교역에 대한 성과를 논의하고자 한다. 한국 최초의 FTA인 한 · 칠레 FTA가 발효된 지 이미 10여 년이 지나면서 그동안 추진되어 온 FTA 의 성과에 대한 논의가 진행되고 있다. FTA의 성과는 주로 총교역 규모, 기업의 FTA를 통한 수출, 교역의 다변화, FTA 상품 분야에서의 시장접근성 및 수출에 미친 영향 등에 대한 논의가 가능하다. 이러한 점을 고려하여 이 절에서는 김영기 외(2014)의 연구 결과를 중심으로 한국 FTA의 대내적 성과를 논의하고자 한다.[1]

1) FTA 체결국과의 교역 규모

(1) 총교역 규모

2004년 한 · 칠레 FTA를 시작으로 2013년 5월에 발효된 한 · 터키 FTA까지 10여 년이라는 상대적으로 짧은 시간에 9개의 FTA가 발효되면서 우리나라 교역에서 FTA 체결국과의 교역액도 빠르게 증가하였다. 2004년 한 · 칠레 FTA가 발효되었을 때 약 7억 달러이던 FTA 체결국에 대한 수출액은 2013년에는 1,973억 달러로 급증하였고 FTA 체결국으로부터의 수입도 같은 기간 19억 달러에서 1,710억 달러로 증가하였다.

우리나라 총교역에서 FTA 체결국과의 교역이 차지하는 비중도 2004년 수출과 수입 비중은 각각 0.3%와 0.9%에서 2013년에는 38.6%와 33.2%로 상승하였다. 전반적으로 FTA 체결국의 수와 교역 비중에서 높지 않던 한 · 칠레 FTA(2004년 발효), 한 · 싱가포르 FTA, 그리고 한 · EFTA FTA(각각 2006년 발효)가 발효된 2006년까지는 큰 변화를 보이지 않았으나 한 · ASEAN FTA가 발효된 2007년과 한 · EU FTA가 발효된 2011년, 그리고 한 · 미 FTA가 발효된 2012년에 크게 증가하는 양상을 보이고 있다.

국가별로도 2003년 발효된 우리나라 최초의 FTA인 한 · 칠레 FTA의 경우 양자 간 교역은 2003년 15억 6,000만 달러에서 2013년 71억 2,000만 달러로 발효 10년 동

---

[1] 이 절의 내용은 김영기 외 (2014)의 "한국의 FTA 10년 평가와 향후 정책방향" (대외경제정책연구원, 2014) 내용을 일부 발췌하여 작성함.

표 2-2   FTA 체결국과의 교역(2004~2013년)

(단위 : 백만 달러)

연도	수출	수입	교역액
2004	708	1,934	2,642
2005	1,151	2,279	3,430
2006	3,296	6,008	9,304
2007	42,987	40,848	83,835
2008	54,836	49,182	104,018
2009	45,164	41,704	86,868
2010	71,099	59,693	130,792
2011	145,749	120,424	266,173
2012	189,216	166,641	355,857
2013	195,739	171,003	366,742

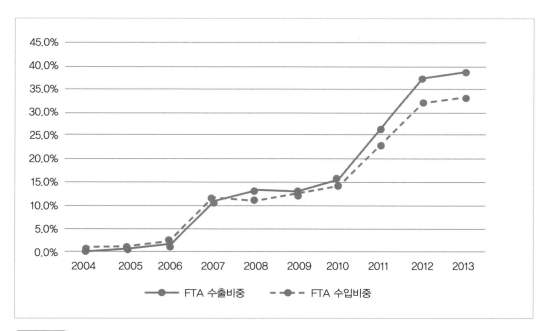

그림 2-1   FTA 체결국과의 교역 비중(2004~2013년)

자료 : KITA 무역통계를 기초로 저자 작성.

안 3배 이상 증가하였고 수출과 수입이 각각 375.4%와 340.3% 증가하였다. 2006년에 발효된 한·EFTA FTA는 발효 이후 2013년까지 양자 간 교역이 125.5% 증가하였는데, 우리나라 수출은 41.1% 증가하였고 수입이 무려 192.0% 증가하여 수입 증가가 양자 간 교역 확대를 주도한 것으로 나타났다. 반면 한·ASEAN FTA에서 2007~2013년의 6년 동안 우리나라 수출은 111.6%, 수입은 61.1%가 증가하여 총교역액은 약 88.3% 증가하였다. 2010년 한·인도 CEPA 발효 이후 2013년까지 인도와의 교역은 약 2.6% 소폭 상승하였는데 수입은 8.9% 증가한 반면 수출은 0.5% 감소하였다. 우리나라의 주요 교역국인 EU와 미국과의 FTA는 각각 2011년과 2012년에 발효되어 단기적인 효과만을 살펴볼 수 있다. EU의 경우 FTA 발효 이후 2013년까지 우리나라 수출은 12.3% 감소하였으며 수입은 18.6% 증가하여 양자 간 교역은 약 1.9% 정도 상승하였다. 미국과의 교역도 발효 후 약 1.7% 증가하였으며 EU와는 달리 대미 수입은 오히려 감소하였고 우리나라 수출이 약 6.0%가량 증가하여 수출 증가가 양자 간 교역을 주도한 것으로 파악되었다.

　양자 간 교역추이를 통해 FTA 체결국과의 교역을 살펴보면 FTA 발효 초기에는 관세효과로 인한 교역증가가 눈에 띄는 특징으로 나타났다. 관세 철폐 속도가 빠를수록, 관세 인하의 폭이 클수록 양자 간 교역 확대에 긍정적인 영향을 미친 것으로 보인다. 예를 들어 상대적으로 관세 인하 폭과 속도가 느린 한·인도 CEPA의 경우 단기적으로 우리나라의 대인도 수출은 오히려 감소하였고, 관세가 상대적으로 낮은 EU에 대한 수출도 발효 이후 오히려 감소한 특징을 보인다. 또한 공산품에 대한 관세가 거의 존재하지 않는 EFTA의 경우도 FTA 발효 이후 EFTA와의 교역 확대는 주로 우리나라의 수입 위주로 이루어지고 있는 특징을 보인다. 반면에 상대적으로 관세 인하 폭이 큰 ASEAN이나 칠레의 경우 발효 초기 우리나라 수출이 상대적으로 빠르게 증가하는 모습을 보이고 있으며, 칠레의 경우 중·장기적으로 관세효과 이외에 FTA의 증진효과 (promotion effect)가 양자 간 교역을 주도하는 모습을 보여주고 있다.

표 2-3 FTA 상대국별 교역 현황(2002~2013년)

(단위 : 백만 달러)

		2002년	2003년	2004년	2005년	2006년	2007년	2008년	2009년	2010년	2011년	2012년	2013년
칠레	수출	454	517	708	1,151	1,566	3,115	3,032	2,229	2,947	2,381	2,469	2,458
	수입	754	1,058	1,934	2,279	3,813	4,184	4,127	3,103	4,221	4,858	4,676	4,658
EFTA	수출	841	1,190	863	1,090	1,730	1,123	2,521	1,956	3,522	1,818	1,495	2,441
	수입	1,618	1,989	1,794	1,818	2,195	3,554	4,138	4,548	5,699	5,177	7,713	6,409
ASEAN	수출	18,400	20,253	24,024	27,432	32,066	38,749	49,283	40,979	53,195	71,801	79,145	81,997
	수입	16,757	18,458	22,383	26,064	29,743	33,110	40,917	34,053	44,099	53,121	51,977	53,339
인도	수출	1,384	2,853	3,632	4,598	5,533	6,600	8,977	8,013	11,435	12,654	11,922	11,376
	수입	1,249	1,233	1,850	2,112	3,641	4,624	6,581	4,142	5,674	7,894	6,921	6,180
EU	수출	21,694	24,887	37,830	43,659	48,450	55,982	58,375	46,608	53,507	55,727	49,371	48,857
	수입	17,107	19,383	24,187	27,296	30,061	36,824	39,981	32,232	38,721	47,424	50,374	56,230
페루	수출	196	204	245	282	359	466	720	641	944	1,368	1,473	1,440
	수입	205	194	283	249	676	1,040	904	919	1,039	1,950	1,639	1,983
미국	수출	23,009	24,814	28,783	30,586	33,654	37,219	38,365	29,039	40,403	44,569	43,341	41,512
	수입	23,009	24,814	28,783	30,586	33,654	37,219	38,365	29,039	40,403	44,569	43,341	41,512
터키	수출	866	1,375	2,356	2,782	3,036	4,087	3,773	2,661	3,753	5,071	4,552	5,658
	수입	125	78	104	127	194	282	362	434	516	805	672	692

주 1 : 음영 처리된 부분은 FTA 발효 이전 기간의 교역을 의미함.
주 2 : 한 · 싱가포르 FTA는 싱가포르가 ASEAN의 회원임에 따라 제외함.
주 3 : EU는 2007년 27개국, 2013년에는 크로아티아를 포함한 28개국으로 확대한 통계임.
자료 : 무역협회 제공 무역통계를 기준으로 저자 작성.

(2) 기업 유형별 FTA 수출현황[2]

여기에서는 우리나라 수출기업의 FTA 이용 실적을 살펴보기 위해 기업 유형별 수출 현황을 살펴보고자 한다. 기업 유형은 대기업, 중견기업 및 중소기업으로 분류하였고, 중소기업청에서 제공한 기업 유형 데이터를 활용하여 관세무역개발연구원에서 집계하였다.[3]

한·칠레 FTA의 기업 유형별 수출실적을 살펴보면 2007~2013년 기간 동안 우리나라 대칠레 수출은 연평균 2.1% 감소하였다. 기업 유형별로 대기업의 수출은 동기간 연평균 4.2% 감소한 반면 중견기업과 중소기업의 수출은 각각 연 7.8%와 11.5%씩 증가한 것으로 나타났다. 특히 중소기업 수출액은 2007년 2억 4,000만 달러에서 2013년 3억 4,000만 달러로 증가하면서 빠른 성장을 보이고 있다. 대기업의 수출 감소는 칠레가 한·칠레 FTA 발효 이후 우리나라의 경쟁국인 일본, 중국과 FTA를 체결하면서 대기업 주요 수출품목들의 가격경쟁력 우위가 약화된 결과로 보인다. 반면에 중소기업 및 중견기업의 수출 증가는 관세효과가 아닌 한·칠레 FTA가 가져온 FTA 증진효과로 볼 수 있다. 즉 중소기업의 수출 증가는 관세 인하에 따른 가격경쟁력 우위에서 오는 수출 증가라기보다는 FTA 체결로 중소기업이 적극적으로 칠레 시장에 관심을 가지면서 이에 따른 새로운 시장개척의 결과로 여겨진다.

반면에 EFTA 시장에 대한 우리나라 수출은 주로 대기업의 약진이 특징적으로 나타난다. 2007~2013년 우리나라 대기업의 대EFTA 수출은 41.6%의 빠른 성장을 보였다. 특히 2007년 약 7억 4,000만 달러이던 대기업 수출액은 2010년에는 30억 달러에 육박하였으나 이후 세계금융위기의 여파로 2013년 21억 8,000만 달러로 감소하였다. 반면에 중소기업의 동 기간 수출 증가는 연평균 3.1%에 불과하였다. 2007년 2억 2,000만 달러이던 수출액은 2011년 3억 달러를 초과하였으나 2013년 1억 8,000만 달러로 2007년 이전 수준으로 감소하였다. 국가별로 EFTA 회원국 중 노르웨이와 스위스에 대한 중소기업의 수출 감소가 중소기업의 전반적인 수출 감소의 주요 원인으로 작용하였다.

---

[2] 이 절의 분석대상은 발효 후 최소한의 기간이 경과했다고 고려되는 한·칠레, 한·EFTA 및 한·ASEAN FTA로 한정함.

[3] 중소기업청의 기업 유형 분류는 2007~2013년 수출기업만을 대상으로 제공되었고 이전 기간에는 정확한 기업 유형 분류 기준이 없음. 따라서 이 연구에서 기업 유형별 수출은 2007~2013년 기간을 대상으로 함.

표 2-4 한·칠레, 한·EFTA FTA 기업 유형별 수출실적 (2007~2013년)

(단위 : 백만 달러)

	2007년	2008년	2009년	2010년	2011년	2012년	2013년	연평균 증가율
칠레	3,115.1	3,031.8	2,229.1	2,947.1	2,381.5	2,469.3	2,458.2	-2.1%
기타	2.5	3.0	2.7	2.3	19.2	.8	29.6	
대기업	2,601.4	2,471.8	1,845.3	2,285.4	1,557.5	1,739.2	1,759.5	-4.2%
중견기업	266.6	253.2	172.3	260.9	378.2	347.2	331.1	7.8%
중소기업	244.6	303.9	208.8	398.5	426.6	382.1	338.1	11.5%
노르웨이	596.3	2,079.8	1,606.3	2,801.1	666.4	1,061.5	1,539.4	54.8%
기타	0.6	0.6	0.9	1.3	2.3	.2	2.7	
대기업	443.2	1,832.2	1,486.8	2,657.8	553.8	972.2	1,466.1	70.1%
중견기업	66.5	64.4	32.1	66.9	27.7	21.6	13.0	-10.8%
중소기업	85.9	182.6	86.6	75.1	82.6	67.6	57.6	4.0%
리히텐슈타인	4.2	3.6	2.4	3.7	4.1	4.7	4.5	4.4%
기타							.2	
대기업				0.0			.0	
중견기업	2.5	2.1	1.5	2.7	0.8	1.8	.9	7.2%
중소기업	1.7	1.5	1.0	1.0	3.3	2.9	3.4	32.6%

(계속)

스위스	483.8	399.1	341.4	369.5	1,130.4	401.8	872.2	39.1%
기타	6.6	3.2	2.3	1.9	11.8	0.2	5.8	
대기업	270.8	227.9	210.9	150.1	861.0	227.6	693.2	92.1%
중견기업	75.0	29.9	27.6	38.9	46.2	56.4	58.9	3.1%
중소기업	131.3	138.0	100.7	178.6	211.4	117.6	114.3	4.4%
아이슬란드	38.4	38.7	6.0	347.9	16.9	27.0	25.1	927.3%
기타	0.4	0.0	0.0	0.3	0.0		1.4	
대기업	27.5	15.0	3.0	183.0	10.5	15.4	16.0	980.4%
중견기업	5.2	2.0	0.5	160.7	0.7	0.4	0.8	5005.8%
중소기업	5.3	21.7	2.5	3.8	5.7	11.2	6.9	63.0%
EFTA 총계	1,122.7	2,521.2	1,956.2	3,522.3	1,817.8	1,494.9	2,441.2	29.9%
기타	7.6	3.9	3.1	3.6	14.1	0.4	10.1	
대기업	741.5	2,075.0	1,700.7	2,990.9	1,425.3	1,215.1	2,175.3	41.6%
중견기업	149.3	98.3	61.6	269.3	75.4	80.2	73.6	31.9%
중소기업	224.3	343.9	190.7	258.5	303.0	199.2	182.2	3.1%

주 : 기타는 중소기업청 자료에서 대기업, 중견기업 및 중소기업으로 분류되지 않은 기업을 의미함.
자료 : 관세무역개발원 자료를 기준으로 저자 작성.

한 · ASEAN FTA가 발효된 2007년 387억 달러이던 우리나라의 대ASEAN 수출은 2013년 820억 달러로 2배 이상 증가하였다. 우리나라의 대ASEAN 수출은 ASEAN 후발참여국인 CLMV(캄보디아, 라오스, 미얀마, 베트남) 국가에 대한 수출과 기존 ASEAN 회원국인 ASEAN 6(브루나이, 인도네시아, 말레이시아, 필리핀, 태국, 싱가포르)에 대한 수출이 각각 다른 특징을 보인다.

먼저 CLMV 국가들에 대한 우리나라 수출은 중소기업의 수출 비중이 매우 높은 특징을 가지고 있다. 2007년 CLMV 수출에서 중소기업 수출이 차지하는 비중은 49.5%로 대기업 수출 비중(31.0%)을 크게 상회하였다. 그러나 한 · ASEAN FTA 발효 이후인 2007~2013년 대기업의 CLMV에 대한 수출은 연평균 33.4% 증가한 반면 중소기업의 수출은 연평균 14.3% 증가하였다. 대기업의 CLMV 시장에서의 약진으로 2013년 우리나라의 대CLMV 수출에서 대기업의 수출비중은 43.7%로 증가하였고 중소기업의 수출비중은 30.7%로 감소하였다. 이는 대기업은 FTA 발효에 따른 관세 인하/철폐에 빠르게 대응하면서 수출을 적극적으로 늘릴 수 있었던 반면, 생산능력이나 FTA 활용 측면에서 대기업에 비해 상대적으로 어려움을 지닌 중소기업은 대기업만큼 유연하게 대응할 수 없었다는 점에 기인하는 것으로 볼 수 있다.

ASEAN 6에 대한 수출은 CLMV와는 반대로 우리나라의 전통적인 주요 수출지역으로 대기업 위주로 수출이 주도되었다. 2007년 ASEAN 6에 대한 수출에서 대기업의 수출 비중은 48.0%로 거의 절반에 육박하였고 중소기업의 수출비중은 21.2%에 불과하였다. 또한 FTA 발효 이후 대기업의 ASEAN 6의 수출은 연평균 19.4% 증가한 반면, 중견기업과 중소기업의 연평균 수출증가율은 각각 5.0%와 7.8% 성장하는 데 그쳤다. 그 결과 2013년 우리나라의 ASEAN 6의 수출에서 대기업 수출이 차지하는 비중은 63.4%까지 확대되었고 중소기업의 수출비중은 16.7%로 축소되었다. 이러한 대기업과 중소기업의 수출증가율의 차이는 CLMV의 경우와 유사하게 새로운 환경에 대처할 수 있는 기업의 유연성과 새로운 시장 확보를 위한 기업의 능력 차이에서 오는 것으로 여겨진다.

표 2-5 한·ASEAN 기업 유형별 수출실적(2007~2013년)

(단위 : 백만 달러)

	2007년	2008년	2009년	2010년	2011년	2012년	2013년	연평균 증가율
CLMV	6,389.1	8,396.2	7,884.7	10,576.1	14,736.9	18,035.2	22,594.4	24.4%
기타	18.7	19.5	11.4	16.0	352.7	23.5	606.1	–
대기업	1,978.8	2,969.6	2,684.9	4,486.0	6,690.9	8,859.8	9,877.4	33.4%
중견기업	1,231.5	1,503.3	1,084.6	1,120.7	2,070.4	3,408.7	5,182.9	33.2%
중소기업	3,160.2	3,903.8	4,103.8	4,953.5	5,623.0	5,743.2	6,928.0	14.3%
ASEAN 6	32,359.7	40,886.6	33,094.5	42,619.2	57,064.5	61,110.0	59,402.4	12.4%
기타	112.4	92.5	69.4	115.6	526.0	42.5	1,578.8	–
대기업	15,525.2	21,562.1	15,924.1	22,566.1	28,177.9	40,816.8	37,639.9	19.4%
중견기업	9,866.5	10,899.7	10,469.2	11,517.4	17,991.7	10,300.1	10,275.1	5.0%
중소기업	6,855.7	8,332.3	6,631.8	8,420.1	10,368.9	9,950.5	9,908.6	7.8%
ASEAN 총계	38,748.8	49,282.8	40,979.2	53,195.3	71,801.4	79,145.2	81,996.8	14.8%
기타	131.1	112.0	80.8	131.6	878.6	66.0	2,184.9	–
대기업	17,503.9	24,531.7	18,609.0	27,052.1	34,868.9	49,676.7	47,517.3	21.4%
중견기업	11,097.9	12,403.1	11,553.8	12,638.0	20,062.1	13,708.8	15,458.0	9.0%
중소기업	10,015.9	12,236.1	10,735.6	13,373.6	15,991.8	15,693.7	16,836.6	9.9%

주: 기타는 중소기업청 자료에서 대기업, 중견기업 및 중소기업으로 분류되지 않은 기업을 의미함.
자료: 관세무역개발원 자료를 기초로 저자 작성.

2) FTA에 따른 교역 다변화

(1) 총교역 품목

우리나라가 체결한 FTA 체결국에 대한 수출품목 수는 〈표 2-6〉에 정리하고 있다. 각각의 FTA 체결 1년 전부터 2012년까지 우리나라가 FTA 체결 상대국에 수출한 품목을 **HS10단위**에서 보여주고 있으며, 해당 연도의 우리나라 총 수출품목 수에서 해당 국가에 대한 수출품목 비중을 계산하였다.

한·칠레 FTA에서 우리나라의 대칠레 수출품목은 발효 직전인 2003년 1,118개에서 2012년 총 1,821개 품목으로 700여 개 품목이 증가하였다. 우리나라 총 수출품목 수에서 칠레에 수출되는 품목의 비중도 동기간 13.1%에서 19.2%로 크게 증가하였다. 한·칠레 FTA 수출품목 수와 비중은 대칠레 수출액이 2008년 금융위기를 전후해 크게 감소하였던 것에 반해 FTA에 발효 이후 꾸준히 증가하는 모습을 보여주고 있다.

EFTA에 대한 수출품목 수도 발효 전년도인 2005년에 1,394개 품목에서 2011년 1,715개 품목으로 증가하였고 2012년에는 다소 줄어 총 1,699개 품목이 수출된 것으로 집계되었다. 수출품목 비중도 2005년 16.1%에서 2011년에는 18.5%로 증가하였고 2012년에는 18.0%를 차지하면서 약 2%포인트 증가한 것으로 나타났다.

ASEAN은 우리나라가 체결한 FTA 체결대상국 중 수출품목 수에서 가장 많은 수를 기록하는 국가로 미국이나 EU로 수출되는 수출품목 수를 넘어선다. FTA 전후 수출품목 수를 비교해보면 FTA 체결 직전인 2006년 ASEAN에 대한 수출품목은 HS10단위에서 총 6,034개 품목으로 당해 우리나라 총 수출품목의 70.2%가 ASEAN으로 수출되었다. 2012년 ASEAN에 대한 수출품목 수는 총 7,219개로 비중에서는 76.3%로 약 6%포인트, 품목 수에서는 1,000개 이상 증가하였다.

여타 FTA의 경우도 발효 이후 기간이 짧아 전반적인 추세를 확인하기는 어려우나 전반적으로 발효 초기 수출품목 수와 비중이 모두 소폭 상승하였다.

표 2-6 FTA 체결 상대국에 대한 수출품목 수 및 비중(HS10단위)

	2003년	2004년	2005년	2006년	2007년	2008년	2009년	2010년	2011년	2012년
칠레	1,118	1,173	1,245	1,226	1,307	1,495	1,536	1,648	1,785	1,821
(비중)	13.1%	13.7%	14.4%	14.3%	14.6%	16.6%	16.9%	17.9%	19.3%	19.2%
EFTA			1,394	1,427	1,491	1,507	1,575	1,639	1,715	1,699
(비중)			16.1%	16.6%	16.7%	16.8%	17.3%	17.8%	18.5%	18.0%
ASEAN				6,034	6,366	6,583	6,735	6,974	6,988	7,219
(비중)				70.2%	71.3%	73.2%	74.1%	75.9%	75.4%	76.3%
인도							3,300	3,483	3,569	3,593
(비중)							36.3%	37.9%	38.5%	38.0%
EU								5,227	5,403	5,467
(비중)								56.9%	58.3%	57.8%
페루								1,242	1,297	1,319
(비중)								13.5%	14.0%	13.9%
미국									5,546	5,777
(비중)									59.8%	61.1%
총수출 품목 수	8,535	8,579	8,672	8,601	8,928	8,993	9,087	9,191	9,270	9,460

자료 : 관세무역개발연구원 교역데이터를 기초로 저자 작성.

수입품목 수도 수출품목 수와 마찬가지고 FTA 전후를 비교했을 때 FTA 체결 이후 품목 수와 총수입품목에서 차지하는 비중이 증가하는 모습을 보인다. 한·칠레 FTA 의 경우 우리나의 대칠레 수입품목은 발효 직전인 2003년 222개 품목에서 2012년에는 500개 품목으로 2배 이상 증가하였고 수입품목 비중도 2.2%에서 4.5%로 꾸준한 증가 를 보였다. EFTA로부터 수입되는 품목 수도 2005년 2,833개에서 2012년 3,207개로, 대ASEAN 수입품목 수는 2006년 5,336개 품목에서 2012년 6,304개 품목으로 약 1,000 개가량 품목이 늘어난 것으로 나타났다. 그러나 수입품목 수 증가는 수출품목 증가 추 이에 비해 증가 품목 수나 비중 변화에서 다소 약한 양상을 보인다.

표 2-7 **FTA 체결 상대국에 대한 수입품목 수 및 비중(HS10단위)**

	2003년	2004년	2005년	2006년	2007년	2008년	2009년	2010년	2011년	2012년
칠레	222	206	262	279	280	344	437	428	465	500
(비중)	2.2%	2.0%	2.6%	2.8%	2.6%	3.3%	4.1%	4.0%	4.3%	4.5%
EFTA			2,833	2,938	2,984	3,105	3,040	3,091	3,187	3,207
(비중)			27.9%	29.0%	27.6%	29.4%	28.4%	28.8%	29.7%	28.8%
ASEAN				5,336	5,491	5,779	5,907	6,050	6,171	6,304
(비중)				52.7%	50.8%	54.7%	55.1%	56.4%	57.5%	56.7%
인도							3,147	3,355	3,446	3,713
(비중)							29.4%	31.3%	32.1%	33.4%
EU								8,248	8,493	8,759
(비중)								76.9%	79.1%	78.8%
페루								369	399	464
(비중)								3.4%	3.7%	4.2%
미국									8,219	8,466
(비중)									76.6%	76.1%
총수출 품목 수	10,160	10,115	10,145	10,126	10,799	10,569	10,722	10,721	10,732	11,120

자료 : 관세무역개발연구원 교역데이터를 기초로 저자 작성.

전반적으로 우리나라의 수출입 품목은 FTA 이후 점진적으로 꾸준히 늘어나는 특징을 보여주고 있다. 수출액이나 수입액이 경제적 상황에 따라 늘어나거나 줄어드는 양상을 보임에도 불구하고 수출품목 혹은 수입품목이 꾸준히 증가하는 점은 FTA가 상대국과의 **교역다변화**에 긍정적인 영향을 미치고 있음을 보여준다. 또한 수출에서 눈에 띄는 교역품목 수의 증가는 FTA가 우리나라 기업들에게 새로운 시장을 개척할 수 있는 발판을 제공하고 있다는 점을 시사한다.

(2) 기업 유형별 수출품목 다변화

우리나라 기업의 FTA 체결국에 대한 수출을 대기업, 중견기업, 중소기업 및 기타 기업으로 분류하여 각 기업 유형별 수출품목 수를 정리한 내용은 〈표 2-8〉에 있다. 한·칠레 FTA, 한·EFTA FTA, 그리고 한·ASEAN FTA는 2007~2013년 기간에 대해, 2010

표 2-8 FTA 체결 상대국에 대한 기업 유형별 수출품목 수

	2007년	2008년	2009년	2010년	2011년	2012년	2013년	증가율
칠레								
기타	54	71	63	45	144	26	284	
대기업	268	411	455	483	585	611	606	126.1%
중견기업	280	349	321	301	299	450	488	74.3%
중소기업	1,030	1,107	1,181	1,305	1,372	1,401	1,375	33.5%
EFTA								
기타	41	75	56	57	71	60	331	
대기업	202	260	288	341	310	307	343	69.8%
중견기업	244	202	265	250	307	342	387	58.6%
중소기업	1,299	1,296	1,323	1,388	1,445	1,406	1,477	13.7%
ASEAN								
기타	650	730	585	536	1,203	453	3,589	
대기업	1,812	2,057	2,073	2,236	2,361	2,612	2,770	52.9%
중견기업	2,046	2,266	2,451	2,584	2,489	3,266	3,429	67.6%
중소기업	5,708	5,916	6,029	6,305	6,317	6,411	6,346	11.2%
인도								
기타			107	100	275	73	849	
대기업			902	1,070	1,229	1,273	1,350	49.7%
중견기업			969	887	944	1,268	1,262	30.2%
중소기업			2,839	3,043	3,112	3,074	2,883	1.5%
EU								
기타				432	877	343	2,001	
대기업				1,942	1,933	2,142	2,124	9.4%
중견기업				1,731	1,837	2,363	2,457	41.9%
중소기업				4,717	4,798	4,747	4,617	−2.1%
미국								
기타					1,144	664	2,575	
대기업					1,807	1,959	2,039	12.8%
중견기업					1,816	2,479	2,463	35.6%

중소기업						4,977	5,137	5,043	1.3%
대세계									
기타	2,309	2,424	2,422	2,322	3,225	1,757	6,527	
대기업	3,862	4,227	4,390	4,684	4,832	5,116	5,223	35.2%
중견기업	4,692	4,842	4,943	4,836	4,790	5,753	5,926	26.3%
중소기업	8,577	8,663	8,753	8,901	8,926	9,066	8,912	3.9%

주 : 증가율은 FTA별로 데이터 정리 기간 동안의 증가율을 의미함.
자료 : 관세무역개발원 자료를 기초로 저자 작성

년에 발효한 한·인도 CEPA는 발효 1년 전인 2009년부터 2013년까지, 한·EU FTA는 2010~2013년, 그리고 2012년에 발효된 한·미 FTA의 기업 유형별 수출품목 수는 2011~2013년 기간에 대하여 정리하였다.

대칠레 수출품목에서 중소기업의 수출품목 수는 2007년 1,030개에서 2013년 1,375개로 33.5% 증가하였고 중견기업의 수출품목 수는 280개에서 488개로 74.3% 늘어난 것으로 나타났다. 증가율에서 중소기업 및 중견기업의 수출품목 수는 크게 증가한 것으로 보이지만, 대기업 수출품목 수 증가율(동 기간 268개에서 606개로 126.1% 증가)에 비해서는 낮은 증가율을 보인다.

EFTA와 ASEAN에 대한 수출품목 수 증가는 증가율에서 대기업과 중견기업이 높은 증가율을 기록한 반면 중소기업의 증가율은 상대적으로 낮다는 공통점을 지닌다. 우리나라 대기업과 중견기업의 대EFTA 수출품목은 2007년 각각 202개와 244개 품목에서 2013년 각각 343개와 387개 품목으로 늘어나 69.8%와 58.6%의 증가율을 보였다. 또한 대ASEAN 수출에서도 대기업과 중견기업의 수출품목 수 증가율은 각각 52.9%와 67.6%의 높은 증가율을 보였다. 반면에 같은 기간 중소기업의 수출품목 증가율은 EFTA 수출의 경우 약 13.7% 그리고 ASEAN 수출의 경우는 약 11.2%로 상대적으로 낮은 증가세를 보여주고 있다.

중소기업의 수출품목 증가율이 상대적으로 낮지만 동 기간 우리나라 전체 수출에서 중소기업의 수출품목 증가율이 3.9%에 그쳤다는 점을 고려했을 때 FTA 체결 대상국에 대한 중소기업들의 적극적인 시장개척이 있었던 것으로 볼 수 있다. 또한 대기업과 중견기업의 수출품목 증가율도 대세계 증가율을 크게 상회한다.

인도, EU, 미국 등 상대적으로 FTA 발효기간이 짧은 FTA에서도 대기업의 수출품목 증가율 강세는 두드러진다. 인도의 경우 2009~2013년 기간에 대기업의 수출품목 수 증가율은 49.7%로 거의 50%에 육박한 반면 중소기업의 수출품목은 약 1.5% 남짓 증가하였다. 대EU 수출에서 중소기업의 수출품목은 발효 1년 전인 2010년에 비해 2013년에 오히려 2.1% 감소한 것으로 나타났고 한·미 FTA 발효 2년 동안 중소기업의 수출품목 수 증가는 1.3%에 그치고 있다.

3) FTA 발효 전후 기업 유형별 실적 비교

2007년 국내기업 중 대기업 676개, 중견기업 1,383개, 중소기업 72,047개 등 총 100,985개 기업이 수출에 참여한 것으로 나타났다(〈표 2-9〉). 이러한 수출실적이 있는 국내기업은 2013년에는 대기업 715개, 중견기업 1,611개 및 중소기업 62,292개로 집계되었다. 수출에 참여한 중소기업의 숫자는 2012년까지는 꾸준히 증가하여 8만 6,000여 개 기업으로 늘었으나 2013년에 6만 2,000여 개 기업으로 급감하였고 대기업과 중견기업 수도 2013년에 감소하는 양상을 보이고 있다.

2007~2013년 우리나라의 FTA 체결국에 대한 수출 실적이 있는 국내기업의 수는 〈표 2-10〉에 정리하고 있다. 한·칠레 FTA와 한·EFTA FTA, 한·ASEAN FTA, 그리고 한·인도 CEPA를 대상으로 하고 있으며, 발효 기간이 길지 않은 나머지 FTA는 제외하고 있다. 국내 기업의 FTA 수출국에 대한 수출 참여는 2007~13년 기간에 꾸준히 증가하는 모습을 보인다. 대칠레 수출에 참여한 대기업은 2007년 86개 기업에서 2013년에는 117개 기업으로 증가하였고 중소기업은 1,097개 기업에서 2013년 1,642개 기

표 2-9 기업 유형별 국내 수출기업 수(2007~2013년)

	2007년	2008년	2009년	2010년	2011년	2012년	2013년
기타	26,879	26,174	23,677	23,106	24,366	24,937	54,081
대기업	676	699	661	726	667	850	715
중견기업	1,383	1,404	1,381	1,219	1,109	1,742	1,611
중소기업	72,047	75,856	77,816	80,564	83,041	86,207	62,292

자료 : 관세무역개발원 자료를 기초로 저자 작성.

표 2-10 FTA 체결 대상국에 대한 기업 유형별 수출기업 수(2007~2013년)

		2007년	2008년	2009년	2010년	2011년	2012년	2013년
칠레	기타	57	63	71	38	71	42	245
	대기업	86	83	89	101	101	126	117
	(비중)	12.7%	11.9%	13.5%	13.9%	15.1%	14.8%	16.4%
	중견기업	122	124	111	109	110	142	134
	(비중)	8.8%	8.8%	8.0%	8.9%	9.9%	8.2%	8.3%
	중소기업	1,097	1,221	1,324	1,462	1,737	1,715	1,642
	(비중)	1.5%	1.6%	1.7%	1.8%	2.1%	2.0%	2.6%
EFTA	기타	106	122	120	143	108	76	332
	대기업	93	83	92	89	93	108	103
	(비중)	13.8%	11.9%	13.9%	12.3%	13.9%	12.7%	14.4%
	중견기업	131	119	145	140	136	184	169
	(비중)	9.5%	8.5%	10.5%	11.5%	12.3%	10.6%	10.5%
	중소기업	1,739	1,820	1,868	1,945	2,046	2,016	1,893
	(비중)	2.4%	2.4%	2.4%	2.4%	2.5%	2.3%	3.0%
ASEAN	기타	2,256	2,242	1,782	1,808	2,127	1,931	8,120
	대기업	354	339	322	364	354	460	447
	(비중)	52.4%	48.5%	48.7%	50.1%	53.1%	54.1%	62.5%
	중견기업	683	719	709	649	629	1,050	1,034
	(비중)	49.4%	51.2%	51.3%	53.2%	56.7%	60.3%	64.2%
	중소기업	18,411	20,251	21,593	23,273	24,798	26,234	22,261
	(비중)	25.6%	26.7%	27.7%	28.9%	29.9%	30.4%	35.7%
인도	기타		373	390	406	506	397	1,080
	대기업		211	219	240	225	273	261
	(비중)		30.2%	33.1%	33.1%	33.7%	32.1%	36.5%
	중견기업		383	409	353	359	512	503
	(비중)		27.3%	29.6%	29.0%	32.4%	29.4%	31.2%
	중소기업		5,468	5,726	6,227	6,464	6,515	5,919
	(비중)		7.2%	7.4%	7.7%	7.8%	7.6%	9.5%

자료 : 관세무역개발원 자료를 기초로 저자 작성.

업으로 550여개 이상 늘어났다. 각각의 기간에 수출 실적이 있는 전체 기업에서 칠레 수출이 있는 기업의 비중은 기업 유형별로 대기업은 12.7%에서 16.4%로, 중소기업은 1.5%에서 2013년 2.6%로 증가하였다. 다만 대칠레 수출에 참여한 중견기업의 비중은 2007년 8.8%에서 2013년에 8.3%로 소폭 하락한 것으로 나타났다.

EFTA 수출에 참여한 수출기업의 비중도 대기업 참여 비중은 2007년 13.8%에서 2013년 14.4%로 증가하였고 중소기업 참여 비중은 같은 기간 2.4%에서 2012년까지는 거의 변동을 보이지 않다가 2013년에 3.0%로 소폭 상승하였다.

반면에 ASEAN 국가들에 대한 수출 참여기업 비중은 대기업의 경우 10%포인트 이상(2007년 52.4%에서 2013년 62.5%), 중견기업 참여 비중은 49.4%에서 2013년에 64.2%로 크게 증가하였다. 중소기업 참여 비중도 25.6%에서 2013년 35.7%로 대기업 증가율과 유사하게 10%포인트 이상 증가한 것으로 타났다.

마지막으로 인도 수출에 참여한 국내기업의 비중도 한 · 인도 CEPA 발효 1년 전인 2009년부터 점진적으로 증가하는 추세를 보여주고 있다.

앞에서 살펴본 수출품목 다변화와 FTA 체결 이후 FTA 대상국에 대한 수출 참여 기업의 증가는 FTA로 관세가 인하 · 철폐되면서 기존에 경쟁력을 갖추지 못했던 기업이 상대국에서 가격경쟁력을 확보하게 되었다는 점을 보여준다. 또한 FTA가 체결 상대국에 대해 기업이 적극적으로 시장 개척에 나서려는 기업의 의지를 증진시켰다고 볼 수도 있다.

반면에 기업의 평균 수출액에서 FTA 체결 상대국에 대한 기업의 평균 수출액은 기업 유형별로 차이를 보이고 있다. 먼저 2007~2013년 기간에 우리나라 총수출을 기준으로 살펴보면 대기업의 평균 수출액은 2007년 3억 4,000만 달러에서 2013년 5억 2,000만 달러로 증가하였고 중견기업의 평균 수출액은 같은 기간 4,600만 달러에서 4,800만 달러로 중소기업의 평균 수출액은 110만 달러에서 160만 달러로 상승하였다. 다소 차이가 있지만 전반적으로 국내기업의 평균 수출액은 대기업, 중견기업 및 중소기업 모두 상승하는 추세를 보이고 있다.

표 2-11 기업 유형별 평균 수출액 : 대세계

(단위 : 백만 달러)

	2007년	2008년	2009년	2010년	2011년	2012년	2013년
기타	0.0	0.0	0.0	0.1	0.3	0.0	0.2
대기업	338.2	374.5	345.3	418.1	524.8	436.7	520.3
중견기업	45.8	49.7	41.5	51.4	75.4	41.8	47.7
중소기업	1.1	1.2	1.0	1.2	1.4	1.2	1.6

자료 : 관세무역개발원 자료를 기초로 저자 작성.

　이러한 전반적인 추세와는 달리 우리나라 FTA 체결국에 대한 기업 유형별 평균 수출액은 FTA에 따라 차이를 보이며, 특히 중소기업의 평균 수출액은 거의 모든 FTA에서 감소하는 모습을 보인다. 한·칠레 FTA의 경우 대기업의 평균 수출액은 2007년 약 3,000만 달러에서 2013년 1,500만 달러로 약 50%가량이 감소하였고 중소기업의 동 기간 대칠레 평균 수출액도 22만 달러에서 20만 6,000달러로 하락하였다.

　EFTA 수출의 경우 FTA 체결 이후 EFTA에 대한 대기업의 평균 수출액은 크게 증가한 반면에 중견기업과 중소기업의 평균 수출액은 감소하는 모습을 보여주고 있다. ASEAN에 대한 평균 수출액은 대기업과 중소기업 모두 증가하였고 중견기업의 평균 수출액은 소폭 감소한 것으로 나타났다.

표 2-12 기업 유형별 평균 수출액 : 칠레

(단위 : 천 달러)

	2007년	2008년	2009년	2010년	2011년	2012년	2013년
칠레							
기타	44.4	47.6	37.6	60.3	270.0	18.7	120.7
대기업	30,248.7	29,780.2	20,733.7	22,627.5	15,420.6	13,803.3	15,038.3
중견기업	2,184.9	2,041.9	1,552.6	2,393.6	3,438.1	2,445.0	2,470.8
중소기업	223.0	248.9	157.7	272.6	245.6	222.8	205.9
EFTA							
기타	72.1	31.9	26.2	24.8	130.8	5.6	30.4
대기업	7,973.2	25,000.2	18,485.6	33,606.1	15,325.4	11,250.7	21,119.2

중견기업	1,139.5	826.5	425.1	1,923.7	554.2	435.8	435.5
중소기업	129.0	189.0	102.1	132.9	148.1	98.8	96.3
ASEAN							
기타	58.1	49.9	45.3	72.8	413.1	34.2	269.1
대기업	49,446.2	72,364.8	57,792.0	74,318.8	98,499.6	107,992.8	106,302.8
중견기업	16,248.8	17,250.4	16,295.9	19,473.1	31,895.2	13,056.0	14,949.7
중소기업	544.0	604.2	497.2	574.6	644.9	598.2	756.3
인도							
기타				42.8	567.6	10.6	99.0
대기업				30,606.7	35,206.0	29,180.2	28,812.8
중견기업				4,141.9	3,972.1	2,828.8	2,659.9
중소기업				419.1	467.1	384.2	407.3

자료 : 관세무역개발원 자료를 기초로 저자 작성.

4) FTA 상품 분야 성과

양자 간 교역 확대, 특히 우리나라의 체결 상대국 시장에 대한 시장접근성 향상과 수출 증가는 우리나라가 FTA를 추진한 주요 목표이다. 위에서 살펴본 우리나라 FTA 체결 국과의 교역을 종합해보면 FTA 체결이 우리나라 수출에 긍정적인 영향을 불러온 것을 볼 수 있다. FTA 체결을 전후해 우리나라의 체결 대상국에 대한 수출은 크게 증가하는 모습을 보여주고 있다. 발효 10년 만에 수출과 수입이 각각 3배 이상 증가한 한·칠레 FTA를 비롯해 한·ASEAN FTA를 통해 우리나라의 대ASEAN 수출은 6년간 2배 이상 증가하였다. 그러나 이러한 수출증가 효과는 FTA에 따라 몇 가지 특징을 보여준다.

먼저 체결 상대국의 경제적 발전 정도에서 개도국이나 후진국과 체결한 FTA가 선진 국과 체결한 FTA에 비해 발효 초기에 상대적으로 빠른 수출증가를 기록하고 있다. 앞 서 언급한 한·칠레 FTA의 경우나 한·ASEAN FTA에서 후진국인 CLMV 국가에 대 한 수출증가율이 ASEAN 기존 참여국인 ASEAN 6에 비해 빠르게 증가하는 모습을 보 이고 있다. 선진국으로 분류되는 EFTA에 대한 수출은 발효 초기 오히려 감소하거나 소폭 증가하는 모습을 보여주고 있다. 또한 단기적인 효과만을 살펴보았지만 EU나 미 국과의 FTA에서도 발효 초기 우리나라 수출은 소폭 증가 혹은 감소하는 모습을 보여주고 있다. 이는 선진국과 후진국 관세의 비대칭성에 기인하는 것으로 보인다. 즉 수입 상품에 대해 상대적으로 높은 관세를 가지고 있는 개도국/후진국의 경우 관세 철폐 및 인하의 효과가 상대적으로 낮은 관세구조를 지닌 선진국에 비해 크다는 점에 기인하는 것으로 여겨진다.

둘째로 수출품목 다변화에 있어 FTA 체결 후 우리나라 기업의 체결 대상국에 대한 수출품목 비중은 꾸준히 증가하는 것으로 나타났다. 〈표 2-13〉은 2007~2013년 기간 기업 유형별 총수출품목 수를 보여주고 있다. 동 기간 우리나라 대기업의 대세계 수출 품목은 3,862개 품목에서 5,223개 품목으로 35.2% 증가하였고 중견기업의 수출품목 수도 4,692개 품목에서 5,926개 품목으로 약 26.3% 증가하였다. 그러나 중소기업의 경우 총수출품목 수는 2007년에 8,577개 품목에서 2013년에 8,912개 품목으로 약 3.9% 증가하는 데 그쳤다. 이는 대기업과 중견기업의 경우 2007~2013년 기간에 새로운 품목의 신규수출이 이루어졌으나 중소기업의 경우 수출품목 다변화에 어려움을 겪었다는 점을 보여주고 있다.

앞서 살펴본 바와 같이 FTA 체결 상대국에 대한 기업 유형별 수출품목 수에서 우리나라는 전체 기업 유형별 수출품목 수 증가를 상회하는 실적을 기록하였다. 칠레의 경우 우리나라 대기업의 수출품목은 2007~2013년 기간에 268개 품목에서 606개 품목으로 126.1% 증가하였고, 중견기업과 중소기업의 수출품목 수도 각각 74.3%와 33.5% 증가하였다. 또한 EFTA와 ASEAN에 대한 수출품목 증가도 전체 수출품목 증가를 크게 상회하였다. 기업 유형별 총수출품목 수에서 FTA 체결국에 수출하는 품목의 비중도 증가하는 모습을 보인다. 〈표 2-14〉에 정리된 바와 같이, 우리나라의 대칠레 수출에서 대기업 수출품목의 대칠레 수출 비중은 2007년에 6.9%에서 2013년에는 11.6%로 크

표 2-13 우리나라 기업 유형별 수출품목 수(KHS10단위 기준)

	2007년	2008년	2009년	2010년	2011년	2012년	2013년
대기업	3,862	4,227	4,390	4,684	4,832	5,116	5,223
중견기업	4,692	4,842	4,943	4,836	4,790	5,753	5,926
중소기업	8,577	8,663	8,753	8,901	8,926	9,066	8,912

자료 : 관세무역개발연구원 자료를 기초로 저자 작성.

게 증가하였고 중소기업 수출품목도 같은 기간 12.0%에서 15.4%로 증가하였다. EFTA
에 대한 수출품목 수는 대기업과 중소기업의 경우 각각 5.2%에서 6.6%로, 15.1%에서
16.6%로 증가하였다. ASEAN에 대한 수출품목 수는 대기업의 경우 2012년에 50%를
넘어 2013년에 53.3%를 기록하였고, 중소기업의 수출품목 수 비중은 2013년 71.2%에
육박하였다. 총수출품목 수 증가뿐만 아니라 기업 유형별 수출품목 비중이 증가하고
있다는 점은 우리나라가 체결한 FTA가 수입국에 대한 시장접근성을 향상시켜 새로운
품목의 수출을 가능하게 하였다는 점을 보여주고 있다.

반면에 2010년 이후 발효된 한·인도 CEPA나 한·EU FTA 및 한·미 FTA의 경우
기존에 칠레나 ASEAN과 같이 눈에 띄는 수출품목 비중의 증가가 나타나지 않으며 오
히려 일부 유형별로 비중이 감소하는 모습을 보인다. 비록 단기적인 분석만이 가능하
지만 이는 이들 FTA에서 기존의 수출품목 다변화의 효과가 크지 않다는 점을 시사하
고 있다.

표 2-14 FTA 체결 상대국에 대한 기업 유형별 수출품목 비중

	2007년	2008년	2009년	2010년	2011년	2012년	2013년
칠레							
대기업	6.9%	9.7%	10.4%	10.3%	12.1%	11.9%	11.6%
중견기업	6.0%	7.2%	6.5%	6.2%	6.2%	7.8%	8.2%
중소기업	12.0%	12.8%	13.5%	14.7%	15.4%	15.5%	15.4%
EFTA							
대기업	5.2%	6.2%	6.6%	7.3%	6.4%	6.0%	6.6%
중견기업	5.2%	4.2%	5.4%	5.2%	6.4%	5.9%	6.5%
중소기업	15.1%	15.0%	15.1%	15.6%	16.2%	15.5%	16.6%
ASEAN							
대기업	46.9%	48.7%	47.2%	47.7%	48.9%	51.1%	53.0%
중견기업	43.6%	46.8%	49.6%	53.4%	52.0%	56.8%	57.9%
중소기업	66.6%	68.3%	68.9%	70.8%	70.8%	70.7%	71.2%
인도							
대기업			20.5%	22.8%	25.4%	24.9%	25.8%

중견기업			19.6%	18.3%	19.7%	22.0%	21.3%
중소기업			32.4%	34.2%	34.9%	33.9%	32.3%
EU							
대기업				41.5%	40.0%	41.9%	40.7%
중견기업				35.8%	38.4%	41.1%	41.5%
중소기업				53.0%	53.8%	52.4%	51.8%
미국							
대기업					37.4%	38.3%	39.0%
중견기업					37.9%	43.1%	41.6%
중소기업					55.8%	56.7%	56.6%

주 : 기업 분류가 되지 않은 '기타' 기업은 제외함.
자료 : 관세무역개발연구원 자료를 기초로 저자 작성.

마지막으로 FTA 이후 대기업 수출 비중의 증가도 우리나라 FTA 체결국 수출에서 두드러지게 나타난 특징이다. 분석이 가능한 2007~2013년 기간에 대칠레 수출을 제외하고 EFTA와 ASEAN에 대한 수출에서 대기업 수출 비중은 크게 증가한 것으로 나타났다. EFTA의 경우 총 EFTA 수출에서 대기업 수출이 차지하는 비중은 2007년 66.0%에서 2013년 89.1%로 거의 90%에 육박하였으며 ASEAN 수출에서도 대기업 수출비중은 같은 기간 45.2%에서 58%로 증가하였다. 반면에 중소기업의 수출비중은 EFTA 수출의 경우는 2007년 20.0%에서 2013년에는 7.5%로 감소하였고 ASEAN 수출에서 중소기업 수출비중은 25.8%에서 20.5%로 감소하였다. 이는 FTA 체결 이후 중소기업을 대상으로 한 다양한 지원과 교육이 실시되고 있지만, FTA 활용을 위한 능력과 역량을 지닌 대기업에 비해 상대적으로 중소기업은 여전히 FTA를 적극적으로 이용하는 데 어려움이 있다는 점을 보여준다.

표 2-15 기업 유형별 수출 비중

	2007년	2008년	2009년	2010년	2011년	2012년	2013년
칠레							
대기업	83.5%	81.5%	82.8%	77.5%	65.4%	70.4%	71.6%
중견기업	8.6%	8.4%	7.7%	8.9%	15.9%	14.1%	13.5%
중소기업	7.9%	10.0%	9.4%	13.5%	17.9%	15.5%	13.8%
EFTA							
대기업	66.0%	82.3%	86.9%	84.9%	78.4%	81.3%	89.1%
중견기업	13.3%	3.9%	3.1%	7.6%	4.1%	5.4%	3.0%
중소기업	20.0%	13.6%	9.7%	7.3%	16.7%	13.3%	7.5%
ASEAN(CLMV)							
대기업	31.0%	35.4%	34.1%	42.4%	45.4%	49.1%	43.7%
중견기업	19.3%	17.9%	13.8%	10.6%	14.0%	18.9%	22.9%
중소기업	49.5%	46.5%	52.0%	46.8%	38.2%	31.8%	30.7%
ASEAN(ASEAN 6)							
대기업	48.0%	52.7%	48.1%	52.9%	49.4%	66.8%	63.4%
중견기업	30.5%	26.7%	31.6%	27.0%	31.5%	16.9%	17.3%
중소기업	21.2%	20.4%	20.0%	19.8%	18.2%	16.3%	16.7%
ASEAN 총계							
대기업	45.2%	49.8%	45.4%	50.9%	48.6%	62.8%	58.0%
중견기업	28.6%	25.2%	28.2%	23.8%	27.9%	17.3%	18.9%
중소기업	25.8%	24.8%	26.2%	25.1%	22.3%	19.8%	20.5%

주 : 기업 분류가 되지 않은 '기타' 기업은 제외함.
자료 : 관세무역개발연구원 자료를 기초로 저자 작성.

FTA의 경제적 효과

1 개요

FTA를 체결하는 이유는 다양하게 있겠으나, 그중 경제적 이윤의 추구가 가장 크다고 할 수 있다. 경제적 이윤은 여러 가지로 표현되겠지만, 국가적 차원에서는 국민경제에 미치는 영향이 가장 중요하다. FTA의 체결은 개인 또는 기업 간 협정이 아니라 국가 간의 협정이라는 점에서 국민경제에 미치는 영향은 FTA 체결에 결정적 요인으로 작용하게 된다. 따라서 각 국가는 FTA를 체결할 때 여러 가지 요인 중에서 국민경제에 미치는 영향을 우선 고려하게 된다.

FTA 체결이라는 것이 단 하나의 산업에만 해당되는 것이 아니라 상품 분야는 물론 서비스업까지 포함하는 모든 산업을 포괄한다는 점에서 FTA 체결에 따른 총합의 결과는 긍정적인 영향을 주는 것으로 나타날 수 있지만, 각 산업별로 분석해보면 그 미치는 영향에 따라 긍정적인 영향을 받는 산업도 있고 부정적인 영향을 받는 산업도 있기 마련이다. 따라서 FTA의 경제적 효과 분석에서는 산업에 미치는 영향을 별도로 분석해야 한다. 이러한 영향은 고용에도 파급효과를 미친다는 점에서 고용에 미치는 영향도 고려해야 한다.

이러한 분석과 더불어 FTA는 용어 그 자체가 무역을 자유롭게 한다는 점에서 수출과 수입에 미치는 영향도 분석해야 한다. 전체 수출입에 미치는 영향은 물론 수출과 수입에 미치는 영향을 각각 분석하는 것과 더불어 산업별·품목별, 그리고 국가별로 분석이 이루어져야 한다.

이렇게 FTA를 체결하게 되면 그 효과가 미치는 범위와 영향력이 매우 다양하고 강도가 모두 다르게 나타난다는 점에서 FTA의 경제적 효과를 분석하는 것은 생각보다 쉽지만은 않다. 이러한 점을 상기하여 FTA의 경제적 영향 및 효과에서 고려해야 할 부분과 추정되어야 할 부분을 아래와 같이 정리할 수 있다.

첫째, **거시경제적 효과** 분석이다. FTA가 체결되고 이행되면 자연스럽게 무역이 증가하게 된다. 무역의 증가는 그 국가에서 생산되는 제품 또는 서비스를 FTA를 체결한 국가에 수출과 수입을 확대한다는 것과 동시에 양국의 생산이 그 수출과 수입의 증대로 인하여 증대되거나 축소된다는 것을 의미한다. 문제는 이러한 생산이 국내 생산만을 증대시키거나 축소시키는 것에 한정되지 않는다는 점이다. 이러한 무역의 증대는 그 국가의 소비에도 영향을 주게 된다. FTA 체결 전에는 높은 관세로 인하여 소비할 수 없었던 제품들이 FTA 체결로 인하여 관세가 인하되거나 철폐되어 상대적으로 가격이 인하됨에 따라 FTA 체결 전보다 소비를 더 많이 할 수 있는 여건이 마련된다. 이러한 소비의 증가는 소비자들의 효용을 증대시키는 역할을 하게 된다. 따라서 그 나라의 국민들은 수출증대로 나타나는 소득증대와 더불어 소비의 증대라는 두 가지 이유 때문에 효용이 크게 증가할 수 있다. 물론 FTA를 체결하는 국가가 제조업 중심 국가인지 아니면 서비스업에 비교우위가 있는 국가인지에 따라 소득과 소비 수준 및 형태가 당연히 다르게 나타난다는 점은 유의해야 할 것이다.

따라서 정부는 FTA를 체결하기 전에 우선 거시경제적 효과를 먼저 추정하게 된다. 만약에 거시경제적 효과가 긍정적으로 나타나면 FTA를 체결하는 방향으로 정책적 결정이 나타나겠지만 혹시 부정적인 효과가 있을 것으로 예상된다면 FTA 체결을 하지 않거나 보류할 가능성이 높다. 물론 FTA라는 것이 경제적 효과에 의해서만 이루어지지 않고 정치적 결정에 의해서도 이루어진다는 점에서 경제적 효과가 절대적으로 FTA를 체결하는 데 결정적인 역할을 한다고는 할 수 없다. 그럼에도 불구하고 거시경제적 효과가 FTA 체결을 결정하는 데 절대적인 역할을 한다는 점은 부인할 수가 없다.

거시경제적 효과에는 여러 가지가 있을 수 있다. 우선 FTA의 체결이 그 나라의 생산을 증대시킬 수 있는지를 확인할 수 있어야 한다. 이러한 것을 확인할 수 있는 것이 바로 실질 GDP에 미치는 영향이다. FTA의 체결로 생산이 증대되면 이것은 곧바로 소득으로 이어진다. 즉 FTA 체결의 영향으로 국내 실질 총생산이 증가한다는 것이다. 그다음으로 실질 GDP의 증가로 인하여 소득이 증가하고 이로 인하여 기존보다 더 많은 소비를 할 수 있는 기회가 확대된다. 이러한 소득과 소비의 확대는 국민 전체의 효용을 증대시키는데 이를 **후생 수준**의 증대라고 한다. 즉 FTA의 체결은 거시경제적으로 소득과 후생을 증대시키는 역할을 하며, 이에 대하여 정량적으로 측정하여 정부가 체결하는 FTA가 긍정적인 영향을 주는지 아니면 부정적인 영향을 주는지를 판결하게 된다.

그런데 FTA의 체결로 인한 거시경제적 영향이 소득과 소비를 증가시키거나 악화시키는지를 계량적으로 추정하는 것은 쉽지 않다. 왜냐하면 FTA를 체결하게 되면 교역이 증대하게 되는데 이 과정에서 자원 배분이 더 효율적으로 이루어지는 것은 물론 생산성 증대로 이어지면서 자본축적도 발생하게 되기 때문이다. 따라서 이러한 점을 모두 고려한 분석이 요구된다.

FTA로 인한 교역의 증대는 기존보다는 다른 형태의 수출과 수입을 유발하는 것은 물론 새로운 추세의 변화까지 유발한다. 기존에는 국내에서 생산하여 소비로 이어지던 제품과 서비스들이 FTA 체결로 인하여 이전보다는 더 비싼 가격을 지불하는 지역으로, 즉 상대적으로 더 높은 수요가 있는 곳으로 제품이 이동하게 된다. 물론 수입에서도 비슷한 현상이 발생하게 된다. 이전에는 국내에서 생산된 제품이 국내 소비 전체를 만족시키지 못하였지만, FTA의 체결로 인하여 기존보다 더 싼 가격으로 그 제품을 수입·소비할 수 있게 된다. 이러한 현상을 교역 증대에 의한 자원배분의 효율성 개선 또는 증대라고 한다. 이렇게 FTA로 인하여 교역의 증대가 소득은 물론 소비까지 확대시킨다는 점에서 우선 자원배분의 효율성에 관한 분석이 요구된다. 이러한 분석은 교역증대로 인하여 곧바로 확인할 수 있다는 점에서 **단기분석**이라고 해석한다. 좀 더 명확하게 설명하자면 자본 축적이 발생하기 이전의 효과라는 점에서 단기적 영향이 된다.

하지만 FTA가 영향을 미치는 경제적 효과에서는 단기적 효과보다는 장기적 효과가 더 중요하다. 단기적으로는 교역의 증대로 소득과 소비가 증대되지만 장기적으로는 수요 증대에 따라 생산이 증대되고, 이러한 생산의 증대에 의하여 발생한 소득의 일부는 자본으로 활용되어 재투자가 가능하다. 이렇게 자본이 축적되고 재투자가 된다면 기존보다는 더 큰 규모의 생산이 가능할 뿐만 아니라 생산성까지 개선할 수 있다. 이렇게 되면 그 경제는 기존의 경제와는 전혀 다른 경제로 발전하게 된다. 이러한 효과를 자본축적에 의한 생산성 증대라고 한다. 물론 **자본축적**이 모두 생산성 증대로 연결되는 것은 아니다. 따라서 자본축적이 발생할 때 생산성을 증대시키는 경우와 증대시키는 못하는 경우 두 가지 경우에 대한 분석이 이루어져야 한다.

한편 FTA를 체결하고 이행하게 되면 앞에서 언급하였듯이 생산과 소비가 늘어날 수 있다고 했는데, 이러한 생산과 소비의 증대는 고용까지 영향을 미칠 수 있다. FTA의 체결로 인하여 국내 생산과 소비를 증대시켰다면 이를 뒷받침해줄 인력이 그만큼 더 필요하게 된다. 이러한 파급효과로 인하여 국내 고용은 더 많이 창출될 수가 있다. 이 또한 교역증대에 의한 효과는 물론 자본축적이 발생하는지 아니면 발생하지 않는지에 따라 그 효과를 분석할 필요가 있다.

둘째, **수출입 효과** 분석이다. FTA를 체결한다는 것은 이전보다는 훨씬 높은 수준에서 FTA를 체결한 국가 간에 개방을 확대한다는 것을 의미한다. 즉 관세를 낮추거나 완전히 없애게 되는 것은 물론 교역을 방해하는 비관세 장벽까지 모두 또는 일부를 제거하는 역할을 하게 된다. 이러한 FTA의 역할로 인하여 FTA를 체결한 국가들 간에 교역은 FTA를 체결하기 이전보다는 상대적으로 크게 증대될 가능성이 높다.

따라서 FTA의 효과 분석에서 수출입에 미치는 영향 분석은 가장 기본적인 분석이라고 할 수 있다. 더욱이 수출입 규모의 변화는 그 나라의 생산과 소비에도 영향을 준다는 점에서 분석해야 할 부분이다. 더욱이 FTA의 체결로 인하여 수출은 증대되고 수입은 감소하기를 대부분의 국가들이 열망하지만 실제로 FTA를 체결할 경우 수출이 증가함과 동시에 수입도 크게 증가하는 것이 일반적이다. 그 수출과 수입의 증가에 따라 그 나라는 **무역수지 흑자 또는 적자**를 경험하게 된다. 최악의 경우 FTA를 체결하기 전에는 그 대상국에 대하여 무역수지 흑자를 기록하였는데, FTA를 체결한 후에 수출 증대보다는 수입 증대가 더 커져 무역수지 흑자에서 적자로 전환되는 경우도 발생하게 된다. 하지만 교역이 증대되면 어떤 국가는 무역수지 흑자를 기록하게 되는 반면 FTA 상대국은 무역수지 적자를 기록한다는 점에서 FTA의 결과는 예상과는 전혀 다른 결과를 가져올 수도 있다. 물론 FTA 체결로 인하여 양자 간에 **무역수지 균형**을 유지할 수 있다면 가장 바람직하다고 할 수 있으나 현실에서는 그런 경우가 거의 발생하지 않는다. 따라서 일반적으로 FTA를 체결할 경우 양자 간에 무역수지는 크게 변하여 흑자를 더 확대시키거나 적자를 더욱 심화시키는 것이 일반적이라는 점을 염두해야 한다.

그런데 FTA의 체결로 인한 수출입의 변화는 그 나라의 교역에서 수출과 수입의 변화를 발생시킴과 동시에 대세계의 수출과 수입 규모까지 영향을 미치게 된다. 만약 FTA 체결로 인하여 FTA 체결 상대국에 FTA 체결 이전보다 더 많이 수출하게 된다면 그 국가의 업체들은 생산시설을 더 많이 투입하여 수출을 증대시킬 것이다. 더욱이 외국기업들도 국내로 진출하여 우리나라가 체결한 FTA를 활용하여 FTA를 체결한 국가에 수출을 하는 경우도 발생하게 된다. 이렇게 **외국인 투자 유입 효과**까지 발생하게 되면 수출은 더욱 증가하게 된다. 이러한 파급효과를 **무역창출효과**라고 한다.

반면에 FTA 체결로 인하여 수입하는 제품들이 모두 가격이 인하되고 기존보다 더 질 좋은 제품들을 수입하여 소비할 가능성이 높아진다. 이러한 수입의 증가는 FTA의 상대국으로부터는 수입을 증가시키지만 FTA를 체결하지 않는 국가로부터는 수입을 축소시키게 된다. 문제는 이렇게 상대적 감소만이 이루어지는 것이 아니라 절대적인 수입량까지 변할 수 있다는 점이다.

가령 A국과 FTA를 체결하기 전에 C국으로부터 자동차 수입을 하던 업체가 A국과의 FTA를 체결한 후에는 C국으로부터 자동차 수입을 줄이고 A국으로 수입을 전환하는 효과가 발생할 수도 있다. 이러한 효과를 수입전환효과라고 한다. 이러한 **수입전환효과**까지 발생하게 되면 수입의 구조도 완전히 바뀌게 된다.

따라서 FTA의 체결에 따른 수출입에 미치는 영향은 수입전환효과와 더불어 무역창출효과까지 고려해야 하며, 이러한 효과를 총합하여 수출과 수입, 그리고 무역수지에 미치는 영향을 분석해야 한다. 더욱이 이러한 분석은 산업별, 품목별, 그리고 국가별로 이루어지면 더욱 좋다. 각 산업별, 품목별로 그 미치는 영향이 다르고, 무역창출효과와 더불어 수입전환효과까지 발생하게 되면 국가별로 수출입에 대한 영향도 다르게 나타나기 때문이다.

다음 절에서는 위에서 논의한 FTA의 경제적 효과를 주요 FTA별로 논의하고자 한다. 우리나라가 체결하고 있는 FTA에 대한 경제적 효과는 주로 정부가 국책경제연구원, 민간경제연구원 등과 협력하여 분석하는 것이 일반적이다. 따라서 이 장에서는 정부중심으로 추정한 FTA의 경제적 분석 결과를 중심으로 주요 FTA의 경제적 효과를 제시하고자 한다.

2 거시경제 효과

1) 한 · 미 FTA

한 · 미 FTA의 경제적 효과 분석은 한 · 미 FTA 특별위원회에 의해 추정되었다. 이 절에서도 이 분석의 결과를 활용하고자 한다. 2007년도 국회 한 · 미 FTA 특별위원회는 11개 국책기관 및 민간기관[1]과 함께 한 · 미 FTA의 효과를 종합적으로 분석하였다. 2011년에 한 · 미 FTA 특별위원회는 10개 기관[2]의 분석 결과를 토대로 한 · 미 FTA 경제적 효과를 재분석하였다. 이 분석에서 한 · 미 FTA를 향후 성장, 후생, 고용, 수출입 및 무역수지 등의 분야로 구분하여 분석하였으며 그 결과는 아래에 자세하게 설명하고 있다.

(1) 경제 성장

분석 결과에 따르면 한 · 미 FTA의 체결은 향후 10년간 실질 GDP를 총 5.66% 증가시킬 수 있을 것으로 예상되었다. 여기에서 한 · 미 FTA 이행에 따른 총경제적 효과는 장기적으로 자본축적과 생산성 향상이 동반될 경우의 성장효과를 의미한다. 단기적으로는 관세 감축에 따른 교역 증대와 자원배분 효율화에 따라 실질 GDP가 0.02% 증가할 것으로 예상되었다.

표 3-1 한 · 미 FTA의 거시경제 효과 : GDP 및 후생(2011년 기준)

구분	교역 증대 및 자원배분 효율화(단기)	자본축적	
		생산성 증대 미고려(중기)	생산성 증대 고려(장기)
실질 GDP	0.02%	0.48%	5.66%
후생수준	5.3억 달러	25.5억 달러	321.9억 달러

자료 : 국회 한 · 미 FTA 특위(2011. 8. 5) '한 · 미 FTA 경제적 효과 재분석', p. 6.

---

[1] 11개 참여기관은 대외경제정책연구원, 노동연구원, 산업연구원, 농촌경제연구원, 해양수산개발원, 정보통신정책연구원, 방송위원회, 한국문화관광연구원, 금융연구원, 보건산업진흥원, 한국개발연구원이다.

[2] 각주 1의 11개 기관 중 방송위원회가 제외되었다.

2007년과 2011년의 장기적 GDP 증대 효과를 분석한 결과를 비교해보면, 2011년의 효과는 2007년 분석과 유사하게 나타났다. 낮은 관세율 적용에 따라 수입품 가격 인하 효과가 그만큼 GDP를 증가시키는 것이다. 더욱이 장기적으로는 이렇게 낮은 관세율을 적용함에도 불구하고 관세가 철폐된 중·장기 이후에는 경쟁촉진 등에 따른 생산성 증대 효과로 나타나 장기성장효과는 더욱 증가하게 된다. 즉 FTA가 발효되면 그만큼 많은 제품이 다양한 국가로부터 국내로 유입되어 경쟁이 심화되고, 이로부터 효율성이 높은 제품들, 즉 생산성이 증대되는 제품들이 경쟁에서 살아남게 된다. 결과적으로 개방은 경쟁을 유도하고 생산성을 증대하는 효과가 있게 된다.

(2) 후생

한·미 FTA로 인해 소비자 후생 수준은 관세 철폐에 따른 가격 하락과 소비자 선택폭 확대 등으로 단기적으로는 5억 3,000만 달러, 장기적으로는 321억 9,000만 달러 증가할 것으로 분석되었다. 후생 증가 효과에서도 앞서 언급한 우리나라 관세율 하향 조정에 따른 소비 증가로 인하여 장기적 후생 증가 효과가 보다 크게 나타났다. 더욱이 장기에는 FTA로 인하여 실질 GDP가 증가하고 이로 인하여 소비가 증대되는 소비증대 효과가 본격적으로 나타남에 따라 장기 후생 수준은 상대적으로 더욱 상승한 것으로 나타났다.

(3) 고용

FTA 체결과 이행은 장기적으로 취업자 수를 증가시킬 것으로 기대된다. 한·미 FTA도 장·단기적으로 취업 또는 고용을 증가시킬 것으로 예상된다. 실제 분석 결과에서도 단기적으로는 수출증대, 생산증가와 같은 규모의 증가로 인하여 4,300명이 증가하고 장기적으로는 자본축적 및 생산성 향상 등 질적 성장을 통해 취업자가 35만 명까지 늘어날 것으로 예상되었다. 산업별로는 제조업과 서비스업에서 크게 증가하고 농·어업 분야는 단기적으로 축소될 것으로 분석되었다. 하지만 단기적으로 부정적인 효과를 보이던 농·어업에서도 장기적으로 농식품 가공산업의 비중 증대 효과로 인하여 취업자가 증가세로 전환될 것으로 예상된다.

표 3-2 한·미 FTA의 고용효과(2011년 기준)

(단위 : 천 명)

구분	교역증대 및 자원배분효율 개선(단기)	자본축적	
		생산성 증대 미고려(중기)	생산성 증대 고려(장기)
농림어업	−0.7	−0.2	0.5
제조업	2.3	14.8	81.6
서비스업	2.7	27.8	269.2
고용창출 효과	**4.3**	**40.6**	**351.3**

주 : 2011년 분석 결과임.

자료 : 국회 한·미 FTA 특위. 요약본(2011.8.5) '한·미 FTA 경제적 효과 재분석'. p. 11.

(4) 수출입 및 무역수지

FTA는 체결한 양 국가에 교역을 증가시키는 효과를 유발할 것으로 기대되지만 모든 산업에서 교역을 증가시키는 것은 아니다. 또는 일부 산업에서는 교역의 불균형을 더욱 확대시킬 수도 있다. 즉 일부 산업에서는 교역이 증가하지만 일부 산업은 **교역조건**을 악화시킬 수 있다. 이러한 여건으로 인하여 FTA 체결로 나타나는 교역 및 무역수지 효과는 생각보다 예상하기가 쉽지 않다. 더욱이 FTA의 체결은 체결국가에 대한 무역에만 영향을 주는 것이 아니라 전체 교역, 즉 대세계 교역에도 영향을 준다는 점에서 복잡하다.

다행히 한·미 FTA의 이행은 우리나라의 대미 교역에 유리한 효과를 발생시킬 것으로 분석되었다. 분석 결과에 의하면, 교역에서는 한·미 FTA 이행으로 향후 15년간 대세계 수출은 31억 7,000만 달러 증가하지만, 대세계 수입은 4억 달러 증가에 그칠 것으로 전망되어 대세계 무역수지는 연평균 27억 7,000만 달러 흑자가 확대될 것으로 분석되었다. 산업별로 보면 상대적으로 비교우위가 있는 제조업에서 관세 철폐 및 생산성이 향상되고 이로 인하여 연평균 30억 3,000만 달러의 흑자가 발생할 것으로 전망되나, 농수산업에서는 수입증가의 예상으로 인하여 연평균 2억 6,000만 달러의 적자가 발생할 것으로 추정되었다.

한편, 미국에 대한 무역수지는 향후 15년간 대미 수출은 연평균 12억 9,000만 달러 증가하고 수입도 11억 5,000만 달러 확대되어 연평균 1억 4,000만 달러의 흑자가 확대될 것으로 전망되었다. 여기에서 특이한 것은 한국의 대미 수입증가가 한국의 대세계

표 3-3 한 · 미 FTA에 따른 수출입 · 무역수지 증감 : 연평균(15년간)

(단위 : 백만 달러)

구분	수출증가		수입증가		무역수지	
	대세계	대미	대세계	대미	대세계	대미
농업	–	–	264	424	−264	−424
수산업	–	0.8	–	11.8	–	−11.0
제조업	3,167	1,285	138	711	3,029	573
계	3,167	1,285	402	1,147	2,765	138

자료 : 국회 한 · 미 FTA 특위. 요약본(2011. 8. 5) '한 · 미 FTA 경제적 효과 재분석', p. 6.

수입 증가 규모보다 크게 나왔다는 것이다. 이는 미국 이외의 국가에서 수입되던 제품이 한 · 미 FTA의 체결로 미국으로 수입선이 전환되는 **무역전환효과**가 발생할 것으로 분석되었기 때문이다. 산업별로는 제조업에서 연평균 5억 7,000만 달러 흑자가 기대되는 반면 농수산업에서 연평균 4억 3,000만 달러 적자가 발생할 것으로 예상되었다.

2) 한 · EU FTA

한 · EU FTA에 대한 경제적 효과 분석도 정부 중심으로 추진되었다. 2010년에 기획재정부는 10개 국책기관[3]과 함께 **CGE 모형**을 사용하여 한 · EU FTA의 향후 성장, 후생, 고용, 수출입 및 무역수지 등에 대한 효과를 제시하였으며, 그 결과를 아래에 정리하고 있다.[4]

(1) 경제성장

한 · EU FTA의 경제적 효과는 FTA를 체결하지 않을 경우에 비해 한 · EU 단기적으로 교역증대, 자원배분 효율 개선, 국내생산 증가 등이 나타나 실질 GDP를 약 0.1% 증가

---

[3] 10개 참여기관은 대외경제정책연구원, 한국개발연구원, 한국노동연구원, 산업연구원, 한국농촌경제연구원, 한국해양수산개발원, 정보통신정책연구원, 한국보건산업진흥원, 한국문화관광연구원, 한국환경정책평가연구원이다.

[4] 국회 예산정책처(2010년 9월)는 기획재정부(2010년 10월)와 비슷한 시기에 한 · EU FTA의 경제적 효과를 분석하여 기획재정부보다 전반적으로 소폭 낮은 전망치를 발표하였다. 하지만 이는 예산정책처와 기획재정부 간에 분석기간의 차이(예산정책처는 5년을 대상으로 분석한 반면 기획재정부는 10년을 대상으로 분석함) 등 분석의 가정과 전제가 달랐기 때문으로 밝혀졌다.

표 3-4 **한 · EU FTA가 실질 GDP 및 후생수준에 미치는 효과**

(단위 : %)

	교역증대 및 자원배분 효율화(단기)	자본축적(장기)	
		생산성 증대 미고려	생산성 증대 고려
실질 GDP	0.10	0.64	5.62
후생 수준	0.18	0.47	3.84

주 : 후생 수준은 2009년도 GDP 대비임.
자료 : 기획재정부(2010). '한 · EU FTA의 경제적 효과 분석'.

시킬 것으로 예상되었다. 더욱이 중 · 장기적으로는 자본이 축적되고 생산성이 향상되어 실질 GDP가 최대 5.6%까지 증가할 것으로 추정되었다.

특히 FTA 체결에 따른 경제적 효과는 단순히 관세 감축에 의한 효과보다 전반적인 무역장벽 완화와 경쟁을 통해 나타나는 **생산성 증대 효과**[5]에 기인하는 바가 더 큰 것으로 분석되었다.

(2) 후생

한 · EU FTA 결과 자원배분 효율 개선, 교역조건의 변화 등으로 인해 파급효과로 후생이 증가하는데, 단기적으로는 약 15억 달러, 자본축적이 발생하는 장기효과는 39~320억 달러에 달할 것으로 전망되었다.

(3) 고용

교역조건과 자원배분의 효율성을 개선해 한 · EU FTA로 인하여 단기적으로 약 3만 명, 장기적으로는 48,000~253,000명의 고용증가가 발생할 것으로 추정되었다. 단기적으로 농수산업에서는 약 1,700명의 일자리가 소멸되지만 제조업에서는 4,000명, 서비스업에서는 27,600명의 일자리가 새롭게 창출될 것으로 추정되고 있다.

더욱이 장기적으로 개방 확대와 함께 자본축적으로 인하여 전체 산업의 생산성이 증대된다면 축소되었던 농수산업은 900명의 고용이 창출되는 것은 물론 제조업은

---

[5] 여기에서 생산성 증대 효과는 경쟁의 심화나 기술투자 확대 등을 통해 기대할 수 있는 산업 전체의 평균 생산성 증대를 의미한다.

표 3-5 한 · EU FTA의 고용효과(누적)

(단위 : 천 명)

	단기 정태모형	자본축적(장기)	
		생산성 증대 효과가 발생하지 않을 경우	생산성 증대 효과가 발생할 경우
농수산업	△1.7	△3.1	0.9
제조업	4.0	9.4	33.2
서비스업	27.6	41.5	219.0
전 산업	29.9	47.8	253.1

자료 : 기획재정부(2010), '한 · EU FTA의 경제적 효과 분석'.

33,200명, 서비스업은 219,000명의 일자리가 각각 창출되어 약 253,100명의 고용창출 효과가 발생할 것으로 전망되었다.

(4) 수출입 및 무역수지

한 · EU FTA가 이행되면, 향후 15년간 대EU 수출은 연평균 25억 3,000만 달러 확대되는 반면 대EU 수입은 연평균 21억 7,000만 달러 늘어나 한국의 대EU 무역수지는 연평균 3억 6,000만 달러 정도 흑자를 기록할 것으로 전망된다. 산업별로는 농업과 수산업의 대EU 무역수지 적자를 기록할 것으로 예상되나, 제조업에서 흑자를 기록하고, 그 규모가 농수산업의 적자를 보전하고도 남아 매년 흑자를 기록할 것으로 분석되었다.

표 3-6 한 · EU FTA의 무역수지 효과(연평균)

(단위 : 백만 달러)

	수출 증가	수입 증가	무역수지
농업	7	38	△31
수산업	10.3	12.7	△2.4
제조업	2,520	2,125	395
계	2,537	2,175	361

자료 : 기획재정부(2010), '한 · EU FTA의 경제적 효과 분석'.

3) 한 · 인도 CEPA

(1) 성장

대외경제정책연구원(2009)의 연구결과에 의하면 한 · 인도 CEPA의 이행은 우리나라
의 실질 GDP를 단기적으로 약 0.01%, 장기적으로는 0.18% 증가시키는 것으로 나타났
다. 반면 인도의 경우 CEPA 발효는 단기적으로 소폭의 부정적인 효과를 발생시키지만
장기적으로는 0.18%의 실질 GDP 증가 효과를 나타내는 것으로 분석되었다.

표 3-7 한 · 인도 CEPA가 실질 GDP 및 후생수준에 미치는 효과

(단위 : %, 백만 달러)

		한국		인도	
		단기	장기	단기	장기
실질 GDP	증가율	0.01	0.18	0.00	0.18
	금액	36.3	778.4	−0.1	868.0
후생수준		289.1	925.5	−56.1	519.9

자료 : 조충제 · 이준규 · 송영철, 2009, 「한 · 인도 CEPA의 주요 내용과 경제적 효과」, 대외경제정책연구원.

(2) 후생

한 · 인도 CEPA는 국내 소비자들에게 가격 하락, 소비의 선택폭 확대 등에 의하여 후
생 수준이 단기적으로는 약 2억 9,000만 달러, 장기적으로는 약 9억 2,000만 달러 정도
증가할 것으로 분석되었다. 그러나 인도의 경우는 단기적으로 우리나라로부터의 수입
증대로 인하여 약 5,600만 달러 후생 수준이 감소하겠으나 장기적으로는 약 5억 2,000
만 달러 증가할 것으로 전망되고 있다.

(3) 고용 및 인력개방

한 · 인도 CEPA는 우리나라 FTA 관련 처음으로 인력이동에 대한 개방을 추진한 FTA
로 기록된다. 따라서 **인력이동**과 관련하여 전문 인력시장을 개방하는 효과를 보일 것
으로 예상된다. 무엇보다도 IT 분야 등 인도의 경쟁력 있는 서비스 전문 인력의 활용이
가능해질 것이다. 인도 전문 인력의 특성을 고려하여 컴퓨터, 경영 컨설턴트, 엔지니
어, 기초과학 관련 전문가, 초 · 중등 조교사 등 160여 개 분야의 서비스 전문 인력시장

을 개방하고 있다.

한편, 대외경제정책연구원(2009)이 2004년 기준으로 추정한 자료에 의하면 한·인도 CEPA는 국내 제조업의 대인도 수출증가로 인하여 제조업에 4만 7,600명의 고용 창출이 나타날 것으로 추정되었다.

(4) 수출입 및 무역수지

한·인도 CEPA는 다른 FTA와는 달리 관세 양허 수준이 낮고 관세 인하 및 철폐 기간이 장기간에 걸쳐 진행되는 제품의 수가 많아 단기에는 관세절감 효과가 제한적이어서 그 효과가 작을 것으로 추정되었다. 하지만 우리나라는 경쟁국인 일본, EU, 중국 등의 국가들보다 한발 앞서 FTA를 체결하였기 때문에 인도시장에서 FTA 선점효과가 기대되었다. 또한 체결 당시 인도의 관세 수준이 높았기 때문에 중·장기적으로는 관세 인하 및 철폐 효과가 나타날 것으로 예상되었다.

대외경제정책연구원(2009)은 한·인도 CEPA로 인하여 2004년 기준으로 대인도 수출은 29억 달러 증가하고 대인도 수입은 5억 달러 증가해 약 23억 달러의 무역수지 개선효과가 발생할 것으로 예측한 바 있다.

표 3-8 한·인도 CEPA가 제조업 수출입에 미치는 효과

(단위 : 백만 달러)

	수출증가		수입증가		무역수지	
	연평균 금액	10년 누계	연평균 금액	10년 누계	연평균 금액	10년 누계
화학	23	233	8	75	16	158
섬유	3	29	6	55	−3	−26
철강	11	114	2	18	10	96
기계	42	419	4	37	38	382
전기·전자	16	160	2	18	14	142
자동차	30	297	2	19	28	277
생활용품	2	19	1	13	1	6
기타 제조업	50	503	14	136	37	367
제조업 총계	177	1,174	37	372	140	1,401

자료 : 산업연구원(2009. 9. 16), '한·인도 CEPA 체결이 제조업에 미치는 효과', e-KiET 산업경제정보, p. 10.

한편 산업연구원(2009)은 한·인도 CEPA가 발효되면 제조업 부문에서 향후 10년간 수출은 연평균 1억 7,000만 달러(3.9%) 증가하고, 수입은 연평균 3,700만 달러(1.6%) 증가하여 대인도 무역흑자가 연간 1억 4,000만 달러 증가할 것으로 전망하였다.

4) 한·중 FTA

한·중 FTA의 거시적 효과는 대외경제정책연구원(2012)이 CGE 모형을 이용하여 개방 또는 양허 수준이 낮은 경우와 높은 경우로 구분하여 분석하였다.[6] 발효 후 효과발생 기간을 5년과 10년으로 구분하여 실질 GDP와 후생이 어느 정도 변화하였는지를 추정하였다. 분석 결과에 따르면, 발효 후 5년이 지나면 실질 GDP가 낮은 수준과 높은 수준 각각 0.95%와 1.25% 증가할 것으로 분석되었으며, 발효 후 10년인 경우는 각각 2.28%와 3.04%의 GDP 개선 효과가 있는 것으로 전망되었다.

하나금융그룹(2014)의 연구 결과에 의하면, 한·중 FTA는 한·미 FTA와 한·EU FTA 중에서 장기적으로 2배 이상의 경제적 효과가 있을 것으로 추정되었다. 그 이유는 한국의 대중국 수출입 의존도가 다른 국가에 비해서 높기 때문이다. 이러한 이유로 인하여 한국은 한·중 FTA로 인하여 수출입이 다른 FTA보다 더 많이 발생할 것으로 전망되었다.

표 3-9 한·중 FTA 경제적 효과

양허 시나리오	발효 후 5년		발효 후 10년	
	실질 GDP(%)	후생(억 달러)	실질 GDP(%)	후생(억 달러)
낮은 수준	0.95	176.5	2.28	275.9
높은 수준	1.25	233.3	3.04	365.8

자료 : 한·중 FTA 공청회 자료, '한·중 FTA의 거시경제적 효과', 2012. 2. 24.

---

[6] 한·중 FTA 공청회 자료, '한·중 FTA의 거시경제적 효과', 2012. 2. 24.

표 3-10 FTA 체결과 GDP 및 교역조건 기대 효과

구분	한 · 중 FTA	한 · 미 FTA	한 · EU FTA
GDP	2.72	0.56	1.02
교역조건	0.91	0.09	0.20

자료 : 하나금융그룹, '한 · 중 FTA 체결에 따른 주요 산업 영향', 하나산업정보, 2014. 11. 20, 제88호, p. 1.

표 3-11 FTA 체결과 수출입 변화 및 관세 절감 예상

(단위 : %, 십억 달러)

구분	한 · 중 FTA	한 · 미 FTA	한 · EU FTA
총수출	4.3	1.8	2.4
총수입	4.9	2.0	2.7
관세 절감액	5.4	0.9	1.4

자료 : 하나금융그룹, '한 · 중 FTA 체결에 따른 주요 산업 영향', 하나산업정보, 2014. 11. 20, 제88호, p. 1.

이러한 기대효과로 인하여 우리나라는 한 · 중 FTA를 통하여 세계 최대 시장인 중국을 제2의 내수시장으로 확보하는 효과가 있을 것으로 기대하고 있다. 중국은 우리나라의 교역대상국 중에서 수출입 및 교역수지에서 제1위 무역대상국이면서도 제2위의 투자대상국이라는 점이 이러한 예상을 가능하게 한 이유이다.

5) 한 · ASEAN FTA

정부기관이나 국책연구원이 한 · ASEAN FTA 체결의 거시경제 효과를 분석한 보고서가 없어 고종환(2007)[7]의 연구 결과를 중심으로 경제성장, 후생, 고용, 그리고 수출입에 미치는 영향을 살펴보고자 한다.

(1) 경제성장

한 · ASEAN FTA 발효로 한국의 실질 GDP는 2021년까지 약 1.4%의 성장을 기록할 것으로 전망되었다. 실질 GDP의 변화율은 한국과 ASEAN 6(태국 제외)이 일반품목군의

---

[7] 고종환(2009), "한 · ASEAN FTA 상품무역협정의 경제적 효과 분석", 국제지역연구 제11권 제3호, 국제지역학회, pp. 387-417.

관세를 완전히 삭감하는 2010년까지는 빠르게 증가하는 것으로 추정되었다. 그 이후 CLMV(캄보디아, 라오스, 미얀마, 베트남)의 일반품목군 90% 이상이 관세가 제거되는 2018년까지는 실질 GDP는 거의 일정한 속도로 증가한다. 2019~2021년까지는 이전 보다는 다소 낮은 속도의 증가율을 보일 것으로 전망되었다.

(2) 후생

한·ASEAN FTA 상품무역협정 체결은 2021년까지 우리나라의 후생 수준을 약 80억 달러 정도 상승시킬 것으로 전망된다. 그 추이를 보면, 후생 수준이 2010년까지는 빠르게 증가하다가 2011~2014년에는 CLMV 국가들이 일반품목군의 관세를 추가로 삭감하지 않기 때문에 큰 변화 없이 FTA를 체결한 초기 수준보다는 약간 상승하겠지만 그 증가속도는 감소할 것으로 전망된다. 이후 **양허안** 계획에 따라 CLMV 국가들이 관세를 삭감함에 따라 우리나라 후생 수준은 거의 일정하게 증가할 것으로 전망되었다.

(3) 고용

한·ASEAN FTA 상품무역협정의 체결은 섬유, 자동차/부품 등의 분야에서 고용을 비교적 크게 증가시킬 것으로 전망되나 기타 곡물, 전기·전자제품, 식물성 유지 등에서는 상대적으로 고용을 크게 감소시킬 것으로 전망되어 한·ASEAN FTA는 긍정적인 요인과 부정적인 요인을 갖고 있다. 더욱이 생산이 증가할 것으로 전망되는 수산물, 쌀, 과일/채소 분야는 생산이 증가하지만 고용은 감소할 것으로 전망되었다. 그 이유는 한·ASEAN FTA 시행으로 인하여 상기 산업에서 자본수요가 증가하고 이로 인하여 노동이 자본으로 대체될 것으로 예상되기 때문이다.

또한 임업, 광산업과 더불어 낙농제품, 소고기/닭고기 등 기타 식료품 부문에서의 고용이 감소할 것으로 전망된다. 그 이유 역시 이러한 산업에서 FTA가 상대가격을 변화시켜 장기적으로 노동이 자본으로 대체되기 때문이다. 특히 노동이 자본으로 대체되어 고용을 감소시키는 현상은 음료/담배, 종이/인쇄, 의복 등 노동집약적 경공업 부문에서도 충분히 일어날 것으로 전망된다.

(4) 수출입 및 무역수지

한 · ASEAN FTA 이행은 2021년까지 누적변화율 기준으로 우리나라의 총수출과 총수입을 각각 3.1%와 3.7% 증가시켜 우리나라의 무역수지가 시행 초기에는 흑자를 보이지만 점진적으로 축소되어 2021년에는 약 9억 달러의 무역수지 적자를 기록할 것으로 분석되었다. 그럼에도 불구하고 우리나라의 교역조건은 개선될 것으로 전망되었지만 초기에 개선 폭이 크고 그 이후에 점차 그 개선 정도가 줄어들어 2021년까지 약 0.3%의 개선을 기록할 것으로 기대된다.

3 산업별 효과

1) 한 · 미 FTA

국회의 한 · 미 FTA 특위[8]의 자료에 따르면 자동차, 섬유 등은 긍정적인 영향을 받을 것으로 전망되었지만 생활용품, 일반기계, 화학, 기타 제조업은 상대적으로 부정적인 영향을 받을 것으로 예측하였다. 이러한 산업별 한 · 미 FTA 영향을 정리하면 아래와 같다.

표 3-12 한 · 미 FTA의 주요 산업별 대미 수출 증대효과

(단위 : 천 달러)

구분	원 협상('03-'05 평균)	원 협상('06-'08 평균)	추가협상('06-'08 평균)
자동차	836,056	867,371	722,198
전기 · 전자	159,562	160,714	160,714
섬유	193,956	105,355	105,355
생활용품	21,054	13,236	13,236
일반기계	33,863	57,725	57,725

---

[8] 국회 한 · 미 FTA 특위, 2011. 8. 5, 「한 · 미 FTA 경제적 효과 재분석」. 본 보고서는 대외경제정책연구원, 산업연구원, 농촌경제연구원, 정보통신정책연구원, 보건산업진흥원, 한국개발연구원, 노동연구원, 해양수산개발원, 금융연구원의 통합 보고서이다.

화학	33,607	45,796	45,796
철강	2,129	6,969	6,969
기타 제조업	107,032	172,654	172,654
제조업 전체	1,387,259	1,429,822	1,284,648

주 : 향후 15년간의 연평균 수치임.
자료 : 국회 한 · 미 FTA 특위(2011. 8. 5), p. 29.

표 3-13 한 · 미 FTA의 주요 산업별 대미 수입 증대효과

(단위 : 천 달러)

구분	원 협상('03 – '05 평균)	원 협상('06 – '08 평균)	추가협상('06 – '08 평균)
자동차	71,991	102,123	96,748
전기 · 전자	125,408	145,206	145,206
섬유	23,444	23,738	23,738
생활용품	22,385	27,464	27,464
일반기계	89,832	88,528	88,528
화학	108,155	134,821	134,821
철강	1,625	2,353	2,353
기타 제조업	148,729	192,354	192,354
제조업 전체	591,569	716,587	711,212

주: 향후 15년간의 연평균 수치임.
자료: 국회 한 · 미 FTA 특위(2011. 8. 5), p. 30.

표 3-14 한 · 미 FTA의 주요 산업별 대미 무역수지 효과

(단위 : 천 달러)

구분	효과('06 – '08 평균)
자동차	625,449
전기 · 전자	15,508
섬유	81,618
생활용품	−14,227
일반기계	−30,803
화학	−89,025
철강	4,616

기타 제조업	−19,700
제조업 전체	573,436

주 : 향후 15년간의 연평균 수치임.
자료 : 국회 한 · 미 FTA 특위(2011. 8. 5), p. 30.

자동차 부문에서는 일부 품목이 수출입에서 중복이 되지만, 수입되는 품목의 규모가 크지 않을 것으로 예상되어 한 · 미 FTA에서 가장 수혜를 입는 부문이 될 것으로 예상되고 있다. 특히 1,500~3,000cc 및 3,000cc 이상 완성 승용차의 수출이 크게 기대되고 있다. 이와 더불어 중소기업들의 비교우위가 있는 기어박스, 브레이크, 조향장치, 타이어 휠 등 자동차 부품들의 대미 수출이 증가할 것으로 예상된다. 이에 반해 샤시 등의 자동차 부품, 승용차, 기어박스, 에어백 등이 수입될 것으로 분석되었다.

섬유 분야는 흑자가 예상되는 가운데 니트 및 편물제품, 양말류, 합성수지, 남자셔츠 등의 수출이 증가하고, 합성섬유 원료, 동물성 섬유 원료 등이 주로 수입될 것으로 전망되었다.

전기 및 전자 분야에서는 흑자가 예상되지만, 꾸준한 수입의 증가로 흑자폭이 시간이 지남에 따라 축소될 가능성이 있는 분야로 분석되었다. 미국에는 컬러 TV, 축전지, 헤어드라이어 등이 수출되고 의료용 기기, 발전/송전 관련 기기 및 부품 등이 수입될 것으로 예상되었다.

일반기계는 대미 경쟁력이 취약한 분야로 적자가 예상되는 부문이며, 특히 건설용 기계, 냉장/냉동압축기, 파이프/보일러의 탭 · 코크 · 밸브 등이 경쟁력을 갖고 국내로 주로 수입될 것으로 분석되었다. 하지만 수평선반, 머시닝 센터, 도르래, 연료용 펌프, 도관 등의 제품은 미국으로 많이 수출될 것으로 예상되었다.

철강 부문은 우리나라가 비교우위를 갖고 있지만 대미 주요 수출품목들이 대부분 무관세라는 점 때문에 대미 흑자는 매우 제한적으로 발생되는 부문이다. 주요 수출품목으로는 합금철강제품이 선정되었으며, 주요 수입품목으로는 고철이 있다.

화학 부문은 우리나라가 미국에 비해 경쟁력이 취약한 분야로 무역적자가 발생할 것으로 예상되고 있다. 주요 수출품목은 폴리스티렌, 폴리프로필렌, 에폭시 레진 등이며, 주요 수입품목은 착색제와 조제품, 진단용 실험용 시약, 염화비닐중화체, 수소가스 등

표 3-15 한 · 미 FTA 이행과 주요 수출입 예상 품목

산업	무역수지	주요 수출 예상 품목	주요 수입 예상 품목	비고
자동차	흑자 전망	승용차, 기어박스, 브레이크, 조향장치, 타이어 휠 등	샤시 등 자동차 부품, 승용차, 기어박스, 에어백 등	일부 품목 중복(수입증가 규모 크지 않음)
섬유	흑자 전망	니트 및 편물제품(스웨터 등), 양말류, 합성수지, 남자셔츠 등	셀룰로오스 아세테이트 등 합성섬유 원료, 동물성 섬유 원료	중소기업 제품 강세
전기 · 전자	흑자 전망	컬러 TV, 축전지, 헤어드라이어 등	의료용 기기, 발전/송전 관련 기기 및 부품 등	대기업 및 중소기업 제품 분포
일반기계	적자 예상	수평선반, 머시닝 센터, 도르래, 연료용 펌프, 도관 등	건설용 기계, 냉장/냉동 압축기, 파이프/보일러의 탭 · 코크 · 밸브 등	중소기업 제품 경쟁력 강화
철강	흑자 전망	합금철강제품	고철 등	무관세 비중 높아 FTA 효과 제한적
화학	적자 예상	폴리스티렌, 폴리프로필렌, 에폭시 레진 등	착색제와 조제품, 진단용 실험실용 시약, 염화비닐 중화체, 수소가스 등	대미경쟁력 취약 분야
생활용품	적자 예상	현악용 악기, 릴낚시대, 모조귀금속, 귀금속제품 등	골프채, 기타 운동용구 등	

자료 : 한 · 미 FTA 특위(2011)를 기반으로 저자 정리.

이다.

생활용품에서는 적자가 예상되는데, 그 이유는 수출도 증가하겠지만 골프채, 기타 운동용구 등의 수입이 크게 증가할 가능성이 높기 때문으로 분석되었다. 주요 수출품목으로는 현악용 악기, 릴낚시대, 모조귀금속, 귀금속제품 등이 있다.

(1) 농수산물

한 · 미 FTA 협상 결과가 이행될 경우 농산물의 경우 국내 생산액 감소가 우려되고 있는 실정이다. 한 · 미 FTA가 이행되면, 향후 미국산 농산물 수입이 증가하여 발효 후 5년 차에 6,785억 원, 10년 차에 9,912억 원, 15년 차에 1조 2,354억 원 감소할 것으로 추정된다.

표 3-16 한 · 미 FTA에 따른 주요 품목별 생산액 감소 추정

(단위 : 억 원)

구분		연간			평균			15년 합계	15년 평균
		5년 차	10년 차	15년 차	1~5년	6~10년	11~15년		
곡물	보리	11	23	45	7	18	35	295	20
	두류	164	177	202	118	171	191	2,399	160
	기타	31	49	49	21	46	49	576	38
	소계	206	249	295	146	234	274	3,270	218
채소, 특작	마늘	31	38	53	31	35	46	560	37
	양파	24	49	106	19	37	79	674	45
	고추	111	145	158	98	133	156	1,934	129
	과채류	372	412	412	263	395	412	5,348	357
	인삼	25	42	57	20	35	51	531	35
	기타	45	56	68	41	52	63	781	52
	소계	608	742	853	472	686	808	9,828	655
과수	사과	599	672	760	484	636	732	9,260	617
	배	396	454	498	293	437	480	6,052	403
	포도	439	585	731	326	526	673	7,625	508
	감귤	665	730	730	461	727	730	9,589	639
	복숭아	150	221	221	122	191	221	2,671	178
	기타	66	72	72	51	71	72	965	64
	소계	2,314	2,735	3,012	1,737	2,586	2,909	36,162	2,411
축산	쇠고기	1,040	2,463	4,438	594	1,836	3,577	30,036	2,002
	돼지고기	1,640	2,065	2,065	1,008	1,803	2,065	24,378	1,625
	닭고기	589	1,087	1,087	389	836	1,087	11,557	770
	유제품	297	430	430	259	372	430	5,306	354
	기타	91	143	173	64	116	163	1,716	114
	소계	3,656	6,187	8,193	2,314	4,963	7,322	72,993	4,866
총계		6,785	9,912	12,354	4,668	8,470	11,312	122,252	8,150

자료 : 최세균(2011), '한 · 미 FTA, 농업 분야의 영향과 과제', 『KREI 농정포커스』, 한국농촌경제연구원, p. 12.

곡물에서는 두류, 채소, 특작에서는 고추, 과채류, 과수에는 사과, 배, 포도, 감귤, 복숭아, 그리고 축산에서는 쇠고기, 돼지고기, 닭고기 등에서 대폭 수입이 증가할 것으로 예상되었다. 이러한 수입증가는 **수입선 전환효과, 무역창출 효과**에 의한 것으로 판단된다. 즉 한 · 미 FTA가 체결되면서 농산물 관세가 대폭 인하되어 미국의 업체들이 다른 국가로 수출하던 것을 한국으로 더 많이 수출하거나 아니면 기존보다 더 많이 수출을 함에 따라 대미 수입이 크게 증가한다는 것이다. 하지만 미국으로부터 수입이 크게 증가함에 따라 호주 등으로부터의 수입은 절감하는 수입선 전환효과가 발생하여 미국이 아닌 여타 국가로부터 수입은 감소할 것으로 분석되었다.

(2) 서비스업

한·미 FTA는 서비스업의 개방까지 포함되어 있다. 서비스업의 개방은 예상보다 국내 서비스업에 상당한 영향을 미칠 것으로 분석되고 있다. 우선 방송 서비스업의 경우 방송쿼터가 축소된다. 방송쿼터가 축소되면 영화, 애니메이션 산업에서 소득감소를 경험하게 된다. 매년 50~60억 원의 소득감소와 30~50명 정도의 고용이 감소될 것으로 분석되고 있다.

지적재산권 부분에서는 한·미 FTA로 인하여 지적재산권 보호기간이 20년 연장되어 기존보다 더 많은 해외 저작권료를 지불해야 한다. 이렇게 되면 매년 약 30억 원 이상의 출판 저작권료를 추가로 지불하게 되며, 캐릭터 저작권, 음악저작권, 출판저작권 등을 모두 합치면 저작권 보호기간 연장에 따라 2013년부터 20년간 연평균 실질가치로 89억 원의 소득감소가 출판·음악·캐릭터 업계에서 발생할 것으로 분석되었다.

통신 서비스 부문에서는 설비투자는 증가하고 통신 서비스 비용은 감소할 것으로 예상된다. 통신 서비스 부문의 설비투자는 정부의 통신정책하에 통신망 투자 및 기술혁신을 동반한 장기투자형 외국인 지분증가가 이루어짐으로써 투자증가 및 통신 서비스 증가로 인하여 통신 서비스 요금은 0.35% 인하가 예상된다. FTA 체결에 의해 외국인 간접투자 확대가 예상되는 부문으로는 국제전용회선(주로 기업고객 대상)이나 인터넷 전화 등이 주목된다. 그 외 해저케이블 개방, 인터넷 전화 개방 확대 등으로 인하여 해외기업의 국내 진출이 확대될 것으로 분석되었다.

금융 서비스에서는 보험중개업 및 보험부수 서비스업이 개방되었지만 그 개방 확대 효과는 미미할 것으로 보인다. 국경 간 거래가 허용되는 보험중개업의 경우 비대면 방식을 전제로 거래종목이 제한됨에 따라 실질적으로 거래확대 효과는 제한적일 것으로 전망된다. 보험부수 서비스업 중 위험평가와 컨설팅의 경우에는 기존에 법규정을 명확히 하지 않고 영업을 하던 분야였는데, 한·미 FTA로 법령을 명확히 규정하여 허용하였다는 점에서 실질적인 효과는 미미할 것으로 분석되었다. 보험부수 서비스 중 계리 및 손해사정의 국경 간 거래도 사실상 자연인의 국내 방문이 수반되어야 거래 확대가 가능한 부분인데 이는 이미 허용되고 있는 상업적 주재를 통한 개방과 큰 차이는 없다는 점에서 크게 영향을 미치지 않을 것으로 예상된다.

투자펀드의 원화 자산운용을 해외위탁하는 것을 허용하였지만 국내 금융시장에 미치는 영향은 미미할 것이지만 선진적 운용기법을 지닌 외국인이 국내 원화 자산운용업에 직접 진출할 수 있게 되어 국내 자산운용업계의 경쟁이 확대될 것으로 예상된다.

한 · 미 FTA 금융부문의 개방으로 국내의 금융관련 일부 법 · 규제의 정비가 이루어졌다. 이에 금융정책들이 국제 표준에 가깝게 개선되면서 중 · 장기적으로는 금융제도의 선진화와 투명성 등이 개선될 것으로 보인다.

법률 · 회계 서비스에서는 자문 서비스가 개방될 것이다. 특히 국제금융거래관련 자문 서비스가 첨단화되어 국내금융업체들에게 상당한 영향을 줄 것으로 판단된다. 단계적으로 외국인 로펌들의 국내 로펌과 제휴 및 합작 등이 허용되어 국내 진출이 확대될 것이다. 이러한 개방으로 인하여 국내 로펌 · 회계법인과 외국 유수 로펌 · 회계법인과의 경쟁 및 협업관계 강화를 촉진하게 되는 긍정적인 역할도 기대된다. 또한 국내 로펌 · 회계법인의 글로벌 사업전문 서비스 네트워크를 구축하고 편입될 가능성이 높아지면서 우리나라의 법률 · 회계 서비스의 중 · 장기적 경쟁력 향상에 기여할 것으로 전망된다.

2) 한 · EU FTA

(1) 주요 제조업 영향

기획재정부(2010)의 분석에 따르면 한 · EU FTA의 체결로 인하여 자동차, 섬유, 철강, 생활용품, 전기 · 전자, 석유화학 분야에는 긍정적인 생산 증가 효과가 예상되지만, 선박, 비철금속, 정밀화학, 그리고 기계 분야에서는 부정적인 효과가 예상된다.

표 3-17   한 · EU FTA 체결에 따른 제조업 부문 생산 증가액

(단위 : 억 원)

	연평균	1~5년	6~10년	11~15년
자동차	19,432	14,345	21,951	21,951
섬유	1,124	1,152	1,124	1,110
철강	842	303	1,087	1,083
생활용품	453	276	535	535
전기 · 전자	273	△73	444	430
석유화학	140	240	88	86
선박	△164	△131	△186	△186
비철금속	△395	△383	△395	△396
정밀화학	△2,483	△2,087	△2,693	△2,693
기계	△2,456	△2,245	△2,564	△2,578
제조업 전체	15,156	9,791	17,772	17,718

자료 : 기획재정부(2010), '한 · EU FTA의 경제적 효과 분석'.

　자동차 분야는 생산액이 증가하면서도 무역수지가 흑자가 예상되는 분야이다. 이는 EU의 자동차 분야 관세율이 미국보다는 상대적으로 훨씬 높기 때문에 한 · EU FTA의 개방효과로 인하여 상대적으로 수출증대 효과가 크게 나타나는데 기인한다. 하지만 국내업체의 현지생산이 확대될 가능성도 높아지고, EU산 자동차들이 관세가 인하되면서 국내시장에서 가격경쟁력 강화가 기대되기 때문에 수출효과에 부정적인 영향을 줄 수도 있다. 또한 한 · 미 FTA와는 달리 대EU 자동차 수입 부문에서는 전 차종 모두 수입이 증가할 것으로 예상되고 있다.

표 3-18   한 · EU FTA 체결에 따른 대EU 수출 증가액

(단위 : 백만 달러)

	연평균	1~5년	6~10년	11~15년
자동차	1,407	1,072	1,574	1,574
전기 · 전자	394	345	418	418

섬유	216	216	216	216
기계	116	107	120	120
석유화학	108	104	110	110
생활용품	77	66	82	82
정밀화학	53	52	53	53
비철금속	10	9	10	10
철강	7	7	7	7
선박	4	4	4	4
제조업 전체	2,520	2,110	2,725	2,725

자료 : 기획재정부(2010), '한 · EU FTA의 경제적 효과 분석'.

표 3-19   한 · EU FTA 체결에 따른 대EU 수입 증가액

(단위 : 백만 달러)

	연평균	1~5년	6~10년	11~15년
전기 · 전자	430	391	449	450
기계	383	334	407	408
정밀화학	290	249	311	311
자동차	217	193	230	230
섬유	141	137	142	143
생활용품	93	83	98	98
석유화학	76	68	80	80
비철금속	47	41	49	49
철강	43	43	44	44
선박	19	16	21	21
제조업 전체	2,125	1,900	2,235	2,239

자료 : 기획재정부(2010), '한 · EU FTA의 경제적 효과 분석'.

전기 · 전자 분야도 생산은 증가하겠지만 적자가 예상되는 부문이다. 그 이유는 대부분의 전기 · 전자 주력 교역품목들이 ITA 협정에 의해 무관세화되어 있어 한 · EU FTA의 개방효과가 높지 않을 것으로 분석되었기 때문이다. 하지만 디지털가전제품, LCD

모듈, 전지 등 非ITA 협정품목은 EU 시장에서 상대적으로 대일·대중 가격경쟁력이 제고되어 수출이 증가할 가능성이 높다. 이러한 긍정적인 효과에도 불구하고 전기기기 및 일부 전자부품 등은 EU산 제품의 국내시장 잠식으로 중소제조업체를 중심으로 피해가 발생할 가능성이 높다는 특징을 갖고 있다.

섬유는 생산과 수출 모두 증가하는 부문이다. 특히 EU가 다른 산업에 비해 상대적으로 높은 관세율을 부과하고 있으므로 수출증대 효과가 비교적 크게 나타날 것으로 예상되고 있다. 하지만 EU가 원산지 규정을 까다롭게 운용하고 있어, 이러한 규정을 얼마나 잘 충족시킬 수 있는지가 수출증대의 관건으로 판단된다. 또한 EU의 신화학물질 관리제도(REACH)에 적절하게 대응하는 것도 주요 과제로 제시되었다.

석유화학은 소폭의 생산성 증가와 무역수지 흑자 증대가 기대되나, 정밀화학은 기계산업 다음으로 큰 적자 증대가 예상된다. 특히 정밀화학 분야는 EU가 미국, 일본 등에 비해 상대적으로 강한데, 한·EU FTA 체결로 인하여 한국업체들이 EU로부터 수입하는 것보다는 미국이나 일본 등으로 수입을 전환하는 효과가 발생할 가능성이 존재하고 있다.

일반기계는 생산 축소와 더불어 무역수지 적자가 크게 발생할 가능성이 높은 분야로 분석되었다. EU로부터 전용설비 및 기계류, 머시닝 센터, NC 선반 및 연삭 등과 같은 제품 수입이 증가할 것으로 판단된다. 우리나라는 주로 건설 중장비, 공작기계, 냉동 공조기계 분야에서 EU에 대한 수출을 증대시킬 가능성이 높지만 EU의 기계 분야에 대한 관세율이 낮기 때문에 수출증대 효과는 제한적일 것이다.

철강 및 비철금속은 생산 규모의 축소와 더불어 적자 증대가 예상되는데, 대부분의 철강 품목들이 다자간 철강협정으로 인하여 무관세로 교역되고 있음에도 불구하고 주단조강 등 관세가 남아 있는 분야에서 수입이 증대될 것이다. 특히 비철금속의 경우 고급 소재 등 EU의 경쟁력이 상대적으로 높아 적자 증대의 주원인이 되는 것과 동시에 급격한 구조조정도 나타날 가능성도 배제할 수 없는 실정이다.

생활용품은 소폭의 적자가 증대되지만 산업생산은 증가할 수 있을 것으로 분석되었다. 자동차 타이어 및 신발 등이 수출이 증대되어 이 분야의 생산이 증가하고, 보석 및 귀금속, 악기 등의 분야에서는 수입이 증가하여 생산이 감소할 가능성이 높다.

(2) 농수산업

농수산업 분야에서는 거의 주요 품목에서 수입증가로 생산이 감소할 가능성이 높다. 사과, 배, 기타 조제채소, 비알코올음료, 커피추출물, 간장, 곡물조제식료품, 조제식료품기타, 마카로니, 담배(비조제품), 궐련, 조주정, 면웨이스트, 페이스트리, 설탕 과자류 등 15개 품목에서 수출이 증가하지만 돼지고기, 낙농품 등 축산물을 중심으로 수입이 확대된 것이 크게 영향을 미친다. 더욱이 돼지고기와 닭고기의 수입 증가는 가격 하락을 동반하는 것은 물론 쇠고기 수요 감소와 가격 하락까지 초래할 것으로 전망된다.

표 3-20 한 · EU FTA 체결로 유발될 농업 부문 품목별 생산 감소액

(단위 : 억 원)

	연평균	1~5년	6~10년	11~15년
감자 전분	10	0	8	23
돼지고기	828	328	943	1,214
닭고기	218	105	231	319
낙농	323	40	277	651
포도(가공주스)	32	32	32	32
키위	42	18	43	63
토마토(가공)	43	23	52	54
쇠고기	280	58	279	501
합계	1,776	604	1,865	2,857

자료 : 기획재정부(2010), '한 · EU FTA의 경제적 효과 분석', p. 11.

표 3-21 한 · EU FTA 체결로 유발될 어업 부문 어종별 생산 감소액

(단위 : 백만 원)

	연평균	1~5년	6~10년	11~15년
넙치류	2,617	1,911	2,743	3,198
참다랑어류	1,891	1,761	1,957	1,957
골뱅이	1,018	739	1,157	1,157

볼락류	993	612	1,120	1,248
기타 연체동물	819	588	935	935
기타	2,079	1,252	2,314	2,672
합계	9,418	6,863	10,224	11,166

자료 : 기획재정부(2010), '한 · EU FTA의 경제적 효과 분석', p. 13.

　수산업 분야는 황다랑어(냉동), 생선묵(게맛), 기타 어류(냉동), 기타 필레(냉동) 등의 수출이 크게 증가하고, 골뱅이(기타조제), 기타넙치(냉동), 참다랑어 필레(냉동), 참다랑어(냉동) 등의 품목은 큰 폭의 수입 증가가 예상된다. 수산업 분야는 일반해면어업과 원양어업에 대한 부정적인 영향이 클 것으로 예상된다.

(3) 서비스업

한 · EU FTA로 인하여 우리나라는 EU27개국과 영화 및 애니메이션 분야에서 공동제작을 할 수 있는 기회를 열게 되었다. 이로 인하여 유럽 비중이 높은 아동용 영화 및 애니메이션 분야에 국내업체들이 유럽으로 적극 진출하게 되었다. 반면 출판 · 음악에 대한 보호기간이 현행 50년에서 70년으로 20년 연장되어 추가적인 저작권료 지불이 요구된다.

　통신 부분이 개방되며, 이로 인하여 설비투자와 통신 서비스 부문이 국내시장으로 진입 가능하게 되었다. 특히 위성통신 서비스에서 국경 간 공급이 부분적으로 개방되면서 국제전용회선, 인터넷 전화 등의 서비스 확대도 가능하게 되었다.

3) 한 · 중 FTA

한 · 중 FTA 체결로 인하여, 기술력이 필요로 하고 있는 자동차 부품, 기계, 의료기기, 화장품, 음식료, 유통은 긍정적인 영향을 받을 것으로 예상되었다. 하지만 중국의 시장지배력이 높은 타이어, 섬유, 철강, 비금속광물, 의료업 등의 분야는 부정적인 효과가 있을 것으로 예상되었다.

표 3-22 한 · 중 FTA로 인한 산업별 영향

효과	업종
긍정	자동차 부품, 일반기계, 의료기기, 화장품, 음식료, 소매유통
중립	전기기기, 반도체, 디스플레이, 휴대전화, 자동차, 조선, 정유, 석유화학, 의약, 건설, 해운, 항공
부정	타이어, 섬유, 철강, 비금속광물, 의류

자료 : 하나금융그룹, '한 · 중 FTA 체결에 따른 주요 산업 영향', 하나산업정보, 2014. 11. 20, 제88호, p. 7.

4) 한 · 인도 CEPA

한국무역협회의 명진호(2009)에 따르면 한 · 인도 CEPA는 타 FTA에 비해 전체 개방 수준이 낮고, 관세 인하가 장기간에 걸쳐 있으며, 국내 주요 수출품목 중 일부가 관세의 완전 철폐가 아닌 관세 인하로 되어 있는 점 때문에 단기에는 관세 절감 효과가 제한적일 것이라 평가했다.

수출증대가 예상되는 부문은 인도 측 수입관세율이 높고 한국의 대인도 주력 수출품목인 자동차 부품, 철강, 석유제품(윤활유, 경유), 석유화학(합성수지, 합성고무) 등이다.

또한 건설기계를 포함한 기계류도 인도 정부의 인프라 확장과 제조업 육성 정책에 힘입어 수출 증가를 기대할 수 있을 것으로 예상된다. 한편, 인도산 면사 및 복제약은 인도가 상대적으로 비교우위가 있어 수입이 증가할 것으로 보인다.

한 · 인도 CEPA에는 반덤핑 조사 개시 전 사전 통보, **제로잉 금지** 등이 무역구제 분야에서 반영되어 무역마찰이 감소할 것이며, 이로 인하여 석유화학, 철강 등의 경쟁력이 개선될 전망이다.

한편 서비스 투자와 관련해, 우리나라는 전문인력 시장을 최초로 개방하였다. 이에 반해 인도는 투자 부문에서 최초로 **네거티브 방식**을 허용하였다. 이로써 저렴한 임금의 인도 IT 전문인력을 활용할 수 있게 되었다.

표 3-23 한 · 인도 CEPA 체결의 업종별 영향 및 효과

업종	영향/효과
자동차	• 인도 측 자동차 자체는 개방 제외, 국내업계 인도 현지 생산 체제 기구축 • 자동차 부품 관세 인하 및 철폐로 현지 진출 업체의 내수 및 수출 경쟁력 제고 • 인도 내 외국계 및 합작 자동차 기업으로부터의 수입 증가 가능
자동차 부품	• 관세 인하 및 철폐가 인도 측 자동차 산업의 지속적 성장과 인도산 자동차의 대세계 수출 증가와 맞물려 수출이 더욱 확대될 전망 • 현지 진출 국내업체뿐만 아니라 인도 내 자동차 업체를 대상으로 부품 공급 기대 • 인도산 자동차 부품 수입도 늘어날 전망
철강	• 열연, 냉연 강판 등 주요 품목의 수출 증가 기대 • 다만 스테인리스 강판 등이 반덤핑 관세를 부과당하고 있어 효과는 제한적 • 철강에 대한 관세 인상, 무역구제 조치 등 인도의 보호무역조치 다소 완화될 듯
석유제품	• 윤활유, 경유 등 주요 수출품의 관세 인하로 수출 경쟁력 향상 • 하지만 관세 철폐가 아닌 인하로 관세 절감 효과는 제한적 • 대인도 수입 1위 품목인 나프타는 현재 무관세로 교역에 영향 없음 • 다만 릴라이언스사를 필두로 한 인도의 정제 능력이 국내 관련 산업에 미칠 영향 우려
석유화학	• 주요 수출품목인 합성수지, 합성고무의 수출 확대 기대 • 합성수지, 합성고무는 인도 현지 생산설비 미비로 공급 부족 상태 • 국내 제품이 인도산 제품보다 품질 및 기술 경쟁력에서 우위라 수입 확대 우려 없음
기계	• 인도 정부의 인프라 확충과 제조업 육성 의지가 강하여 건설 중장비 등 관련 품목의 수출 확대 기대 • 인도의 건설업과 제조업은 매년 약 10% 가까운 성장세를 기록 중
정밀화학	• 관세 철폐와 섬유, 건설 등 인도 제조업의 성장을 바탕으로 염료, 도료 등의 수출 확대 기대 • 복제약을 중심으로 한 인도 제약산업의 경쟁력을 감안할 때, 의약품 수입이 늘어날 전망
섬유	• 우리의 면사 수입관세 철폐로 면제품의 대세계 수출 경쟁력 제고 기대 • 중국, 파키스탄, 베트남으로부터 면사 수입선 전환 • 다만 국내 면사 생산 업계의 경쟁력 약화 우려
전자	• 휴대전화 등 ITA 품목은 무관세, 전자제품도 현지생산체제 기구축으로 수출증대 효과는 미미 • 다만 부품 관세 인하 및 철폐로 관련 부품의 수출 확대 가능성 있음
비철금속	• 동, 니켈, 알루미늄, 아연 관련 제품 등 주요 품목의 수출 확대 전망 • 다만 인도 측은 원재료부터 제품까지 일관 생산이 가능한 산업구조를 지녀 향후 품질경쟁력 확보 시 수입 증가 가능성 존재

(계속)

IT	• 인도의 경쟁력 있는 IT 전문가 활용 가능, IT업계의 고비용 문제와 인력난 해소에 도움을 줄 수 있을 것으로 기대
은행	• 협정 발효 후 4년간 최대 10개까지 국내 은행의 인도 지점 설치가 가능해짐 • 국내 은행의 경험 부족, 글로벌 은행들의 인도 시장 선점, 금융위기 등이 장애로 작용

자료 : 명진호(2009), '한 · 인도 CEPA 체결에 따른 기대효과와 향후 과제', 한국무역협회 국제무역연구원, p. 5.

FTA의 활용과 지원제도

1 개요

여기에서는 기업들이 FTA를 적극적으로 활용할 수 있는 방안과 FTA의 활용에 관한 정부의 지원 제도에 관하여 알아보고자 한다. 기업들이 FTA를 이용한다는 것은 **특혜관세**의 혜택을 받는다는 것을 의미한다. 정부는 수출입하는 상품 및 제품에 관세를 부과하는데, FTA라는 것은 이렇게 부과되는 관세를 인하하거나 철폐하여 기업들에게 관세를 기존보다 적게 지불하도록 하여 수출입 비용을 줄여주는 제도이다. 물론 넓은 의미에서 FTA는 관세만이 아닌 **비관세** 분야까지 **무역장벽**을 제거해 주는 제도를 말하지만, 여기에서는 좁은 의미에서 수출입하는 제품에 대한 관세의 혜택에 한정하여 FTA의 활용에 관한 이야기를 하고자 한다. 즉 기업들이 FTA를 활용한다는 것은 FTA를 체결한 국가에 수출입을 할 때 적용받는 관세의 혜택을 받는 것이라는 사실에 초점을 맞추어 설명하고자 한다.

앞에서도 언급하였듯이, 기업들이 FTA를 활용한다는 것은 관세의 혜택을 누린다는 것을 의미한다. 정부가 특정 국가, 가령 미국과 FTA를 체결하면 두 국가 간에는 수많은 품목에 대해서 기존에 부과하던 관세를 인하하거나 완전히 제거하는 관세 철폐를 하게 된다. 예를 들면 FTA를 체결하기 전에는 휴대전화에 10%의 관세율을 부과하였는데, 이제 FTA 체결로 인하여 관세율이 '0%'가 되었다고 하자. 이때 기업들이 FTA를 이용하겠다고 신청을 하면, 관세율이 10%가 아닌 '0%', 즉 무관세율을 적용받게 되어 각 휴대전화 수입에 대하여 10%의 비용이 절약된다. 이러한 관세의 혜택을 '**특혜관세**'를 적용받는다고 한다.

따라서 FTA의 관세혜택에 대해서 이해하려면 관세, 관세율, 특혜관세 등과 같은 관세의 종류에 대해서 먼저 알아야 한다. 기업들이 적용받고 싶은 품목에 대해서 무조건 FTA의 특혜관세율을 적용받을 수 있는 것은 아니다. 즉 관세율 적용에도 관세 유형에 따라 적용받는 순위가 있다. FTA를 효율적으로 이용하기 위해서는 이러한 적용 순위에 대해서 알아야 한다.

FTA의 활용을 위해서는 품목과 품목 분류도 이해하고 있어야 한다. 기업이 수출하거나 수입하려는 품목이 FTA의 특혜관세를 적용받는 품목인지 아닌지를 알아야 한다.

이를 위해서는 국제통일상품분류체계인 **HS 코드(code)**에 대한 이해가 요구되며, HS 코드에 따라 관세의 **세번**도 찾아야 한다. 이러한 정보와 이해를 바탕으로 수출입에 활용하는 방안을 정확하게 알고 있어야 한다.

더욱이 FTA별로 관세율 인하와 철폐를 달리 하는데, 이러한 것을 **관세양허표**라고 한다. 관세양허표는 각 FTA가 전체 수출입 품목에 대하여 관세 인하 및 철폐 일정을 제시한 가이드라인이라고 이해하면 된다. FTA에서 품목별 관세 인하 및 철폐는 개방에 따른 민감도에 따라 다르게 정해진다. 어떤 품목은 즉시 철폐되고, 어떤 제품은 개방이 전혀 안 되는 경우도 있다. 이러한 관세 인하 및 철폐가 각 FTA별로 다르게 정해진다. 따라서 관세양허표의 내용과 특징을 각 FTA별로 이해해야 한다. FTA 협정에서 제시된 품목별 관세 양허 내용을 파악하는 방법을 이 장에서 고찰하고자 한다.

마지막으로 FTA를 잘 활용할 수 있도록 정부가 지원하는 제도에 대해서 알아보고자 한다. FTA라는 제도 자체가 복잡한데, 정부가 체결하는 FTA가 수적으로 많아지고 있으며, 그 내용도 각 FTA별로 상이하다. 이러한 배경으로 기업들은 FTA를 정확하게 이해하고 있어야 FTA를 가장 효과적이면서도 효율적으로 이용할 수 있다. 하지만 모든 기업이 정부가 체결한 모든 FTA에 관한 정보와 내용을 알 수 없다. 그리고 각 수출입 사정에 따라 FTA의 적용도 달라질 수 있다. 이러한 문제를 해결하기 위하여 정부는 현재 다양한 지원정책을 수립하여 운용하고 있다. 이러한 정책에 대해서 이 장에서 자세하게 알아보고자 한다.

2 관세의 종류와 품목

1) 관세의 종류

기업이 해외에 수출하거나 해외로부터 수입을 할 때 정부가 부과하는 세금을 내야 한다. 해외에 수출할 때는 우리나라에 세금을 내는 것보다는 수입국에 세금을 내야 하며, 수입을 할 때는 우리나라 정부에 세금을 내야 한다. 이때 정부에 지불하는 세금을 **관세**라고 한다.

관세라는 것은 영어로 'tariff'라고 하는데, 스페인의 작은 마을 'Tarifa' 또는 이탈리아의 가격 목록이라는 'tariffa'에서 유래되었다는 기록이 있지만 '관습적 지불(customary payments)'에서 유래되었다는 기록이 현재의 관세라는 의미에 가장 가깝다고 볼 수 있다.

일반적으로 관세는 수출품에 부과하는 **수출세**, 수입품에 부과하는 **수입세**, 그리고 국경을 통과하는 물품에 부과하는 **통과세**로 구분되는데, 오늘날에는 거의 수입되는 품목에 부과되는 수입세가 관세로 통용되고 있다. 따라서 관세라는 것은 수입품에 부과되는 세금이라고 볼 수 있다.

우리나라의 **관세법**은 관세의 부과·징수 및 수출입 물품의 통관을 적정하게 하고 관세수입을 확보함으로써 국민경제의 발전에 이바지함을 목적으로 부과하는 수입물품에 부과하는 세금에 관한 법이며, 관세의 **과세표준**은 관세법상 수입물품의 가격 또는 수량으로 정하고 있다.

관세법에 의하면 수입물품에 부과하는 관세의 세율은 **기본세율**, **잠정세율**, 그리고 대통령령 또는 기획재정부령으로 정하는 세율인 **조정세율** 또는 **조정관세** 등이 있다. 대통령령 및 기획재정부령으로 정하는 세율로는 덤핑방지관세, 상계관세, 보복관세, 긴급관세, 농림축산물에 대한 특별긴급관세, 조정관세, 할당관세, 계절관세, 국제협력관세, 편익관세, 그리고 일반특혜관세가 있다.

이와 별도로 관세 인하 교섭을 할 때 적용하는 관세율은 **기본세율**(general rate)과 **협정세율**로 나누게 된다. 그런데 협정세율을 적용하기 위해서는 **기준세율**(base rate)의 개념이 필요하다. 여기에서 기본세율이란 자국법―한국에서는 관세법―에 따라 수입되는 품목에 부과하는 가장 기본이 되는 세율을 의미한다. 기준세율은 양자 간 또는 다자 간 관세교섭을 할 때 해당 국가의 관세율 수준을 나타내는 세율을 의미한다. 관세 인하 교섭을 할 때 협정교섭 해당 품목의 경우 협정세율이 기준세율이 되고, 교섭 해당 품목이 아닌 경우 기본세율을 기준세율로 사용한다. 즉 관세 인하 교섭이 이루어지면 교섭에 의하여 협정세율이 적용되는 품목은 기존의 자국법에 의해 정해진 기본세율이 기준세율이 되는 것이 아니라 협정에서 정해진 협정세율이 기준세율이 된다.

기본세율은 관세 인하 교섭을 할 때 협상의 대상이 되는 세율이다. 통상 기본세율은 자국의 관세법에 의해 정해진 세율로서 관세 인하 교섭에서 향후 어느 정도 관세율을 인하 또는 철폐할 것인지의 기준이 되는 세율이다. 가령 WTO의 GATT에 의거하여 향후 우리나라의 관세를 어느 수준까지 인하하겠다고 제시한 관세율은 기준세율이 되는 것이다. 예를 들어 FTA 협상에서 현재 관세율이 5%인 A라는 제품을 5회에 걸쳐 균등 인하 방식으로 최종 양허세율 0%에 도달한다고 합의하였다면, 5%가 기준세율이 된다.

이러한 기준세율이 명확해야 앞의 예에서 매년 기준세율로부터 1%씩 5년에 걸쳐 관세율이 인하된다는 것을 규정하고 있다는 것을 보여줄 수 있다. 여기에서 기본세율은 역시 5%가 된다. 즉 협상의 대상이 되는 세율이면서도 여전히 협상이 이루어지지 않는 국가에 대해서는 기존의 5% 관세율이 ― 협상을 한 국가와는 차별적으로 ― 그대로 적용된다. 하지만 협상에 의해 특혜를 받는 국가의 기업들은 동일한 제품에 대해서 매년 기준세율로부터 정해진 비율만큼 인하된 세율을 적용받게 된다.

그런데 일반적으로 FTA협상에서도 특혜관세혜택을 주어야 하는데, 이러한 특혜관세의 혜택을 주기 위해서는 기준이 필요하다. 이때 기준이 되는 관세율이 기준세율이 된다. FTA 협상에서 특혜관세혜택을 주기 위해 기준세율로 정하는 것은 각 협상마다 다를 수 있으나, 통상 **최혜국대우**(Most Favored Nation, MFN) 세율을 기준세율로 정하여 협상을 한다. 즉 FTA 협상에서 MFN 세율을 기준으로 관세를 몇 % 인하할 것인지, 아니면 관세를 완전 철폐할 것인지, 그것도 아니면 양허에서 제외할 것인지를 결정하게 된다.

여기에서 최혜국대우 원칙은 통상 및 항해조약에 어떤 국가의 사람 또는 물건이 제3국의 사람 또는 물건에 비해 불리하지 않은 대우를 받아야 한다는 원칙이다. 관세 및 무역에 관한 일반협정(GATT)에서도 최혜국대우를 하나의 원칙으로 삼고 있는데, 이는 WTO에 가입된 회원국 간에는 차별대우를 하지 않는다는 원칙이다. 이러한 차별을 두지 않는다는 원칙이 적용되는 관세율이 **MFN 세율**이다. 현재 WTO에 가입된 모든 회원은 각각의 제품에 대해서 동일한 관세율이 적용되고 있는데, 정확한 의미에서 이를 MFN 세율이라고 한다.

한편 FTA의 체결에서도 MFN 조항을 두고 있는데, 이는 협정 체결로 인하여 양국은 다른 나라에게 부여한 대우 중 최고의 대우를 협정국에 부여하는 것을 의미한다. 따라서 FTA를 체결할 경우 협정국 간에 서로 최고의 대우 또는 혜택을 주어야 한다. 이렇게 FTA로 체결되어 부과하게 되는 세율을 협정세율이라고 한다. 물론 다른 통상관련 협정에서도 결정된 세율은 모두 협정세율이 된다. FTA 협정세율은 FTA 발효로부터 품목별로 '**즉시 관세 철폐**', 일정한 시간적 차이를 두고 관세를 철폐하는 '**단계별 관세 철폐**', 관세의 변동이 없는 '**미양허 품목**' 등으로 구분하여 세율이 부과된다.

다음으로 기본세율에 대응되는 잠정세율이 있다. 이는 여러 가지 이유로 인하여 기본세율을 잠정적으로 수정한 세율을 말한다. 부분적으로 국내 산업을 보호하고자 수급을 효율적으로 도모하기 위하여 특정 품목에 대해 기본세율을 수정할 필요가 있을 때 적용하는 세율로 대개 대량 수입을 할 때 적용된다.

수입하는 물품에 대해서 세율을 조정할 경우가 종종 발생한다. 그런데 세율 적용의 우선순위를 정할 때 세율의 조정에 따라 세율 적용의 우선순위가 바뀌게 된다. 관세에서 세율의 조정이 발생하는 유형에는 앞에서 언급한 기본세율, 잠정세율, 그리고 국내 산업의 무역으로부터 피해를 받거나 받을 우려가 있을 때 대통령령 또는 기획재정부령으로 정하는 긴급 또는 통상적으로 조정하여 부과하는 세율인 세율 조정관세가 있다.

세율의 조정관세 중에서 먼저 **덤핑방지관세**를 살펴보자. 외국물품이 자국법에 의해 정하는 정상가격 이하로 수입되는 것을 **덤핑**이라고 하는데, 이러한 덤핑으로 수입되어 ① 국내 산업이 실질적인 피해를 받거나 받을 우려가 있는 경우, ② 국내 산업의 발전이 실질적으로 지연된 경우 당국이 조사를 통하여 확인하고 해당 국내 산업을 보호할 필요가 있다고 인정될 때 그 물품과 공급자 또는 공급국을 지정하여 해당 품목에 대하여 정상가격과 덤핑가격 간의 차이(덤핑차액)에 상당하는 금액 이하의 관세를 추가하여 부과하는 것을 덤핑방지관세라고 한다(관세법 제51조).

두 번째 조정세율은 **상계관세**이다. 상계관세는 외국에서 제조·생산 또는 수출에 관하여 직접 또는 간접적으로 보조금이나 장려금을 받은 물품의 수입으로 인하여 덤핑방지관세의 경우와 마찬가지로 국내 산업이 보호받을 필요가 있다고 판단될 때 해당 당국이 그 물품과 수출자 또는 수출국을 지정하여 그 물품에 대하여 해당 보조금의 금액 이하의 관세를 추가하여 부과하는 관세를 말한다(관세법 제57조).

세 번째는 **보복관세**이다. 보복관세는 교역대상국이 우리나라의 수출물품에 대하여 다음의 두 경우 중에서 어느 하나에 해당하는 행위를 하여 우리나라의 무역이익이 침해되는 경우에는 그 나라로부터 수입되는 물품에 대하여 피해상당액의 범위에서 부과하는 관세(보복관세)이다(관세법 제63조) ― ① 관세 또는 무역에 관한 국제협정이나 양자 간의 협정 등에 규정된 우리나라의 권익을 부인하거나 제한하는 경우, ② 그 밖에 우리나라에 대하여 부당하거나 차별적인 조치를 취하는 경우가 이에 해당된다.

네 번째는 **긴급관세**로 다음과 같이 국내 산업이 심각한 피해를 받거나 받을 우려가 있는 경우 부과한다(관세법 제65조).

① 특정 물품의 수입증가로 인하여 동종물품 또는 직접적인 경쟁관계에 있는 물품을 생산하는 국내 산업이 심각한 피해를 받거나 받을 우려가 있음이 조사를 통하여 확인되고 해당 국내 산업을 보호할 필요가 있다고 인정되는 경우에는 해당 물품에 대하여 심각한 피해 등을 방지하거나 치유하고 조정을 촉진하기 위하여 필요한 범위에서 관세(긴급관세)를 추가하여 부과할 수 있다.

② 긴급관세의 부과기간은 4년을 초과할 수 없으며, 잠정긴급관세는 200일을 초과하여 부과할 수 없다.

다섯 번째는 **농림수산물에 대한 특별긴급관세**이다. 국내외 가격차에 상당한 세율로 양허한 농림축산물의 수입물량이 급증하거나 수입가격이 하락하는 경우에는 양허한 세율을 초과하여 관세(특별긴급관세)를 부과하는 관세를 특별긴급관세라고 한다.

여섯 번째는 **조정관세**이다. 조정관세는 ① 산업구조의 변동 등으로 물품 간의 세율 불균형이 심하여 이를 시정할 필요가 있는 경우, ② 국민보건, 환경보전, 소비자보호 등을 위하여 필요한 경우, ③ 국내에서 개발된 물품을 일정 기간 보호할 필요가 있는 경우, ④ 농림축수산물 등 국제경쟁력이 취약한 물품의 수입증가로 인하여 국내시장이 교란되거나 산업기반이 붕괴될 우려가 있어 이를 시정하거나 방지할 필요가 있는 경우 중 어느 하나에 해당하는 경우에는 기본관세율을 포함하여 100%까지 추가로 부과할 수 있는 관세이다(관세법 제69조).

일곱 번째는 **할당관세**이다. 할당관세는 ① 원활한 물자수급 또는 산업의 경쟁력 강화를 위하여 특정 물품의 수입을 촉진할 필요가 있는 경우, ② 수입가격이 급등한 물품 또는 이를 원재료로 한 제품의 국내가격을 안정시키기 위하여 필요한 경우, ③ 유사물품 간의 세율이 현저히 불균형하여 이를 시정할 필요가 있는 경우 기본세율을 포함하여 40%까지 세율을 부과하는 관세이며, 필요한 경우 수량 제한도 가능하다(관세법 제71조).

여덟 번째, 계절에 따라 가격의 차이가 심한 물품으로서 동종물품·유사물품 또는 대체물품의 수입으로 인하여 국내시장이 교란되거나 생산 기반이 붕괴될 우려가 있을 때에는 계절에 따라 해당 물품의 국내외 가격차에 상당하는 세율의 범위에서 기본세율보다 높게 관세를 부과하거나 40% 범위 내에서 기본세율에서 빼고 부과하는 **계절관세**이다(관세법 제72조).

아홉 번째, 정부는 우리나라의 대외무역 증진을 위하여 필요하다고 인정될 때에는 특정 국가 또는 국제기구와 관세에 관한 협상을 할 수 있는데, 협상으로 인해 인정되는 관세를 양허한다. 이때 부과되는 관세를 **국제협력관세**라고 한다(관세법 제73조).

열 번째는 **편익관세**로 관세에 관한 조약에 따른 편익을 받지 아니하는 나라의 생산물로서 우리나라에 수입되는 물품에 대하여 이미 체결된 외국과의 조약에 따른 편익의 한도에서 관세에 관한 편익(편익관세)을 부여하는 관세이다(관세법 제74조).

마지막으로 **일반특혜관세**가 있다. 일반특혜관세는 특혜대상국으로 지정된 개발도상국가를 원산지로 하는 물품에 대해서는 기본세율보다 낮은 세율을 부과하는 관세를 뜻한다(관세법 제76조). 특혜대상국은 국제연합총회의 결의에 따른 최빈개발도상국들이 대부분이며, 이들 국가를 원산지로 하는 물품에 대해서 다른 특혜대상국보다 우대하여 일반특혜관세를 부과한다.

한편 FTA에서 적용되는 세율 중에서 **상호대응세율**이라는 것이 있다. 우리나라가 FTA 상대국에게 FTA 협상에서 양허하지 않은 미양허 품목 또는 고관세를 유지하는 민감품목을 수출하는 경우가 있다고 가정하자. 그런데 이 품목을 우리나라로부터 수입하는 국가가 동 제품을 FTA 협정 결과에 따라 미양허 품목 또는 고관세 품목으로 지정하고 있다고 하자. 이때 그 협정국은 우리나라 제품에 대해서 일반품목의 기본관세율을 부과하거나 아니면 FTA 협상에서 정한 높은 고관세율을 적용해야 한다.

하지만 수입국이 이러한 품목에 대해서 다른 국가와 FTA에서 정한 관세율보다 더 우호적으로 관세율을 부과하고 있다면, 그 수입국은 우리나라가 수출하는 그 품목에 대해서 다른 국가에 적용하고 있는 관세율, 즉 FTA 미체결국에 적용되는 관세율을 적용하도록 규정할 수 있다. 이때 적용하는 관세율을 상호대응세율이라고 한다.

한·ASEAN FTA에서 상호대응세율을 인정하고 있다. 한·ASEAN FTA에 따르면, 모터사이클의 관세율은 3%이다. 하지만 말레이시아는 우리나라가 수출하는 모터사이클을 민감품목으로 분류하여 FTA의 혜택을 주지 않고 있다. 이러한 경우 우리나라도 말레이시아로부터 수입되는 모터사이클에 대한 적용세율을 FTA 세율 3%가 아닌 실행세율 8%를 적용해야 한다. 하지만 말레이시아는 모터사이클 수입에 대한 실행세율을 5%로 적용하고 있다. 이때 양자는 상호대응세율을 적용한다는 FTA 협정에 따라 수입 모터사이클에 대해서 5%의 관세율을 적용하게 된다. 즉 양자 간에 민감품목으로 지정되어 있어도 상호대응세율 적용원칙을 두게 된다면, 양국 중에서 상대적으로 낮은 관세율을 부과할 수 있도록 하여 수출입을 좀 더 쉽고 효율적으로 할 수 있도록 규정하고 있다. 상호대응세율은 '자유무역협정의 이해에 관한 과세법의 특례에 관한 법률' 시행령 제3조 제4항의 규정에 의하여 상호대응세율표를 제정 · 고시하고 있다.

○ 관세 : 수출세, 수입세, 통과세
통상 수입품목에 부과하는 수입세를 관세라 함

○ 수입품목에 부과하는 관세 세율
  – 기본세율 : 자국법에 의해 수입품목이 되는 가장 기본이 되는 세율
  – 잠정세율 : 기본세율을 수정 필요에 따라 수정한 세율
  – 세율 조정관세 : 국내 산업을 피해로부터 보호하기 위해 부과하는 세율
    • 덤핑방지관세
    • 상계관세
    • 보복관세
    • 긴급관세
    • 농수산물 특별긴급관세
    • 조정관세
    • 할당관세
    • 계절관세
    • 국제협력관세
    • 편익관세
    • 일반특혜관세

○ 기본세율과 협정세율
  – 협정세율 : FTA 등과 같은 협정을 통하여 기본세율 또는 기준세율을 기준으로 관세를 인하하거나 철폐하여 부과하는 세율
  – 기준세율 : 협정 시 해당 국가의 관세율 수준을 나타내는 세율
    FTA 협상에서는 일반적으로 MFN 세율이 기준세율이 됨

○ 상호대응세율
  – FTA의 협상세율을 부과하지 못할 경우에도 양국이 타국에 가장 낮게 부과하는 세율을 우선적으로 부과하는 세율
  – 예 : 한 · ASEAN FTA에서 말레이시아의 모터사이클 관세

2) 세율 적용의 우선순위

앞에서 우리는 수많은 종류의 관세율을 살펴보았다. 그런데 수출입을 하는 기업들은 이러한 관세율 중 어느 관세율을 적용받게 될까? 많은 관세율 중에서 기업들이 선호하는 관세율을 적용받을 수 있으면 좋은데, 원하는 관세율을 적용받을 수가 없고 국가가 정한 관세법에 따라 적용 순위가 정해지게 된다. 관세법 제50조에 따라 관세율이 적용되는 순서는 다음과 같다.

세율은 기본세율과 잠정세율로 우선 구분되는데, 이 세율 중에서 잠정세율을 기본세율에 우선하여 적용하게 되어 있다. 즉 기본세율이 관세율 적용에서 가장 기본이 되기 때문에 가장 하위에 속하게 된다. 그리고 잠정세율이 기본세율 바로 위 단계의 위치를 차지하게 된다.

그다음으로는 조정세율 관세율을 적용받게 된다. 조정세율 관세율 중에서 관세법 제50조 제2항 1조에서 지정하고 있는 덤핑방지(제51조), 상계관세(제57조), 보복관세(제63조), 긴급관세(제65조), 특정국긴급관세(제67조 제2항), 특별긴급 관세(제68조)가 우선 적용된다. 이러한 관세가 우선적으로 적용받는 이유는 수입으로 인하여 자국의 산업이 커다란 피해를 입거나 입을 것으로 예상될 때 자국의 산업을 보호하기 위하여 긴급하게 부과하는 관세들이기 때문이다. 따라서 이러한 관세율은 다른 관세율보다 높거나 또는 낮거나 상관없이 가장 최우선적으로 적용받게 된다. 하지만 아래의 경우는 다른 세율보다 낮을 경우 낮은 세율을 적용하는 것이 일반적이다.

그다음 순위로 부과되는 관세율은 **국제협력관세**(제73조)와 **편익관세**(제74조)에 따르는 관세이다. 즉 국내법에 정하는 관세보다는 국제협력에 의해 약속된 관세가 우선한다는 원칙에 따라 긴급성이 요구되지 않을 때 가장 우선적으로 적용되는 관세율들이다. 이러한 관세에는 WTO협정에 따른 양허관세, UNCTAD 개도국 간 양허관세(한국의 경우 APTA—아시아·태평양 관세협정), 특정국과의 협상에 의한 양허관세—예를 들면 FTA의 경우—를 의미한다. 여기에서 주의해야 할 점은 이러한 관세의 세율이 다른 관세의 세율보다 낮은 경우에만 적용된다는 점이다. 즉 협정세율이 여타 다른 관세율보다 더 높다면 불필요하게 협정세율을 적용받을 필요가 없다는 것이다. 실제로 한·인도 CEPA 발효 초기에는 한·인도 CEPA를 적용받는 FTA 특혜관세율이 실효관세율보다 높아 기업들이 한 · 인도 CEPA의 특혜관세율을 적용받지 않고 실효관세율을 적용받았었다.

　하지만 이러한 현상도 한 · 인도 CEPA 특혜관세율이 단계적으로 철폐됨에 따라 급속하게 인하되면서 실효관세보다 더 낮아져 이제는 모두 한 · 인도 CEPA 특혜관세율을 적용받고 있다. 한편 농림축산물 양허관세(제50조 제3항)의 경우도 국제협력관세와 동일한 수준의 순위를 차지하고 있다. 특히 농림축산물 양허관세는 세율이 높은 경우에도 다른 관세율보다 우선 적용한다는 특징이 있다.

　관세율 적용의 3순위는 조정관세(제69조), 할당관세(제71조), 계절관세(제72조)에 해당하는 관세이다. 이러한 관세도 국제협력 수준의 관세보다는 우선하지 않지만, 산업을 보호하기 위한 관세라는 점에서 기본관세나 잠정세율 또는 일반특혜관세보다는 순위가 높다는 특징이 있다. 다만 할당관세는 일반특혜관세율보다 낮은 경우에만 우선 적용된다.

　4순위 관세율은 일반특혜관세(제76조)이다. 일반특혜관세는 최빈개발도상국들에게 주어지는 특혜관세이다. 이 관세는 긴급성이나 국제적 협약에 의한 관세 그리고 산업을 보호하는 성격이 약하다는 특징이 있다. 따라서 기본관세율이나 잠정세율보다 우선순위가 높지만, 여타 다른 관세율보다는 우선순위가 매우 낮다. 예를 들어 라오스와 같은 최빈국들이 선진국 또는 우리나라에 수출을 할 때, 선진국들이나 우리나라는 라오스의 제품들에 대해서 기본관세보다는 낮은 관세율을 부과하여 라오스 제품들이 수출경쟁력을 가질 수 있도록 도움을 주고 있다.

　결국 이러한 순위의 결정에 따르게 되면, 5순위와 6순위는 잠정세율과 기본세율이 된다. 이러한 관세율 적용 우선순위를 정리하면 〈그림 4-1〉과 같다.

3) 품목 분류와 HS 코드

FTA의 특혜관세율을 정하기 위해서는 각 품목마다 특정한 품목분류체계에 따라 분류해야 한다. FTA협상에서 그 분류에 따라 특혜관세율을 정하게 된다. 이렇게 품목별로 관세를 인하하거나 철폐한 것을 정리한 것이 품목별 관세양허이며, 이러한 내용을 협정문 부속서나 부록의 형태로 제시하게 된다. 특혜관세율을 정할 때 가장 중요한 것은 상품 분류가 통일되어야 한다는 것이다. 따라서 먼저 우리는 특혜관세율을 부과하기

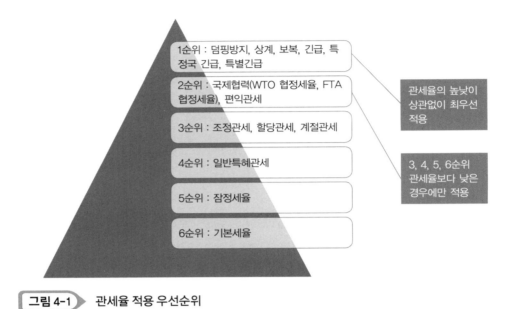

그림 4-1 관세율 적용 우선순위

자료 : '관세법'을 이용하여 저자 재정리.

위해 품목들을 분류하는 체계에 관한 이해를 해야 한다.

수입하는 상품에 관세를 부과하기 위해서는 각 상품을 적절하게 분류해야 한다. 특히 각국마다 상품에 대한 해석이나 분류가 다르다면 수출입 통관이 매우 비효율적으로 이루어질 수밖에 없다. 모든 나라가 동일한 제품에 대해 같은 제품분류체계를 갖게 되면 무역이 매우 원활하게 이루어질 수 있다. 즉 수입물품에 대한 관세는 해당 품목번호마다 미리 정해진 관세율을 적용하여 부과하기 때문에 정확한 품목분류가 선행되어야 납부할 관세액도 결정된다는 점에서 관세행정에서 HS 분류는 매우 중요하다.

이러한 문제를 해결하기 위해 전 세계에서 거래되는 각종 물품을 세계관세기구(WCO)가 정한 **국제통일상품분류체계**(harmonized commodity description and coding system, HS)에 의거하여 일정한 품목번호를 부여하여 분류하고 있다. 이러한 국제통일상품분류체계를 약칭하여 HS 코드라고 명하고 있지만, 그 이전에는 SITC, CCCN, TSUSA(미국관세율표) 등 다양한 분류체계가 활용되었다. 하지만 1983년 관세협력이사회(CCC) 총회에서 품목분류체계를 HS로 통일하기로 채택하고 1987년 1월 1일부터 효력이 발생해 현재까지 부분적인 수정을 하면서 이용되고 있다. 우리나라는 1988년

1월부터 HSK 코드를 사용하고 있다.

HS 코드는 국제협약에 의해 상품분류체계를 공통으로 사용하여 세관에 의해서 관세를 부과하는 등 관세행정의 목적으로 주로 사용되고 있다. 그 이외에도 무역통계, 운송, 보험 등과 같은 분야에서 사용하기도 한다.

HS 코드는 1988년에 발효된 이래 1992년, 1996년, 2002년, 2010년 4차례 걸쳐 개정되었으며, 이를 각각 HS88, HS92, HS2002로 통칭한다.

HS는 **부**(section), **류**(chapter, 2단위), **호**(heading 4단위), **소호**(sub-heading, 6단위)로 구성되며, 우리나라도 '국제통일상품분류체계에 관한 국제협약(HS협약)'의 HS체계에서 정한 원칙에 따라 품목을 분류하고 있다. 우리나라도 국제협약을 근거로 각 상품을 21부, 96류, HS 4단위 1,224개, 6단위 5,205개로 분류하고 있다. HS 협약에 가입된 국가들은 HS 협약에 따라 **HS 6단위**까지는 통일된 품목분류체계를 공유하고 있지만 6단위 이하의 품목분류에서는 각국마다 사정에 따라 다르게 정한다. 즉 6단위 이하에서는 개별국가별로 세분화된 코드를 품목별로 부여하여 사용할 수 있다. 따라서 국가별로 HS 분류체계는 모두 다르다고 할 수 있다. 일본의 경우는 HS 9단위, EU, 중국, 인도는 HS 8단위, 우리나라는 HS 10단위로 12,233개로 세분류하여 사용하고 있으며, 이를 HSK(HS of Korea)라고 한다.

HS 품목분류체계를 이해하기 위해서는 〈표 4-1〉(HS 품목분류 속견표)에 따라 원하는 상품을 적절하게 분류할 줄 알아야 한다. 속견표의 맨 왼쪽 칸은 '류'의 첫째 숫자를 나타내고, 각 줄에서 수평의 숫자는 '류'의 두 번째 숫자를 의미한다. 가령, 모피류를 찾으려면 왼쪽 칸의 40과 수평 칸의 3번째 칸에 있는 43류가 된다. 즉 HS 2단위인 43류가 모피관련 제품을 나타내는 품목분류번호가 된다.

이렇게 속견표를 통하여 품목을 분류할 수 있게 되는데, 번호가 낮을수록 생명이 살아있는 것에 가깝다고 볼 수 있으며, 번호가 높아질수록 인위성이 높아지는 것을 알 수 있다. 다만 이러한 접근은 언제나 옳은 것은 아니라는 점을 유의해야 한다. 이러한 접근 방법은 따라가면 '9'번이라는 번호가 나타나면 일반적으로 품목분류가 애매하거나 쉽지 않은 품목, 즉 '기타' 품목을 나타내게 된다.

표 4-1 한국의 HS 품목분류 속견표

	0	1	2	3	4	5	6	7	8	9
0		산 동물	육과 식용설육	어패류	낙농품·조란·천연꿀	기타 동물성 생산품	산수목·꽃	채소	과실 견과류	커피·차 향신료
10	곡물	곡물의 분과 조분말가루·전분	채유용·종자 인삼	식물성 엑스	기타 식물성 생산품	동식물성 유지	육·어류 조제품	당류 설탕과자	코코아 초콜릿	곡물·곡분의 주제품과 빵류
20	채소·과실의 조제품	기타의 조제 식료품	음료·주류 식초	조제사료	담배	토석류 소금	광, 슬랙, 회	광물성 연료 에너지	무기화합물	유기화합물
30	이료용품	비료	염료, 안료, 페인트, 잉크	향료 화장품	비누, 계면활성제, 왁스	카세인, 알부민, 변성전분 효소	화약류, 성냥	사진용 영화용 재료	각종 화학공업 생산품	플라스틱과 그 제품
40	고무와 그 제품	원피 가죽	가죽제품	모피, 모피 제품	목재, 목탄	코르크, 짚	조물재료의 제품	펄프	지와 판지	서적·신문 인쇄물
50	견·견사 견직물	양모·수모	면·면사 면직물	기타 식물성 섬유 제품, 냉마	인조 필라멘트 섬유	인조 스테이플 섬유	워딩·부직포	양탄자	특수 직물	침투 도포한 직물
60	편물	의류(편물제)	의류(편물제 이외)	기타 섬유 제품, 넝마	신발류	모자류	우산, 지팡이	조제 우모 인조제품	석·시멘트 석면제품	도자 제품
70	유리	귀석, 반귀석, 귀금속	철강	철강제품	동과 그 제품	니켈과 그 제품	알루미늄과 그 제품	(유보)	연과 그 제품	아연과 그 제품
80	주석과 그 제품	기타의 비금속	비금속제 구·스푼·포크	각종 비금속 제품	보일러 기계류	전기기기 TV·VTR	철도 차량	일반차량	항공기	선박
90	광학/의료 측정·검사 정밀기기	시계	악기	무기	가구류 조명기구	완구 운동용구	잡품	예술품 골동품		

자료 : 관세청 홈페이지(http://www.customs.go.kr/kcshome/getFastTableList.po)

앞에서 모피제품을 찾기 위해서는 HS 코드의 43류를 찾으면 된다는 것을 보여주었다. 여기에서 우리나라 여성들이 선호하는 밍크모피를 찾고 싶다면 HS 코드를 좀 더 세부적으로 살펴보아야 한다. 43류 중에서 밍크모피는 생모피에 해당되기 때문에 4301호에 속하게 된다. 즉 HS 4단위에서 밍크모피는 4301호의 코드를 갖게 된다. 하지만 4301호에는 관세율이 부과되어 있지 않다. 우리나라에서 관세율은 HS 코드 10단위에만 부과된다. 따라서 밍크모피의 관세율을 찾으려면 소호 번호는 물론 HS 10단위 분류 번호를 알아야 한다.

다음으로 HS 6단위에서 밍크코트를 찾으려면 4301호를 좀 더 세부화하여 찾아야 한다. 밍크모피는 HS 품목분류체계의 6단위의 430110에 속한다는 것을 〈표 4-2〉 HS 품목분류체계(10단위)에서 확인할 수 있다. 더욱이 〈표 4-2〉의 관세율표를 통하여 밍크모피는 HS 10단위에서는 4301.10.0000번호를 갖고 있다는 것을 알 수 있다. 그리고 HS 10단위에서 밍크모피는 관세율 3%가 부과되어 있다는 것을 파악할 수 있다.

위에서도 언급하였듯이 각국별로 HS 품목별 분류체계가 조금씩 다르다. 〈표 4-3〉은 미국 HS 품목분류의 속견표이다. 미국의 속견표가 한국의 그것과 다른 점은 98류와 99류를 정의하고 있다는 점이다. 이렇듯 국가별로 조금씩 다르게 HS 품목별 분류체계를 운영하고 있다.

더욱이 앞서 예로 제시했던 밍크모피 제품인 경우 미국은 좀 더 세분화되어 있다. 미국의 경우 밍크모피는 HS 코드 4301.10.10. 8단위로 정의하여 기본세율은 무관세이지만, 밍크모피를 야생인 것과 기타로 구분하고 있는 것을 알 수 있다. 우선 야생인 것은 4301.10.0010으로, 그리고 기타인 경우 4301.10.0020으로 지정하고 있다. 가령 중국인 경우 밍크모피를 4301.10.00으로 HS 8단위로 구분하고 기본세율은 100%로 지정하고 있다.

이렇듯 동일한 품목들은 HS 6단위까지는 동일한 분류체계 번호를 갖고 있지만, 실질적으로 관세를 부과하는 분류체계 번호는 국가별로 다르며, 기본관세율도 다르다. 따라서 특정 국가에 수출을 할 때 관련 제품의 관세율을 확인하기 위해서는 해당 국가의 최종 품목분류체계의 번호를 먼저 확인하고, 그 분류체계의 번호에 따른 기본관세율 또는 FTA 협정세율을 확인하여 관세를 부담해야 한다는 점을 유의해야 한다.

표 4-2 HS 품목분류 관세율표 10단위

HS 코드명			품명[대한민국(2014년)]		기본 세율
			한글	영문	
4301			생모피(모피 사용에 적합한 머리 부분, 꼬리 부분, 발 부분과 그 밖의 조각이나 절단품을 포함하며, 제4101호 · 제4102호 · 제4103호에 해당하는 원피는 제외한다)	Raw furskins (including heads, tails, paws and other pieces or cuttings, suitable for furriers' use), other than raw hides and skins of heading 41.01, 41.02 or 41.03.	
4301	10	0000	밍크의 것(전신인 것으로 한정하며, 머리 부분 · 꼬리 부분 · 발 부분이 있는지에 상관없다)	Of mink, whole, with or without head, tail or paws	3%
4301	30	0000	어린 양의 것[아스트라칸(Astrakhan) · 브로드테일(Broadtail) · 카라쿨(Caracul) · 페르시아 어린 양과 이와 유사한 어린 양, 인도 · 중국 · 몽고 · 티베트 어린 양의 것으로서 전신인 것으로 한정하며, 머리 부분 · 꼬리 부분 · 발 부분이 있는지에 상관없다]	Of lamb, the following : Astrakhan, Broadtail, Caracul, Persian and similar lamb, Indian, Chinese, Mongolian or Tibetan lamb, whole, with or without head, tail or paws	3%
4301	60	0000	여우의 것(전신인 것으로 한정하며, 머리 부분 · 꼬리 부분 · 발 부분이 있는지에 상관없다)	Of fox, whole, with or without head, tail or paws	3%
4301	80		그 밖의 모피(전신인 것으로 한정하며, 머리 부분, 꼬리 부분, 발 부분이 있는지에 상관없다)	Other furskins, whole, with or without head, tail or paws	3%
4301	80	1000	친칠라의 것	Of chinchila	3%
4301	80	2000	오파섬(opossum)의 것	Of opossum	3%
4301	80	3000	라쿤(raccoon)의 것	Of raccoon	3%
4301	80	4000	코요테의 것	Of coyote	3%
4301	80	5000	토끼의 것	Of rabbit or hare	3%
4301	80	6000	사향뒤쥐의 것	Of musk-rat	3%
4301	80	9000	기타	Other	3%

자료 : 관세청 홈페이지(http://www.customs.go.kr/kcshome/getHoList.po).

표 4-3 미국의 HS 품목분류의 속견표

	0	1	2	3	4	5	6	7	8	9
0	곡물	산 동물	육과 식용설육	어패류	낙농품·조란·천연꿀	기타 동물성 생산품	산수목·꽃	채소	과실·견과류	커피·차 향신료
10	곡물	곡물의 분과 조분말가루 전분	채유용 종자 인삼	식물성 엑스	기타 식물성 생산품	동식물성 유지	육·어류 조제품	당류 설탕과자	코코아 조콜링	곡물·곡분의 주제품과 빵류
20	채소·과실의 조제품	기타의 조제 식료품	음료·주류 식초	조제사료	담배	토석류 소금	광, 슬래그, 회	광물성 연료 에너지	무기화합물	유기화합물
30	의료용품	비료	염료, 안료, 페인트, 잉크	향료 화장품	비누, 계면활성제, 왁스	카세인, 알부민, 변성전분, 효소	화약류, 성냥	필름인화지 사진용 재료	각종 화학공업 생산품	플라스틱과 그 제품
40	고무와 그 제품	원피 가죽	가죽제품	모피, 모피 제품	목재, 목탄	코르크, 짚	조물재료의 제품	펄프	지와 판지	서적·신문 인쇄물
50	견·견사 견직물	양모 수모	면·면사 면직물	마류의사와 직물	인조 필라멘트 섬유	인조 스테이플 섬유	워딩·부직포	양탄자	특수 직물	침투 도포한 직물
60	편물	의류(편물제)	의류(편물제 이외)	기타 섬유제품, 넝마	신발류	모자류	우산, 지팡이	조제우모 인조제품	석·시멘트 석면제품	도자 제품
70	유리	귀석, 반귀석, 귀금속	철강	철강제품	동과 그 제품	니켈과 그 제품	알루미늄과 그 제품	(유보)	연과 그 제품	아연과 그 제품
80	주석과 그 제품	기타의 비금속	비금속제 공구, 스푼, 포크	각종 비금속 제품	보일러 기계류	전기기기 TV·VTR	철도 차량	일반차량	항공기	선박
90	광학/의료 측정/정밀·검사 정밀기기	시계	악기	무기	가구류 조명기구	완구 운동용구	잡품	예술품 골동품	특별 분류규정	임시임법

자료 : 관세청 홈페이지(http://www.customs.go.kr/kcshome/getFastTableList.po)

표 4-4 사례 : 밍크모피의 미국과 중국의 품목분류 체계와 관세율 차이

HS 코드			품명[미국(2014년)]		기본 세율
			한글	영문	
4301			제4101호의 로 하이드를 제외한 원료 그대로의 모피(모피상인의 사용을 위해 적합한 헤드, 꼬리, 발과 기타 조각 또는 컷팅을 포함한다) 및 피부, 4102 또는 4103	Raw furskins(including heads, tails, paws and other pieces or cuttings, suitable for furriers' use), other than raw hides and skins of heading 41.01, 41.02 or 41.03.	
4301	10	00	밍크의 것(전신의 것에 한하며, 머리부분. 꼬리부분 또는 발부분의 유무를 불문한다)	Of mink, whole, with or without head, tail or paws	Free
4301	10	0010	야생인 것	Wild	
4301	10	0020	기타	Other	

HS 코드			품명[중국(2014년)]		기본 세율
			한글	영문	
4301			제41호의 로 하이드를 제외한 원료 그대로의 모피(헤드를 포함하여 볼 때, 모피상인을 위해 적합한 꼬리, 발과 기타 조각 또는 컷팅은 사용된다) 및 피부. 41.01, 41.02 혹은 41.03	Raw furskins (including heads, tails, paws and other pieces or cuttings, suitable for furriers use), other than raw hides and skins of heading No. 41.01, 41.02 or 41.03	
4301	10	00	밍크의 것(전신의 것에 한하며, 머리 부분, 꼬리 부분 또는 발 부분의 유무를 불문한다)	Of mink, whole, with or without head, tail or paws	100%

자료 : 관세청 홈페이지(http://www.customs.go.kr/kcshome/getFastTableList.po).

3 주요 FTA의 양허와 관세 철폐

1) FTA의 관세양허표 이해하기

위에서 우리는 관세를 부과하기 위해서 품목들이 HS 품목분류체계에 의해서 분류되고, 그 분류에 따라 관세율이 주어진다는 것을 알게 되었다. 여기에서는 이러한 품목분류체계를 기반으로 어떻게 FTA에서 관세양허가 이루어지고, 관세 철폐 방식은 어떻게 정해지는지를 나타내는 **FTA의 관세양허표**에 대해서 알아보고자 한다.

　FTA를 이행하기 위해 FTA 협상에서 가장 먼저 하는 것이 FTA 관세양허표를 결정하는 것이다. FTA 관세양허표는 양국이 어느 수준까지 양허 및 개방을 할 것인지, 그리고 어떤 방식으로 어느 기간까지 양허할 것인지를 결정하는 것으로 FTA 협상에서 가장 중요하다.

　우선 관세양허표를 결정하기 위해서 양국은 어느 수준까지 관세를 양허할 것인지, 즉 개방의 수준을 결정해야 한다. 예를 들어 양국이 상품 분야에서 100% 개방할 것인지, 아니면 90%만 개방할 것인지를 결정하게 된다. 물론 개방의 수준은 각 개별국가의 사정을 고려하여 협상에서 정해지게 된다. 특히 선진국과 개도국 간에 FTA를 체결할 경우 일반적으로 선진국은 거의 100%를 개방하고 개도국들은 그 국가의 경제 수준을 고려하여 85% 또는 90%, 아니면 95% 등 상대적으로 낮은 수준에서 개방하게 된다.

　그런데 이러한 개방 수준은 단순하지만은 않다. 그 이유는 개방하는 방법에 두 가지가 있기 때문이다. 만약에 개방 수준이 100%라면 대부분 문제가 없다. 무조건 100% 개방하면 되기 때문이다. 물론 여기에도 문제가 전혀 없는 것은 아니다. FTA를 체결하자마자 100% 개방하는 것인지, 아니면 FTA를 체결한 후 점진적으로 또는 단계적으로 개방하여 10년 후에 완전 개방을 완료하는지에 대한 이견이 있을 수 있다.

　따라서 이러한 점을 고려하여 FTA 관세양허표는 두 가지를 고려해야 한다. 첫째, **개방의 정도 결정**이다. 개방의 정도는 일반적으로 품목 수와 수입액을 기준으로 구분하여 결정하게 된다. 만약에 개방을 90% 한다고 한다면 이것이 품목 수로 하는 것인지 아니면 수입액으로 하는 것인지에 관한 기준이 필요하다. 만약에 품목 수로만 90% 개방한다면 양국은 거의 교역이 없는 품목으로 90%를 채울 수 있다. 이렇게 교역이 없는 품목들로 90%를 채우게 된다면 FTA 체결로 인한 개방의 효과 또는 FTA 효과가 미미한 수준에서 발생할 수도 있다. 따라서 FTA 체결에 대한 의미가 없다.

이에 따라 FTA 협상에서는 개방의 정도를 품목 수와 수입액을 기준으로 정하는 것이 일반적이다. 즉 수입액으로도 90% 수준으로 개방을 하게 된다면 자연스럽게 교역액이 높은 품목들이 개방 품목에 포함될 수밖에 없다. 이렇게 품목 수와 수입액을 기준으로 개방의 수준을 정함으로써 양국은 적절한 수준의 개방 효과 또는 FTA 효과의 혜택을 누릴 수 있게 된다. 일반적으로 FTA 협상이 시작될 때 그 개방 정도 또는 수준을 결정하고, 그리고 그 수준을 품목 수와 수입액에 의해 정하기 위해 양자는 협상을 치열하게 진행한다.

둘째, **양허 단계와 양허 일정의 결정**이다. 앞에서도 언급하였듯이 90%를 개방한다는 것이 FTA 체결 즉시 개방하는 것인지, 아니면 10년 또는 20년에 걸쳐 개방하는 것인지에 따라 그 효과가 상당히 다를 수밖에 없다. 이러한 점을 고려하여 FTA를 체결하려는 양국은 개방 정도를 정하게 되는데, 즉시철폐, 단기 · 중기 · 장기를 일정한 시간적 차이를 두고 단계적으로 철폐하는 **일반철폐품목**이 여기에 해당되며 동 품목들은 양국이 정한 철폐 기간 내에 100% 철폐하여 양허안에서 정해진 최종연도에는 무관세가 되어야 한다.

한편, 자국 산업에 피해가 우려되는 민감한 품목은 민감품목으로 일정 수준 내에서 정하여 부분적 철폐를 하게 된다. 여기에서 해당되는 품목들은 양자의 협상에 따라 기본세율보다는 50% 수준으로 인하하거나 아니면 양자의 협의에 따라 매우 낮은 수준으로 관세를 인하하게 된다. 민감품목에 해당되는 품목들은 관세를 인하되는 품목으로, 완전하게 관세가 철폐되어 무관세를 적용되지 않는 품목이다. 즉 완전한 무관세가 되지 않는다는 점을 유의해야 한다.

앞에서 개방을 90%만을 한다는 것은 10%는 양허를 제외한다는 것을 의미한다. 이 품목은 각국이 FTA를 체결할 경우 해당 자국 산업이 절대적으로 피해를 입을 것으로 예상되는 품목들로 구성하게 된다. 가령 한국의 경우 쌀, 마늘, 고추 등과 같은 품목들을 대부분 FTA에서 개방하지 않는데, 이러한 품목들을 **양허제외 품목**에 포함하여 자국의 산업을 보호하게 된다. 물론 이러한 양허제외 품목을 정할 때도 품목 수와 수입액을 고려하여 자국에 가장 유리하게 설정해야 한다.

표 4-5 FTA 관세양허표 예시

양허 단계		한국의 양허				상대국의 양허			
		품목 수	비중(%)	수입액	비중(%)	품목 수	비중(%)	수입액	비중(%)
단계별 철폐	즉시	5,000	50	600	60	3,000	30	200	20
	단기 철폐	2,000	20	100	10	1,000	10	100	10
	중기 철폐	1,000	10	100	10	1,000	10	100	10
	장기 철폐	500	5	100	10	2,000	20	200	20
민감품목		1,000	10	50	5	1,000	10	200	0
양허 제외		500	50	50	5	2,000	20	200	20
합계		10,000	100	1,000	100	10,000	100	1,000	100

〈표 4-5〉는 FTA 관세양허표의 예시를 보여주고 있다. 우선 양국의 양허 수준을 품목 수와 수입액 기준으로 몇 %를 개방할지를 수평축에 기술하도록 되어 있다. 그다음으로 개방의 정도와 일정을 수직축에 기술하도록 되어 있다. 특히 개방을 하는 품목은 단계별 철폐와 민감품목으로 구성되어 있고, 개방을 하지 않는 품목은 양허 제외 품목으로 구분되어 있다. 여기에서 만약 양국이 100% 개방한다고 결정하였다면, '양허 제외' 항목은 불필요하게 된다.

단계별 철폐에서 단기·중기·장기 철폐 기간은 양국이 합의하여 결정하게 된다. 기간은 3년 이내로 정할 수도 있고, 5년으로 정할 수도 있다. 그렇지만 대개 5년 이내가 단기 철폐가 된다. 중기 철폐는 5~8년 수준으로 보면 된다. 장기 철폐는 8~10년, 때로는 20년까지 정하는 FTA도 있다. 특히 개방품목이 자국의 산업 경쟁력에 미치는 영향이 지대할 때는 장기에 걸쳐 개방하게 된다. 더욱이 민감품목이 많거나 영향력이 커질 경우 민감품목의 철폐기간은 협상에서 정한 최대기간으로 통상 결정된다.

2) 주요 FTA의 양허표와 양허코드

(1) 한·미 FTA 양허의 형태 및 일정

각 FTA별로 양허의 형태와 양허 일정이 모두 다르게 협의되어, 관세 철폐 소요시간 및 철폐 방식에 모두 차이가 존재한다는 것은 이미 앞에서 고찰하였다. 여기에서는 주요 FTA별로 양허의 형태와 일정을 좀 더 자세하게 살펴보고자 한다.

표 4-6 한 · 미 FTA 관세양허 유형과 구분

카테고리	발효 이후 철폐소요기간	철폐 방식	설명
A	0년	즉시	발효일부터 즉시 철폐
B	2년	균등 철폐	이행 2년 차 1월 1일부터 무관세 적용
C	3년	균등 철폐	이행 3년 차 1월 1일부터 무관세 적용
D	5년	균등 철폐	이행 5년 차 1월 1일부터 무관세 적용
E	6년	균등 철폐	이행 6년 차 1월 1일부터 무관세 적용
F	7년	균등 철폐	이행 7년 차 1월 1일부터 무관세 적용
G	10년	균등 철폐	이행 10년 차 1월 1일부터 무관세 적용
H	15년	균등 철폐	이행 15년 차 1월 1일부터 무관세 적용
I	10년	비선형 철폐	이행 2년 차 1월 1일부터 무관세 적용
J	12년	비선형 철폐	이행 10년 차 1월 1일부터 무관세 적용
K	무관세 지속	–	
L	9년	균등 철폐	이행 9년 차 1월 1일부터 무관세 적용
M	12년	균등 철폐	이행 12년 차 1월 1일부터 무관세 적용
N	16년	비선형 철폐	이행 16년 차 1월 1일부터 무관세 적용
O	18년	균등 철폐	이행 18년 차 1월 1일부터 무관세 적용
P	20년	균등 철폐	이행 20년 차 1월 1일부터 무관세 적용
Q	2014. 1. 1	균등 철폐	2014년 1월 1일부터 무관세 적용
T	15년	비선형 철폐	이행 11년부터 5년 균등 철폐, 이행 15년 무관세

먼저 한 · 미 FTA에서는 관세 철폐 소요기간 및 철폐 방식에 따라 총 32개의 양허 유형을 도입하였다. 양허의 유형은 발효 이후 철폐 소요기간을 0년에서 20년까지 분류하고, 철폐 방식은 **즉시, 균등 철폐, 비선형 철폐, 자유화 예외** 등으로 구분하였다.

한 · EU FTA는 20개의 양허 유형으로 구성되어 있으며, 이 중 2개는 계절관세와 자유화 예외 유형이다. 한 · EU FTA는 **(n+1)년 자유화 원칙**을 채택하고 있으며, 관세기준은 한국과 EU(공동관세) 모두 2007월 5월 6일 시점으로 정하였고, **최장 20년간 관세 철폐**를 규정하고 있다. 2개 카테고리(10-A, 10-B)는 관세 철폐 후반부에 상대적으로 높은 폭으로 관세를 인하하는 구조로 되어 있다(〈표 4-7〉 참조).

U	계절관세	일부 균등 철폐	12월 1일부터 4월 30일까지 : 발효일부터 무관세 적용 5월 1일부터 11월 30일까지 : 이행 8년차부터 균등 철폐, 이행 15년 차 무관세
V	계절관세	균등, 비선형	5월 1일부터 10월 15일까지 : 17년 균등 철폐, 17년 차부터 무관세 적용 10월 16일부터 4월 30일까지 : 발효 시 24%로 인하, 이행 2년 차부터 4년 균등 철폐, 5년 차 무관세
w	계절관세	비선형 철폐	9월 1일부터 2월 말까지 : 기준관세율 유지
X	관세유지	–	기준관세율 유지
Y	양허 제외	–	협정상 관세와 관련된 모든 의무 면제(쌀 16개 품목)
R	–	–	미국 통합상품명 및 부호체계(HTSUS) 제98류에 적용
S	–	–	미국 통합상품명 및 부호체계(HTSUS) 제98류에 적용
T	15년	비선형 철폐	이행 11년 차부터 5년 균등 철폐
U	계절관세, 15년	비선형 철폐	12월 1일부터 4월 30일까지 : 무관세, 나머지 기간 : 8년 차부터 8년 균등 철폐
V	계절관세, 17년, 5년	비선형 철폐	5월 1일부터 10월 15일까지 : 17년 균등철폐, 나머지 기간 : 이행 시 24%로 인하. 2년 차부터 나머지 관세 4년 균등 철폐, 5년 차 무관세
W	계절관세	비선형 철폐	9월 1일부터 2월 말까지 : 기준세율 적용, 나머지 기간 : 이행 시 30%로 인하. 2년 차부터 6년 균등 철폐. 7년 차 무관세화
X	자유화 예외	–	관세 철폐 예외품목
Y	–	–	협정상 아무런 의무사항 없음
Z	10년	비선형 철폐	이행 시 20%로 인하. 2년 차부터 9년 균등 철폐. 10년 차 무관세화 달성

자료 : 한·미 FTA 협정문.

한·중 FTA에서는 즉시 철폐에서부터 10년 차 또는 20년 차까지 단계적으로 매년 균등 철폐하기로 하였으며, 일부 품목에 대해서는 기준관세율을 유지하기로 하였다. 한·중 FTA의 경우도 일반적인 FTA와는 달리 양허 유형과 형태가 매우 복잡하게 이루어진 것이 특징이다(〈표 4-8〉 참조).

표 4-7 한 · EU FTA 관세양허 유형과 구분

카테고리	관세 철폐 시점	카테고리의 주요 내용
0	즉시	협정 이행 즉시 철폐
2	3년	3년 균등 철폐(1월 1일)
3	4년	4년 균등 철폐(1월 1일)
5	6년	6년 균등 철폐(1월 1일)
6	7년	7년 균등 철폐(1월 1일)
7	8년	8년 균등 철폐(1월 1일)
10	11년	11년 균등 철폐(1월 1일)
12	13년	13년 균등 철폐(1월 1일)
13	14년	14년 균등 철폐(1월 1일)
15	16년	16년 균등 철폐(1월 1일)
18	19년	19년 균등 철폐(1월 1일)
20	21년	21년 균등 철폐(1월 1일)
10-A	10년	협정 이행 시 기준세율 5% 이하, 이후 10년 차까지 관세 철폐
10-B	10년	협정 이행 시 기준세율 20% 인하, 이후 10년 차까지 관세 철폐
12-A	12년	1~8년 차 기준세율 유지, 9년 차부터 4년간 균등 철폐
16-A	16년	이행부터 15년간 30%로 균등 인하, 16년 차 완전 철폐
S-A	계절관세, 5년	5월 1일~10월 15일에는 무관세, 이외 기간에는 협정 이행 즉시 24%로 인하, 2년 차부터 4단계 균등 철폐
S-B	계절관세, 7년	9월 1일~2월 말까지 무관세, 이외 기간에는 협정 이행 즉시 30%로 인하, 2년 차부터 6단계 균등 철폐
E	예외	기존 관세 유지
X	예외	협정상의 의무 면제

자료 : 한 · EU FTA 협정문.

　　한 · ASEAN FTA의 양허 형태는 크게 일반품목군과 민감품목군으로 구분하고, 민간품목군은 다시 민감품목과 초민감품목으로 분류된다. 일반품목군은 2010년까지 관세를 철폐하는 품목으로 이루어져 있으며, 전체 품목의 품목 수 및 수입액 기준으로 90% 이상을 차지하고 있다. 민감품목은 2012년까지 20%와 2016년까지 0~5%로 관세를 인하하는 품목으로 품목 수 기준 6~7%, 수입액 기준 7%로 정해져 있다. 초민감품목은

표 4-8 한 · 중 FTA 관세양허 유형과 구분

양허 유형	내용
0	협정 발효일 즉시 관세 철폐
5	협정 발효일을 시작으로 5단계에 걸쳐 매년 균등 철폐(이행 5년 차 1월 1일 무관세)
10	협정 발효일을 시작으로 10단계에 걸쳐 매년 균등 철폐(이행 10년 차 1월 1일 무관세)
10-A	이행 9년 차 1월 1일을 시작으로 2단계에 걸쳐 매년 균등 철폐(이행 10년 차 1월 1일 무관세)
15	협정 발효일을 시작으로 15단계에 걸쳐 매년 균등 철폐(이행 15년 차 1월 1일 무관세)
15-A	이행 11년 차 1월 1일을 시작으로 5단계에 걸쳐 매년 균등 철폐(이행 15년 차 1월 1일 무관세)
20	협정 발효일을 시작으로 20단계에 걸쳐 매년 균등 철폐(이행 20년 차 1월 1일 무관세)
20-A	이행 11년 차 1월 1일을 시작으로 10단계에 걸쳐 매년 균등 철폐(이행 20년 차 1월 1일 무관세)
20-B	이행 13년 차 1월 1일을 시작으로 8단계에 걸쳐 매년 균등 철폐(이행 20년 차 1월 1일 무관세)
PR-1	협정 발효일 즉시 기준세율의 1%를 인하(기준세율의 99% 유지)
PR-8	협정 발효일을 시작으로 기준세율의 8%를 5단계에 걸쳐 매년 균등 인하(이행 5년 차 1월 1일부터 기준세율의 92% 유지)
PR-10	협정 발효일을 시작으로 기준세율의 10%를 5단계에 걸쳐 매년 균등 인하(이행 5년 차 1월 1일부터 기준세율의 90% 유지)
PR-15	협정 발효일을 시작으로 기준세율의 15%를 5단계에 걸쳐 매년 균등 인하(이행 5년 차 1월 1일부터 기준세율의 85% 유지)
PR-20	협정 발효일을 시작으로 기준세율의 20%를 5단계에 걸쳐 매년 균등 인하 (이행 5년 차 1월 1일부터 기준세율의 80% 유지)
PR-30	협정 발효일을 시작으로 기준세율의 30%를 5단계에 걸쳐 매년 균등 인하(이행 5년 차 1월 1일부터 기준세율의 70% 유지)
PR-35	협정 발효일을 시작으로 기준세율의 35%를 5단계에 걸쳐 매년 균등 인하(이행 5년 차 1월 1일부터 기준세율의 65% 유지)
PR-50	협정 발효일을 시작으로 기준세율의 50%를 5단계에 걸쳐 매년 균등 인하(이행 5년 차 1월 1일부터 기준세율의 50% 유지)
PR-130	협정 발효일을 시작으로 관세율 130%로 10단계에 걸쳐 매년 균등 인하(이행 10년 차 1월 1일부터 종가세 130% 유지)
TRQ	일정 물량*에 한해 무관세로 수입하되, 나머지에 대해서는 기준관세율 유지 *품목별 물량 : '상품에 대한 내국민대우 및 시장접근', p. 13–14에서 확인 가능
E	기준관세율 유지

자료 : http://www.fta.go.kr/cn/con/.

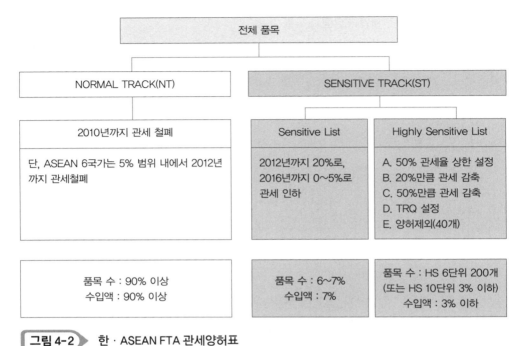

그림 4-2 한 · ASEAN FTA 관세양허표

자료 : 외교통상부(2006), 한–ASEAN FTA관련 참고자료.

5개의 품목으로 구분되어 각 해당 품목의 관세 철폐가 결정되도록 하였으며, 품목 수로는 HS 6단위 200개, 수입액 기준 3% 이하로 정해져 있다.

(2) 한 · 미 FTA별 양허 단계와 양허 수준

한 · 미 FTA에서는 양국은 상품 전 품목에 대해 관세를 철폐하기로 함으로써 높은 수준의 FTA를 달성하였다. 한 · 미 FTA에서는 모든 제조업 분야에서 관세를 완전 철폐하기로 하였으며, FTA가 발효되면서 완전 철폐를 하는 즉시 철폐는 품목 수 기준으로 한국은 80%, 미국은 82.1%로 미국이 소폭 높고, 수입액 비중으로는 한국은 77.6%, 미국은 69.2%로 한국이 약간 높게 설정되었다.

10년 이내 철폐에서 한국은 품목 수로 98.3%, 수입액으로는 97.4%인 것에 반해 미국은 동 분야에서 99.2%와 100%로 설정되었으나, 10년 이후에는 양국 모두 상품 분야에서는 한국의 농산품 일부를 제외하고는 완전 철폐되었다. 한국의 민간품목인 수산물 및 임산물에 대해서는 **장기 철폐, 비선형 관세 철폐, 쿼터(TRQ)** 등을 도입하여 산업피

표 4-9　한 · 미 FTA의 양허 결과(섬유, 농산물 포함)

양허 단계	한국의 대미국 양허				미국의 대한국 양허			
	품목 수	비중(%)	수입액	비중(%)	품목 수	비중(%)	수입액	비중(%)
즉시	9,003	80.0	21,778	77.6	8,623	82.1	28,280	69.2
2~3년	765	6.8	3,362	12.0	366	3.5	508	1.2
3년 이내	9,768	86.8	25,140	89.6	8,989	85.6	28,788	70.4
5년	589	5.2	842	3.0	756	7.2	10,346	25.3
5년 이내	10,357	92.0	25,982	92.6	9,745	92.8	39,134	95.7
6~7년	44	0.4	122	0.4	92	0.9	31	0.1
9~10년	667	5.9	1,240	4.4	586	5.6	1,719	4.2
10년 이내	11,068	98.3	27,344	97.4	10,423	99.2	40,885	100.0
10년 초과	161	1.4	477	1.7	82	0.8	2	0.0
계절/현행 관세	16	0.1	213	0.8	–	–	–	–
제외	16	0.1	26	0.1	–	–	–	–
합계	11,261	100	28,060	100	10,505	100	40,887	100

주 : 수입액은 2003~2005년 3개년 평균임.
자료 : 한–미 FTA 협정문(2011년 2월 추가협상 결과 반영).

해를 최소화하는 방향으로 상품양허가 이루어졌다.

(3) 한 · EU FTA별 양허 단계와 양허 수준

한 · EU 양측은 공산품 및 임산물 전 품목에 대해 관세를 철폐키로 하는 등 높은 수준의 시장 개방에 합의하였다. 수입액 기준에서는 EU 측은 모든 대한국 수입에 부과되는 관세를 5년 내 철폐, 우리는 대EU 수입 97.0%에 부과되는 관세를 5년 내 철폐하기로 하였다.

　품목 수 기준으로는 EU 측은 쌀을 제외한 나머지 99.6%에 해당하는 품목에 부과되는 관세를 5년 내 철폐하기로 한 반면 한국은 93.6%를 5년 내 철폐하기로 하였다. 그리고 양측은 쌀(우리 측 16개 세번, EU 측 39개 세번)을 양허에서 제외하기로 하였다.

　EU 측은 수입액 기준으로 모든 관세를 5년 이내에 철폐키로 한 반면, 한국은 다수의 농수산물에 대해 현행 관세를 유지하며, 장기 철폐 등의 예외적 취급을 확보하였다.

표 4-10 한 · EU FTA의 공산품 분야 관세양허 결과

(단위 : 억 달러)

양허 단계	한국의 대EU 양허				EU의 대한국 양허			
	품목 수	비중	대EU 수입액	비중	품목 수	비중	대한국 수입액	비중
즉시 철폐(A)	8,535	90.7%	180	69.4%	7,201	97.3%	318	76.7%
3년 철폐(B)	478	5.1%	58	22.4%	151	2.1%	68	16.6%
조기 철폐(A+B)	9,013	95.8%	238	91.8%	7,352	99.4%	386	93.3%
5년 철폐	346	3.7%	18	6.9%	46	0.6%	28	6.7%
7년 철폐	45	0.5%	3	1.3%	-	-	-	-
총합계	9,404	100%	259	100%	7,398	100%	414	100%

자료 : 외교통상부, 통상교섭본부, 2009, 한 · EU FTA 설명자료.

EU 측도 일부 과일 및 채소류(16개 세번, 대한 수입비중 0.0%)에 대해 일정 기간 시장 진입가격제도를 유지하기로 하였다.

우리나라가 개방에 민감한 기계 및 화학 분야의 양허율은 최대한 낮은 수준인 3년 내 철폐를 각각 82%와 87% 수준으로 합의함과 동시에 개방에 민감한 한국 품목에 대해서는 민감품목에 7년 철폐 비율을 1.3% 확보하였다. 한국 측의 7년 관세 철폐 주요 품목으로는 순모직물, 동조가공품, 수산화나트륨, 건설중장비, 인쇄기계, 금속절삭가공기계, 기타 기계류, 합판, 섬유판 등이 포함되어 있다.

(4) 한 · 중 FTA 양허 단계와 양허 수준

한국과 중국 간의 양허도 단기적으로는 한국이 더 많이 개방하고, 장기적으로는 중국도 한국과 유사한 수준으로 개방하도록 설계되었다. 즉시 철폐인 경우 한국은 품목 수와 수입액 기준으로 각각 50%와 52%를 개방하기로 한 것에 반해 중국은 품목 수와 수입액 기준으로 각각 20%와 44%로 개방하였다. 10년 내 철폐인 경우는 한국은 품목 수와 수입액 기준으로 각각 79%와 77%인 것에 반해 중국은 품목 수 71%와 수입액 66%로 정하였다. 20년 철폐는 한국 품목 수 52%와 수입액 91%인 것에 반해 중국은 품목 수 91%와 수입액 85%로 양국이 상당한 수준까지 철폐하기로 하였다.

표 4-11 한 · 중 FTA 상품 양허 결과

양허 유형	한국 양허				중국 양허			
	품목 수	비중(%)	대중국 수입액	비중(%)	품목 수	비중(%)	대한국 수입액	비중(%)
즉시 철폐	6,108	49.9	41,853	51.8	1,649	20.1	73,372	44.0
(무관세)	1,983	16.2	33,811	41.9	691	8.4	64,658	38.8
(유관세)	4,125	33.7	8,042	9.96	958	11.7	8,714	5.2
5년 철폐	1,433	11.7	3,098	3.8	1,679	20.5	5,830	3.5
10년 철폐		17.6	17,330	21.5	2,518	30.7	31,250	18.7
(10년 내)	9,690	79.2	62,281	77.1	5,846	71.3	110,453	66.2
15년 철폐	1,106	9.0	7,951	9.8	1,108	13.5	21,917	13.1
20년 철폐	476	3.9	3,406	4.2	474	5.8	9,375	5.6
(20년 내)	11,272	92.2	73,638	91.2	7,428	90.7	141,744	85.0
부분 감축	87	0.7	2,276	2.8	129	1.6	10,014	6.0
현행 관세+TRQ	21	0.2	569	0.7	–	–	–	–
협정배제	16	0.1	77	0.1	–	–	–	–
양허제외	836	6.8	4,209	5.2	637	7.8	14,994	9.0
총합계	12,232	100	80,768	100	8,194	100	156,752	100

자료 : 관계부처합동, 한 · 중 FTA 상세설명자료, 2015. 3.

(5) 한 · ASEAN FTA별 양허 단계와 양허 수준

한 · ASEAN FTA 양허는 ASEAN 6개국과 CLMV(캄보디아, 라오스, 미얀마, 베트남)으로 구분하여 작성되었다. 전체적으로 보면, 최종 타결된 상품 양허안에 따라 한 · ASEAN 양측은 원칙적으로 2010년까지 각각 수입의 90%에 해당하는 품목(수입액, 품목 수 기준)에 대해 관세를 철폐하고, 2016년까지 나머지 7%에 대해 관세를 0~5%로 인하하기로 하였다. 나머지 3%에 대해서는 해당 품목에 대한 각국의 민감성을 고려하여 양허제외, 장기간 관세 인하, **최소수입물량(TRQ)** 설정 등 다양한 방법으로 보호할 수 있도록 설정하였다.

한편, 우리는 쌀을 비롯한 대부분의 민감 농수산물을 양허 제외, 장기간 소폭의 관세 인하 등 다양한 방식으로 보호할 수 있는 초민감품목 3%(200개 품목)에 포함함으로써 시장개방에 따른 충격을 방지하였다. 또한 쌀, 닭고기, 활어 및 냉동 어류, 마늘, 양파, 고추, 대부분의 과일 등을 양허 제외 품목으로 분류하여 우리 민감 농수산물을 충분히 보호할 수 있도록 하였다.

한국과 ASEAN 6개국 간의 상품양허에서 특이한 점은 한국은 협정 발효 즉시 일반 품목군의 70%, 2008년까지 일반품목군의 95% 이상 관세 철폐를 해야 한다는 것이다. 또한 ASEAN 6개국은 2009년까지 일반품목군의 90% 이상 관세 철폐를 하는 것으로 협의하였다.

한편, 한국과 CLMV 국가와의 양허안에서는 베트남은 2015년까지 캄보디아, 라오스, 미얀마는 2017년까지 일반품목군의 90% 이상 관세 철폐를 하고, 일반품목군 중 전체 품목의 5% 범위에서 2년의 추가적으로 관세 철폐 유예기간을 인정하기로 하였다.

표 4-12 한국과 ASEAN 6개국 FTA 상품 양허

구분	일반품목군 (Normal Track)	민감품목군(Sensitive Track)	
		민감품목	초민감품목
품목 수 기준	90% 이상	6~7%	HS 6단위 200개 또는 각국 관세 최종단위 3% 이하
수입액 기준	90% 이상	7%	3% 이하
자유화 목표	2010년까지 완전 관세 철폐 * 단, ASEAN 회원국에게는 5% 범위에서 2년의 추가 기간 인정	2016년까지 0~5%로 관세감축	다양한 방식으로 융통성 있는 보호 인정 (A) 관세율 상한 50% 설정 (B) 20%만큼 관세 감축 (C) 50%만큼 관세 감축 (D) TRQ 설정 (E) 양허 제외(40개)

자료 : 외교통상부(2006), 한·ASEAN FTA관련 참고자료.

표 4-13 한국과 CLMV 국가 간의 양허

구분	일반품목군	민감품목군	
		민감품목	초민감품목
품목 수 기준	90% 이상	6~7%	HS 6단위 200개 또는 각국 관세 최종단위 3% 이하
수입액 기준	베트남 : 75% 이상 CLM : 불설정	불설정	불설정
주요 내용	한국 및 ASEAN 6개국 적용내용과 동일		
이행시한	베트남 : 2016년 원칙 CLM : 2018년 원칙	베트남 : 2021년 CLM : 2024년	

자료 : 외교통상부(2006), 한 · ASEAN FTA관련 참고자료.

4 수출입의 활용

1) FTA의 수출입 통관절차

수출과 수입을 하기 위한 모든 물품은 관세법상의 절차를 걸쳐야 하는데 이를 **수출입 통관절차**라 한다. 이와 더불어 FTA의 수출입 통관절차는 일반적인 수출입 통관절차에 특혜관세를 적용받기 위한 절차가 더해진 것을 의미한다.

우선 일반적인 수출통관절차를 살펴보고, 그다음으로 FTA 수출통관절차를 살펴보자. 수출통관절차는 수출하고자 하는 물품에 대하여 수출신고를 하고, 그 수출신고에 대하여 서류 및 물품검사를 통과한 후 세관이 수출신고를 수리해 주면 수출업체는 선적하여 출항하는 절차이다. 수출을 하고자 할 때는 수출물품의 관할 세관장에게 수출신고를 해야 한다. 수출신고를 하면 원칙적으로는 물품검사는 하지 않고 서류검사만 한 후 수출신고 수리를 한다. 하지만 예외적으로 물품검사를 하는 경우도 있다. 이러한 검사를 끝내고 수출신고 수리가 되면 수출업자는 선적을 하면 된다.

이에 반해 FTA 수출통관절차는 일반적인 수출통관에 **원산지증명서 발급절차**가 포함된다는 점이 다르다. **원산지증명서**는 수출물품이 수출국가에서 재배, 채굴, 수확, 어로, 번식, 사냥, 수렵, 제조 또는 가공 또는 조립된 것을 증명하는 서류를 말한다. **원산지**(country of origin)는 물품이 생산된 국가 또는 지역을 의미한다. FTA의 특혜관세혜택을 받기 위해서는 반드시 원산지증명서를 상대국 수입자에게 송부해야 한다. 원산지 증명서는 수출물품이 다른 곳에서 생산된 것이 아닌 국내에서 생산된 것임을 증명하는 것인데, FTA 협상에서 원산지를 판정하는 기준 및 이를 입증하는 절차에 대한 결정기준을 설정하게 된다. 설정된 기준에 따라 제품이 국내에서 생산된 것임을 입증하면 일반관세율보다 상대적으로 낮거나 무관세로 해외에 수출을 할 수 있게 된다.

이러한 원산지증명서는 FTA 협상에 따라 **자율발급**과 **기관발급**으로 구분된다. 자율발급은 수출국 내에서 수출물품이 생산 및 제조되었다는 것을 수출업자 스스로 증명하는 방식으로 한·미 FTA, 한·EFTA, 한·칠레 FTA가 이러한 방식을 채택하고 있다. 이에 반해 기관발급은 공신력이 있는 기관에서 발급해주는 방식으로 우리나라의 경우 한·싱가포르, 한·ASEAN, 한·인도 FTA에서 이를 채택하고 있는데, 동 FTA에서는 발급기관을 관세청과 대한상공회의소로 규정하고 있다.

자율발급을 통해 수출하는 업자는 수출신고 수리가 되면 바로 선적하여 수출할 수가 있지만, 기관발급을 통해 수출을 해야 하는 물품은 **관세청**이나 **대한상공회의소**에 원산지증명서 발급신청을 하고, 그 원산지증명서가 발급되면 이를 현지 수입업자에게 송부

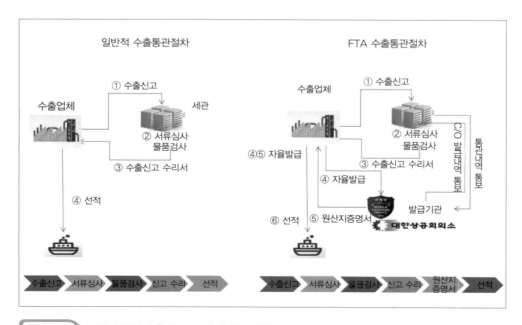

그림 4-3 일반적인 수출 및 FTA 수출통관절차

하고, 동 수입업자가 해당 세관에 이를 제출하여 특혜관세의 혜택을 받게 된다.

한편, 국내로 수입되는 모든 외국물품도 관세법에 의하여 수입통관절차를 거쳐야 한다. 즉 모든 수입물품은 세관에 수입신고를 하고, 세관에서 서류 및 물품검사 등의 통관심사를 한 후 관세법 및 관련 법률에 의거하여 적법하게 이루어졌다는 수입신고 수리가 되어야 물품을 국내로 반출할 수 있다.

수입신고는 수입화물을 적재한 선박의 경우 입항 24시간 이전에, 항공인 경우 항공기 착륙 2시간 전까지 입항예정지 세관장에게 수입화물에 대한 적하목록을 제출해야 한다. 세관은 **적하목록**에 기재된 사항에 대하여 일반적으로 형식적 · 법률적 요건만 심사하고 수리하지만, 검사대상으로 선정된 물품에 대해서는 수입물품을 직접 검사 및 심사를 한 후 수입신고를 수리한다. 정해진 법률에 따라 물품이 수입된 것으로 판명이 되면, 규정에 따라 관세를 부과하게 된다. 수입업자는 해당 관세를 납부함으로써 수입 물품을 반출하게 된다.

FTA의 수입통관은 일반적인 수입통관절차에 FTA 원산지증명서를 확인하고 검증이 이루어진 후에 형식적인 요건이 충족되면 신고 수리된다는 점이 다르다. 수입업자는 수입하는 물품에 대하여 사전심사를 신청하고, 이를 세관이 신고 수리를 하면 수입을 할 수 있다. 하지만 협정세율을 적용받아 관세혜택을 받고자 한다면, 수입신고 수리 전에 또는 수리 이후에 협정세율 적용을 신청하면 된다. 일반적으로 수입신고를 할 때 원산지증명서를 같이 제출하여 원산지증명이 제대로 제출되었다는 것이 확인되면, 협정세율을 적용한 후 해당되는 관세가 있을 경우 관세를 납부하면 된다. 그러나 협정세율이 '0'% 인 경우 관세의 납부 없이 수입 반출이 가능하다.

수입업자가 수입하는 물품이 FTA 협정적용 대상 물품인 줄을 알고는 있었지만, 수출국 발급기관의 원산지증명서 발급 지연 또는 수출업자의 준비 부족 등으로 수입신고 당시 원산지증명서를 구비하지 못하였을 때는 수입업자는 수입신고 수리 후에 협정관세 적용 신청을 할 수 있다. 다만 수입신고 수리 전에 원산지증명서 미비로 인하여 현재 협정관세 적용 신청을 하지 못하지만, 수입신고 후에 협정관세를 적용받겠다고 수입신고서 항목에 수리 후에 협정관세를 적용받겠다는 표시를 하면, 수입 수리 후 협정관세의 적용을 받을 수 있다. 그러만 만약에 정해진 기간 내에 원산지증명서를 제출하지 못하면 사후에 원산지증명서를 제출하여도 환급을 받을 수 없다는 점을 유의

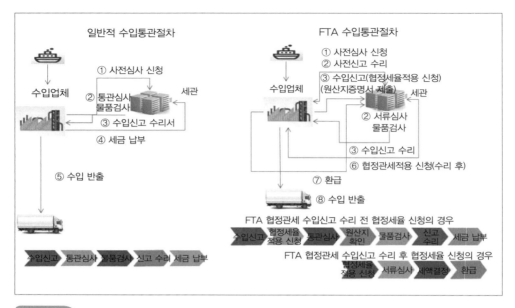

그림 4-4　일반적인 수입통관절차와 FTA 수입통관절차

해야 한다.

2) FTA의 수출 활용

물품을 해외에 수출할 때, FTA의 특혜관세혜택을 받기 위해서는 위에서 살펴본 과정들을 수행해야 한다. 그 과정들을 정리해보면 〈그림 4-5〉와 같다.

첫째, 수출할 때 FTA의 특혜관세의 혜택을 받기 위해서는 우선 수출을 할 대상 국가가 우리나라와 FTA를 체결하였는지를 확인해야 한다. FTA를 체결 여부를 확인하기 위해서는 다양한 방법이 있겠으나, 주로 산업통상자원부의 FTA 포털사이트(www.fta.go.kr), 관세청(customs.go.kr), 무역협회의 FTA무역종합지원센터(okfta.kita.net) 등의 기관에서 우리나라와 FTA의 체결 여부를 확인할 수 있다. 다만 이러한 기관에서 제공되는 FTA의 정보를 활용하여 수출하려는 국가가 한국과 FTA를 정식으로 체결 · 발효해야 특혜관세율 혜택을 받을 수 있으며, FTA가 타결만 된 경우에는 FTA 특혜관세율을 적용받는 것이 불가능하다는 점을 유의해야 한다.

또한 수출자가 FTA 체결국에 소재해야 FTA 특혜관세율 적용이 가능하다는 점도 유

| FTA 협정 체결국 여부 확인하기 | 품목 확인하기 | FTA 특혜관세 혜택 확인하기 | 원산지 결정기준 확인하기 | 원산지증명서 발급하기 | 수출 및 관련 서류 보관하기 |

그림 4-5 FTA의 수출 활용 과정 흐름도

의해야 한다. FTA에서 규정하고 있는 수출자는 상품이 수출되는 당사국의 영역에 소재하고 그 상품을 수출하는 자연인이나 법인을 의미한다. 수출자는 원산지증명서를 발급하거나 신청하는 주체면서도 원산지증명관련 자료를 보관할 의무를 갖고 있는 동시에 원산지 검증대상이 된다. 이에 제3국에 소재하는 자연인이나 법인은 수출자가 될 수가 없다. 따라서 FTA의 특혜관세율 혜택을 받기 위해서는 수출자가 FTA 체결국에 소재해야만 한다.

둘째, 수출품목의 정확한 HS 번호를 확인해야 한다. FTA 협정세율은 품목에 따라 결정된다. 즉 FTA의 특혜협정세율 혜택을 받기 위해서는 해당 품목이 어떤 세율이 적용되는지를 알아야 한다. 이를 위해 관세청에서는 세계관세기구에 의해서 합의된 HS 코드에 의거하여 각 품목에 대하여 일정한 품목번호를 제공한다는 것을 앞에서 언급하였다. 따라서 정확한 품목 번호를 알아야 수출하려는 품목이 FTA 특혜관세를 받을 수 있는지 아닌지를 알 수 있다.

여기에서 주의해야 할 점은 앞에서도 언급하였듯이 국가별로 HS 코드가 다를 수 있다는 점이다. 전 세계적으로 HS 6단위까지는 공동 코드를 사용하고 있지만, 그 이하에서는 코드를 확장하여 사용하고 있다. 가령 한국과 미국은 10단위, EU 및 인도는 8단위, 일본은 9단위를 사용하고 있다. 이러한 차이로 인하여 수출하려는 제품에 대하여 FTA를 체결하는 국가의 HS 코드를 명확히 확인해야만 해당 품목이 FTA 특혜관세율을 적용받는지 여부를 알 수 있다.

이에 우선 1단계로 HS 코드 6단위까지 품목번호 확인을 하고, 2단계로 6단위 이하 번호를 확인 후 지불해야 할 관세율을 확보해야 한다. 예를 들어 밍크모피의 경우 한국은 4301.10.0000인 반면, 중국은 4301.10.00으로 국가별로 조금씩 다른 번호를 갖고 있다. 미국의 경우는 4301.10.00으로 관세율이 'free'라고 결정을 한 후, 비록 관세율에는 영향을 주지 않지만, 이를 다시 '야생'의 것을 '4301.10.0010'과 '기타' '4301.10.0020'으로 나뉘는 것을 알 수 있다(122쪽 참조).

품목번호

- 세계관세기구에 의해 합의된 HS 코드
- 6단위까지 전 세계 공동 코드 사용
- 6단위 미만에서 각 국가별로 고유 번호 소유
  - 한국 : 10단위, 미국 : 10단위, EU 및 인도 : 8단위, 일본 : 9단위
- 품목분류 명칭과 예(밍크모피)
  - 2단위 : 류(HS 43)
  - 4단위 : 호(HS 4301)
  - 6단위 : 소호(HS 4301.10)
- 예 : 밍크모피의 국가별 사례
  - 한국 : 4301.10.0000
  - 미국 및 중국 : 4301.10.00

품목번호 확인 방법

- 관세사 등 전문가 상담
- 관세평가분류원(cvnci.customs.go.kr)에 품목분류사전심사 신청
- 신청 방법 : 품목분류사전심사 신청서, 견본 및 증빙서류를 첨부하여 인터넷(uni-pass), 우편 또는 방문 신청(http://www.customs.go.kr/kcshome/main/content/contentView.do?contentId=CONTENT_ ID_000001461&layoutMenuNo=20110)

그림 4-6 품목번호와 확인 방법

한편, 수출하려는 품목의 번호를 정확하게 알 수 없는 경우에는 관세청의 관세평가 분류원에 일정한 조건을 갖추고 품목분류사전심사를 신청하면, 해당 품목의 정확한 품 목분류를 준다.

셋째, **FTA 특혜관세혜택**을 확인하여야 한다. 기업들이 FTA를 이용하는 가장 중요한 이유는 관세감축에 있다. 즉 수출하려는 품목에 부과되는 관세에 대해서 상대적으로 높은 일반관세율을 적용받는 대신에 FTA의 특혜관세율을 적용받아 낮은 관세를 지불 함으로써 비용을 줄이는 것이다. 이는 일반적인 수출통관 과정과 FTA 수출통관 과정 이 다르다는 것을 의미한다. 즉 일반적인 수출 과정은 일반관세 또는 **실효과세**를 적용

받는 반면 FTA 수출 과정은 FTA 특혜관세를 적용받는 것이다. 이때 FTA 특혜관세율이 일반관세율보다 낮다는 것이 암묵적으로 제시되고 있다. 다른 말로 하면, FTA 특혜관세율이 일반관세율보다 낮아, 그 관세율 격차가 발생한다는 뜻이다. 따라서 수출하려는 품목이 FTA 협정관세율과 일반적용세율 간에 격차가 있는지를 확인해야 한다.

일반적으로 FTA 협정관세율이 일반관세율보다 낮지만, 일부 FTA에서는 일반관세율이 FTA 협정관세율보다 낮은 경우도 있다. 가령 FTA 협정세율은 일정한 시기를 기준으로 단계적으로 관세를 철폐한다는 계획하에 관세가 낮아지지만, 일반세율은 그 나라의 관세정책에 따라 관세율이 달라진다. 만약에 어떤 나라가 특별한 이유로 인하여 어느 날 갑자기 A라는 품목의 관세율을 무관세로 정할 수도 있다. 아니면 FTA 협정 시 발효보다 훨씬 이전 날짜를 기준으로 협정관세율을 정할 수도 있다. 가령 한·인도 CEPA의 경우 발효일은 2010년 1월 1일이지만 협정관세율은 2006년 4월 1일로 정하여 한동안 많은 품목에서 한·인도 CEPA 협정세율이 일반세율보다 높았다. 하지만 이미 많은 시간이 지나 그러한 현상은 사라졌다.

이렇듯 모든 FTA 협정세율이 일반관세율보다 낮은 것만이 아니라는 점을 유의해야 한다. 이렇게 FTA 협정관세율이 일반관세율보다 높은 경우 불필요하게 FTA 협정관세율을 적용받고 수출할 필요가 없다. 이런 경우 일반관세율을 적용받고 수출하면 된다. 또한 이런 경우에는 원산지증명서도 준비할 필요가 없게 된다. 즉 FTA 협정세율을 이용하여 수출하는 경우는 FTA 협정관세율이 일반관세율보다 낮은 경우에만 한정하게 된다.

그러면 일반세율은 어떻게 알 수 있을까? 통상 관세청, 무역협회, 상대국 세관에서 확인하면 된다. FTA 협정관세율은 관세청, 무역협회 등의 FTA 포털 사이트에서 확인이 가능하며, 이 역시 상대국 세관으로부터 확인이 가능하다. 관세청을 이용할 경우 관세청 전자통관시스템(Uni-Pass)을 통해 수출통관 물품의 FTA 혜택 여부를 조회할 수 있다.

다음으로는 수출하려는 품목이 FTA 관세 특혜를 얼마나 받을 수 있는지는 어떻게 알 수 있는지를 살펴보자. 즉 수출하려는 품목이 FTA 특혜관세율을 적용받는 것이 유리하다고 확인되는 경우 일반세율과 FTA 협정세율 간의 격차가 발생하게 된다. 이러한 격차가 바로 **FTA 관세혜택**이라고 할 수 있다.

관세혜택 계산 실전 사례	미국의 수입관세율
3,000cc 초과 승용차(HS87032400)의 예 자동차 가격 : 5,000만 원(가정) 미국의 수입 기본관세율 : 2.5% 미국 측 2015년 한·미 FTA 세율 : 2.5% 한미 FTA의 혜택＝(2.5%−2.5%)×5,000만 원 　＝0원 하지만 2016년부터 125만 원 혜택 자료 : export.gov(http://export.gov/fta/ ftatarifftool/TariffSearch.aspx, 2015. 3. 22)	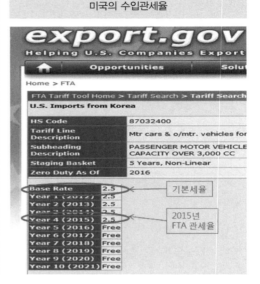

그림 4-7 ▶ 미국에 3,000cc 승용차 수출 시 관세혜택 추정 사례

자료 : http://export.gov/fta/ftatarifftool/TariffDetail.aspx?ID=364493&PortType=Import&Partner=1

FTA 관세혜택＝(일반세율−FTA협정관세율)×상대국의 관세 가격

　미국에 3,000cc 이상의 승용차를 수출할 경우, 우리나라 자동차업체가 누릴 수 있는 관세혜택을 추정해보면 다음과 같다.

　5,000만 원 상당의 승용차를 미국에 수출한다고 하자. 이때 미국의 기본관세율은 2.5%이다. 그리고 2012~2015년까지 한·미 FTA 체결에 따라 적용되는 관세율은 2.5%이며, 그 이후(2016년)부터 한·미 FTA 적용 관세율은 '0'%이다. 이런 경우 2015년까지 수출할 경우 관세혜택은 전혀 없다. 미국의 기본관세율과 한·미 FTA 적용관세율이 2.5%로 동일하기 때문이다. 하지만 2016년부터 한·미 FTA 적용관세율이 '0'%이기 때문에 2.5%−0=2.5%의 혜택이 발생한다. 여기에서 제시한 5,000만 원짜리 자동차를 판매할 경우 2015년까지는 전혀 혜택이 없지만, 2016년부터는 125만 원의 FTA 관세혜택을 얻게 된다.

　이러한 사례에서 알 수 있는 것은 미국의 3,000cc 승용차 수입에 대해서는 한국과

FTA를 체결하였지만, 2015년까지는 관세혜택을 주지 않도록 **관세스케줄**이 설계되어 있어 2015년까지 수출할 경우 한·미 FTA를 이용하여 미국에 자동차를 수출하는 것보다는 일반관세(여기에서는 기본관세)를 적용받고 수출하는 것이 더 효율적이다. 그 이유는 한·미 FTA 관세를 적용받고 수출할 경우 관세혜택을 받지 못하면서도 원산지 증명서 등의 각종 서류를 추가적으로 제출해야 하기 때문이다. 이런 경우 일반관세를 적용받고 수출하면 수출행정 및 서류가 간소화되어 상대적으로 편리하게 수출할 수 있다.

하지만 2016년부터는 기본관세를 적용받고 수출하는 것보다는 한·미 FTA 관세를 적용받아 수출하는 것이 더 유익하다. 2016년부터는 관세가 완전히 철폐되기 때문이다. 이때 원산지증명서 등 한·미 FTA관세를 적용받겠다고 신청서를 제출해야 하는 일종의 거래비용이 발생한다는 점을 유의해야 한다.

넷째, **원산지 결정기준을 확인**해야 한다. FTA를 체결한 국가에 수출을 할 경우, 그 나라와 체결된 FTA의 조항 중에 원산지 결정기준이 있다. 그 원산지 결정기준은 〈그림 4-8〉과 같다. 이에 대한 자세한 내용은 원산지 관련 장(chapter)에서 논의하고자 한다. 그럼에도 불구하고 몇 가지 명확하게 알고 가야 할 점들이 있다. 우선 수출하려는 품목이 FTA 협정문에 제시된 항목에 충족되는지를 확인해야 한다. 원산지 결정기준 충족 여부를 판별하는 방법은 BOM 및 Part List를 이용하는 방법, 납품업체의 '원산지확인서'를 이용하는 방법, 최종생산제품의 원산지를 결정하는 방법이 있다.

가장 기초적인 방법은 **'구성명세서'** 또는 **BOM**(Bill of Material), Part List를 이용하여 각 제품 또는 부품 원재료의 내역을 확인하는 방법이다. 여기에서 BOM이란 최종 제품을 구성하고 있는 원자재, 중간재, 부품 등의 구성표를 말한다. Part List는 제품 생산의 단계별로 필요한 부품의 목록 및 수량을 정리한 자료이다.

납품업체의 원산지확인서를 통한 확인 방법은 납품업체가 국내외 구매, 생산, 가공 등의 여부를 기록한 **'원산지확인서'**를 수취하여 확인하는 방법이다. 여기에서도 납품업체가 적절하게 원산지확인서를 작성하였는지를 BOM, Part List를 이용하여 정확하게 추적해야 한다.

마지막으로 **최종생산제품의 원산지 결정방법**이다. 이는 부품의 원산지 및 가격을 기준으로 최종제품의 원산지 기준을 충족하였는지를 결정하는 방법이다. 이에 대한 자세

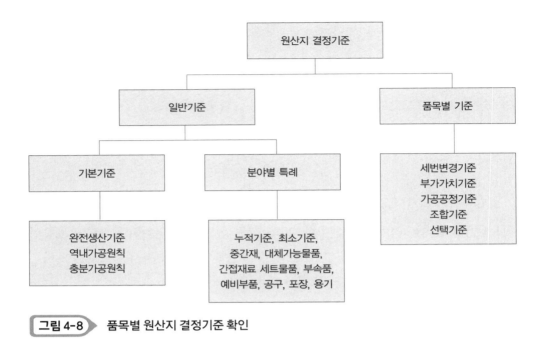

그림 4-8 품목별 원산지 결정기준 확인

한 내용은 다음 장에서 논의하고자 한다.

수출하려는 제품이 원산지 결정기준을 모두 충족했다고 판단될 경우 해당 품목의 원산지증명서를 발급받아야 한다. 원산지증명서는 제품을 수출할 때 수출상대국에서 FTA 세율을 적용받기 위해 본 제품이 원산지 결정기준에 충족된 제품, 즉 한국산 제품임을 증명하는 서류인 동시에 FTA 적용 관세혜택을 받기 위한 공식적인 서류이다. 원산지증명서는 각 협정에서 정한 규격 및 지침에 따라 정확하게 발급하거나 발급을 받아야 한다. 각 협정의 규정에 따라 발급된 원산지증명서를 상대국 세관에게 제출해야 FTA 세율을 적용받을 수 있다.

원산지증명서를 발급받아야 하는 이유는 앞에서도 언급하였듯이 FTA 관세를 적용받기 위한 것이다. 비록 수출품목이 원산지 결정기준을 충족하였더라도 원산지증명서가 없으면 상대국 세관에서 관세혜택을 줄 수가 없다. 그리고 우리나라에서 수출을 했다고 하더라도 모두 국내에서 생산한 제품이 아니라는 점에서 한국 수출 제품에 대해서 모두 한국산으로 인정할 수가 없다. 이러한 이유로 인하여 FTA세율을 적용받아 관세혜택을 받기 위해서는 각 협정별로 정해진 원산지증명서 발급 상식에 의거하여 원산

표 4-14 FTA 체결 국가별 원산지증명서 발급 방식 및 서식

협정국가	발급 방식	발급자	증명서식	유효기간
칠레	자율발급	수출자	통일증명서식	2년
싱가포르	기관발급	싱가포르 : 세관 한국 : 세관, 상의, 자유무역관리원	국가별 증명서식	1년
EFTA	자율발급	수출자	송품장신고방식	1년
ASEAN	기관발급	ASEAN : 정부기관 한국 : 세관, 상의	AK서식	1년
인도	기관발급	인도 : 수출검사위원회 한국 : 세관, 상의	KIN서식	1년
EU	자율발급	수출자	송품장신고방식	1년
페루	기관(5년), 자율발급	기관 　－페루 : 통상관광부 　－한국 : 세관, 상의 자율 : 수출자	기관 : 통일증명서식 자율 : 송품장신고방식	1년
미국	자율발급	수출자, 생산자, 수입자	서식 없음 한국 : 권고서식 제공	
터키	자율발급	수출자	송품장신고방식	4년
캐나다	자율발급	수출자, 생산자	서식 없음 (발효일까지 준비)	1년
호주	기관발급	수출자, 생산자	통일증명서식	2년
중국	기관발급	수출자, 생산자, 권한을 위임 받은 대리인	통일증명서식	1년

자료 : 관세청 및 각 협정문.

지증명서를 발급받아 해당 수출국 관세청에 반드시 제출해야 한다.

　다섯째, **수출 및 관련 서류를 보관**하여야 한다. 일반적으로 FTA를 체결할 경우, 양국은 상품의 반출 과정 및 절차를 원활히 하고 간소화하며, 고위험 상품의 반출에 대한 통제를 하는 데 가능한 간소화하는 것이 일반적이다. 이러한 목적을 위해서 모든 품목에 대하여 수입요건의 준수를 위해 포괄적인 방법으로 모든 반입화물을 검사하는 것보다는 자국의 검사 및 반출 절차를 위험 평가 원칙으로 하고 있어 모든 화물을 검사하지는 않는다. 따라서 대부분 통관 후 검증하는 체제를 갖게 된다. FTA 특혜 적용에 대해서는 사후검증이 원칙이다. 이를 위해 수출자, 생산자, 또는 수입자는 관련 자료를 보관해야 할 의무를 갖고 있다.

사후검증은 FTA 특혜관세 적용의 적정성을 확인하는 절차로 범죄 등에 대한 위험 조사가 아니라, △ 역내생산 △ 원산지 기준 충족 △ 직접운송원칙 등에 대한 특혜관세 부여의 적정성을 검토하는 과정이다. 하지만 사후검증을 받지 않는 경우 기존에 특혜관세를 적용받았던 모든 수출이 취소될 수 있으며, 향후 수출제품에 대해서도 FTA 특혜관세 적용이 배제될 수 있다. 현재는 FTA특례법 시행령 제13조에 의거하여 정해진 서류를 포함하여 원산지증명서와 관련 서류를 일정 기간 보관하고 있어야 하며, 관련 기관으로부터 제출 요청이 있을 경우 요청된 기한 내에 제출하여야 한다.

〈표 4-15〉와 〈표 4-16〉에 수출자와 생산자가 보관하여야 할 서류와 보관기간을 기술하고 있지만, 각 협정별로 증빙정보 및 서류를 수입당사국의 법과 규정에 따라 달리 할 수 있다. 따라서 이에 대해서는 각 협정별로 정확하게 파악하여 준수할 필요가 있다.

표 4-15 수출자 및 생산자의 문서보관 서류 및 기간

수출자 보관 서류	생산자 보관 서류
• 원산지증명서 및 원산지증명서 발급 신청서류 • 수출신고필증 • 원재료 수입신고필증 • 수출거래관련 계약서 • 물품 및 원재료의 생산 또는 구입관련 증빙서류 • 원가계산서, 원재료내역서, 공정명세서 • 물품 및 원재료의 출납 및 재고관리 대장 • 원산지확인서	• 계약자에게 제공한 원산지 확인서 • 물품공급계약서 • 원재료 수입신고필증 • 물품 및 원재료의 생산 또는 구입관련 증빙서류 • 원가계산서, 원재료내역서, 공정명세서 • 출납 및 재고관리 대장 • 재료생산자의 원산지 확인서
수출신고 수리일부터 5년간 보관	원산지 확인서 작성일부터 5년간 보관

표 4-16 **FTA 체결국별 수출자 및 생산자의 원산지증명서 및 관련 서류 보관기간**

FTA 체결국	보관기간
칠레	원산지증명서 또는 신고서 서명일로부터 5년간
싱가포르	원산지증명서 발급일로부터 5년간
EFTA	원산지 지위를 뒷받침하는 모든 서류 사본 5년간
ASEAN	원산지증명서 신청관련 기록 발급일로부터 3년 이상
인도	원산지증명서 발급일로부터 최소 5년간
EU	원산지증명서 발급일로부터 5년간
페루	증빙정보 발급일로부터 5년간
미국	증명 발급일로부터 5년간
터키	수출신고 수리일로부터 5년
FTA 특례법	원산지증빙서류 작성일로부터 5년간

자료 : 각 협정문.

3) FTA의 수입 활용

FTA를 이용하여 수입할 경우, 그 절차는 대부분 앞에서 학습한 FTA 수출 활용과 대동소이하다. 특히 FTA 발효국, 품목번호, FTA 관세혜택 확인하기는 FTA 수출 활용과 정확하게 일치한다. 따라서 여기에서 이러한 내용은 생략한다.

수출하려는 제품이 FTA를 체결한 국가에 해당 품목을 전부 확인하고 난 후 앞에서 논의한 바와 같이 FTA 특혜관세의 혜택을 받고 수입하기 위한 증빙서류를 준비해야 한다. 수입자는 우선 상대 수출자에게 협정에서 규정된 원산지증명서와 관련 증빙서류를 요구해야 한다. 여기에서 원산지증명서, 발급기관, 인장, 원산지 결정기준 등을 모

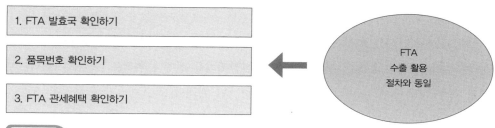

그림 4-9 FTA 수입 활용하기 : FTA 발효국, 품목 확인, FTA 관세혜택 확인하기

두 확인해야 한다. 한 가지라도 규정에 맞지 않는 증빙서류가 있는 경우 FTA 특혜관세의 혜택을 받을 수 없다.

원산지증명서 발급 방식, 발급자 등에 대해서는 FTA 수출 활용과 동일하다. 여기에서 주의해야 할 것은 국가별 발급자 또는 기관이 다르다는 점이다. 한·EFTA의 경우 수출자가 자율 방식에 의하여 발급을 하지만, 스위스산 치즈에 대해서는 스위스 연방 농업국의 위임을 받은 4개 특산치즈 제조사가 발급한다는 점에 차이가 있다.

ASEAN의 경우 각 국가별로 발급자가 다르다. ASEAN의 경우 국별 발급자는 다음과 같다 ─ ① 브루나이(외교통상부), ② 캄보디아(상무부), ③ 인도네시아(통상부), ④ 라오스(상공회의소 2012년 7월 1일 변경), ⑤ 말레이시아(국제통상산업부), ⑥ 미얀마(상무부), ⑦ 필리핀(세관), ⑧ 싱가포르(세관), ⑨ 베트남(통상부), ⑩ 태국(상무부). 한·EU의 경우 건당 수출금액이 6,000유로 초과 시에는 원산지인증 수출자만 자율발급이 가능하다. 한·페루 FTA에서는 ① 탁송화물의 총가격이 미화 2,000달러 초과인 경우 원산지인증 수출자만 자율발급이 가능하고 ② 발효 이후 5년간(2016년 7월 31일까지) 기관발급이 허용된다는 점을 유의해야 한다.

FTA의 수입 활용을 위해서는 우선 협정세율 적용을 신청해야 한다. 수입자가 FTA 세율을 적용받기 위해서는 수입신고를 할 때 '**협정관세적용 신청서**'를 제출해야 한다(부록 1 참조). 수입자가 수입신고 전에 원산지증명서가 완비된 경우에는 수입신고 전에 '협정관세적용 신청서'를 작성하여 신고하면 된다. 수입신청 시 수입자는 원산지증명서류를 갖추고 있어야 하며, 세관장이 요구 시 제출해야 한다.

관세율할당(Tariff Rate Quota, TRQ) 품목 중 관계기관의 추천서가 필요한 경우에는 수입신고 수리 전까지 세관에 제출하여야 한다. 선착순 방식에 의한 수량별 차등협정관세 적용 물품의 경우 TRQ 총수량 내에 수입신고가 수리되면 FTA 세율이 적용 가능하다.

수입자가 수입신고 수리 전까지 원산지 증빙서류를 갖추지 못하여 FTA 세율을 적용 신청하지 못하는 경우에는 **수입신고 후 협정관세적용 신청(사후적용)**을 할 수 있다. 이러한 경우 당해 물품의 수입신고 수리일부터 1년 이내에 협정관세적용 신청이 가능하다. 사후적용 신청 시 ① **협정관세적용 신청서**, ② **원산지 증빙 서류**, ③ **보정신청서** 또는 **경정청구서**를 제출해야 한다. 수리 후 협정관세적용 신청 수입자는 당해 물품에 대해서 이미 납부한 세액의 보정신청 또는 경정청구가 가능하다.

FTA 특혜관세를 적용받고자 하는 경우 원칙적으로 원산지증명서를 제출하여야 하나, FTA 특별법 시행령 제10조 제2항에 의거하여 다음과 같은 경우 원산지 증빙서류 제출이 면제된다.

① 과세가격이 미화 1,000달러 이하인 물품. 다만, 수입물품을 분할하여 수입하는 등 수입물품의 과세가격이 미화 1,000달러를 초과하지 아니하도록 부정한 방법을 사용하여 수입하는 경우 제외
② 동종 · 동질물품을 계속 반복적으로 수입하는 경우로서 당해 물품의 생산공정 또는 수입거래의 특성상 원산지의 변동이 없는 물품 중 관세청장이 정하여 고시하는 물품
③ 관세청장으로부터 원산지에 대한 사전심사를 받은 물품. 다만, 사전심사 시의 조건과 동일한 경우에만 한정한다.
④ 물품의 종류 · 성질 · 형상 · 상표 · 생산국명 또는 제조자 등에 따라 원산지를 확인할 수 있는 물품으로서 관세청장이 정하여 고시한 물품

표 4-17 협정별 원산지증명서 면제 기준

협정	기준
한 · 칠레	• 가격이 미화 1,000달러 이하인 상품의 상업적 비상업적 수입 • 수입국이 원산지증명서 제출 요건을 면제한 경우
한 · 싱가포르	• 총관세가치가 미화 1,000달러 이하인 상품의 수입 • 수입국이 원산지증명서 제출 요건을 면제한 경우
한 · EFTA	• 개인소포 　- 대한민국으로 수입되는 경우(미화 1,000달러 이하) 　- 유럽자유무역연합 회원국으로 수입되는 경우(유로화 500유로 이하) • 여행자 개인수화물 　- 대한민국으로 수입되는 경우(미화 1,000달러 이하) 　- 유럽자유무역연합 회원국으로 수입되는 경우(유로화 1,200유로 이하)
한 · 중 FTA	• 미화 700달러 이하 상품의 탁송
한 · ASEAN	• 당사국 영역을 원산지로 하는 물품의 FOB 가격 200달러 이하 • 우편으로 송부된 물품으로 FOB 가격 기준 미화 200달러 이하

한 · 인도	• 개인소포, 여행자 개인수하물 : 각 당사국 법과 규정에 따라 면제
한 · EU	• 개인소포 　－ 대한민국으로 수입되는 경우(미화 1,000달러 이하) 　－ 유럽연합 회원국으로 수입되는 경우(유로화 500유로 이하) • 여행자 개인수화물 　－ 대한민국으로 수입되는 경우(미화 1,000달러 이하) 　－ 유럽연합 회원국으로 수입되는 경우(유로화 1,200유로 이하)
한 · 페루	• 수입물품의 과세가격이 미화 1,000달러 이하의 여행자 휴대품, 우편물, 특송물품
한 · 미국	• 관세가치가 미화 1,000달러 이하인 상품의 수입 • 수입국이 원산지증명서 제출 요건을 면제한 상품
한 · 터키	• 개인소포 　－ 대한민국으로 수입되는 경우(미화 1,000달러 이하) 　－ 터키로 수입되는 경우(유로화 500유로 이하) • 여행자 개인수화물 　－ 대한민국으로 수입되는 경우(미화 1,000달러 이하) 　－ 터키로 수입되는 경우(유로화 1,200유로 이하)

자료 : 관세청 홈페이지(www.fta.customs.go.kr).

　마지막으로 FTA 수입자는 수출 활용에서와 같이 관련 서류들을 모두 일정 기간 보관하여야 한다. FTA 특혜적용에 대해서 사후검증의 원칙에 따라 수입자는 수출자 및 생산자로부터 받은 각종 관련 증빙서류들을 수입신고일로부터 5년간 보관하여야 한다.

표 4-18 수입자 보관 서류

수입자가 보관하여야 하는 서류(시행령 제13조)

① 원산지증명서(전자문서 포함) 사본
② 수입신고필증
③ 수입거래 관련 계약서
④ 지식재산권거래 관련 계약서
⑤ 수입물품의 과세가격결정에 관한 자료
⑥ 수입물품의 국제운송 관련 서류
⑦ 사전심사서 사본 및 사전심사에 필요한 증빙서류
　(사전심사서를 교부받은 경우에 한함)

5   FTA의 지원제도

1) FTA 지원 및 유관 기관과 제도

(1) FTA 관련 정부기관

FTA는 체결하는 것보다 더 중요한 것이 활용이다. 아무리 많은 FTA를 체결했거나, FTA를 통하여 상당한 수준으로 수출입을 개방하여도 활용하지 않으면 아무런 의미가 없게 된다. 따라서 정부는 물론 통상관련 기구 및 연구기관 등 다양한 기관들이 FTA 활용에 관한 지원을 하고 있다. 특히 정부는 FTA의 전반에 걸쳐 FTA의 추진 정책, 현황, 대응 정책 등에 관하여 기업 및 국민들을 대상으로 관련 정책을 알리고 관련 사항을 지원하고 있다. 현재 우리나라의 FTA 정책 및 활용지원 등은 산업통상자원부가 추진하고 있다. 하지만 FTA는 매우 포괄적이라는 점을 고려하여 각 해당 부처 및 청에서도 지원정책을 추진하거나 지원기관을 두고 FTA 활용을 지원하고 있다.

일반적으로 산업통상자원부는 FTA 총괄에 관한 지원을 하는 것에 반해 각 부처는 관련 정책을 중심으로 지원한다. FTA와 관련하여 비즈니스 측면에서는 관세청이 가장 중요하다. 관세청은 일반적인 FTA 정책에 대한 지원을 하는 것은 물론 각 FTA에 적용되는 유효관세율, 원산지증명 및 규정, 관세평가분류 등 가장 비즈니스에 가까운 업무를 수행한다. 즉 FTA와 체결된 국가와 어느 정도 개방이 되어 있는지, 해당 품목의 관세율은 얼마인지, 그리고 원산지증명의 발급 및 절차에 관한 사항은 관세청 소관이라는 점에서 FTA를 이용하는 업체의 입장에서는 관세청 이용이 매우 중요하다고 할 수 있다.

더욱이 관세청의 **'FTA 원스톱 지원센터'**는 중소기업 FTA 활용 역량에 따라 전문 컨설턴트에 의한 기업별 맞춤형 토털 컨설팅을 제공하고 있다. 주요 내용은 △ 원산지 관리 현황 △ 원산지 인증 취득 여부 △ 원산지 증빙서류 발급 등을 제공하고 있다.

산업통상자원부, 관세청, 중소기업청 등 주요 FTA 지원기관들은 관세사 등 FTA 전문가가 직접 중소기업에 방문하여 FTA 활용 관련 컨설팅을 하고 있다. 주요 내용은 △ 품목 분류 및 원산지 결정기준 확인 및 판정 △ 원산지증명성 작성, 발급 및 증빙서류 유지와 관리 △ 원산지관리시스템 구축 및 운영 △ 인증수출자 취득 및 갱신 △ 사후검

표 4-19 FTA관련 정부지원부처 및 관련 웹사이트

주관기관	서비스	전문 분야
산업통상자원부	FTA 포털(교섭)	• FTA 포털 사이트 운영 http://www.fta.go.kr
	FTA 국내대책본부	• FTA 국내보완대책 • 지역 FTA 활용 지원센터 http://www.ftahub.go.kr
	FTA 활용지원대책반	• FTA 상대국 협력강화 및 활용지원 http://www.fta.go.kr/support
	산업통상자원부	• FTA 추진 및 활용 정책 http://motie.go.kr
기획재정부 MINISTRY OF STRATEGY AND FINANCE	기재부	• FTA 추진 정책 • FTA 활용 정책(FTA 특례법 등) http://www.mosf.go.kr
외교부 Ministry of Foreign Affairs	외교정책	• 외교정책(WTO 정보 등) http://www.mofa.go.kr
안전행정부	안행부	• 지방자치단체 협력사업 • FTA 제도 활용지원 http://www.mospa.go.kr
농림축산식품부	농식품부	• 농업부문 FTA 보완대책 • 농식품 수출지원 http://www.mafra.go.kr
해양수산부	해수부	• 어업부문 보완대책 http://www.mof.go.kr
관세청 KOREA CUSTOMS SERVICE	FTA 원스톱 지원센터	• 수출입 활용 • 협정세율 및 원산지 기준 • 원산지검증 • 영문사이트 운영 http://fta.customs.go.kr

증 대응 지원 등 FTA 활용에 관한 전체 과정을 종합적으로 지원하고 있다.

(2) FTA 관련 정보 및 지원기관

정부가 아닌 민간기관 및 정부산하 기관들도 FTA에 대한 다양한 지원을 하고 있다. 가장 대표적인 지원기관으로는 무역협회가 있다. 무역협회의 경우 FTA 무역종합지원센터를 운영하고 있다. 이 서비스의 경우 전국 어디에서든 전화 한 통화로 FTA 활용에 관

	관세청	• 수입화물통관 진행조회 • 수출이행내역 조회 http://www.customs.go.kr
관세청 KOREA CUSTOMS SERVICE	UNI PASS 관세청 원산지 관리시스템	• 전자통관시스템 • 상대국 C/O 인장 및 서명조회 http://portal.customs.go.kr
	원산지증명서 조회	• 한국세관 발급 C/O 조회 http://www.customs.go.kr
	세계 HS 정보시스템	• 세계 HS 정보시스템 • 자동차 HS 가이드 http://www.customs.go.kr
	관세평가분류원	• 관세평가 및 품목분류 사전심사 결정제도 http://www.customs.go.kr
중소기업청 Small & Medium Business Administration	중소기업수출지원센터	• 수출지원사업 • 수출인큐베이터 http://www.exportcenter.go.kr
	기업마당	• 중소기업 지원 사업 정보 • 교육 세미나 전시회 정보 • 기업애로 온라인 상담 제공 http://www.1357.go.kr
	중소기업청	• 중소기업지원정책 http://www.smba.go.kr
조달청	해외조달정보센터 해외조달정보센터	• WTO/FTA 정부조달 협정내용 • 국가별 해외조달 시장정보 • 해외 조달제도 및 절차 http://pps.go.kr/gpass
	조달정보	• 특정 조달계약(국제입찰) http://pps.go.kr

한 모든 내용에 대한 정보 제공, 컨설팅, 교육, 애로 해소 등을 지원하고 있다. △ 정보 제공은 세미나, 설명회, 상담회, FTA 활용 성공 사례집 및 매뉴얼 제작, FTA 활용정보 통합 제공, 해외진출 및 투자 유치, △ 교육은 FTA 실무교육 제공, 대기업 협력업체 맞춤식 교육 프로그램 개발 운영, 회사별 원산지 관리시스템 Edu-sulting(교육＋컨설팅), △ 컨설팅은 해외시장 진출을 위한 FTA 활용 비즈니스 모델 컨설팅, 품목 분류/인증, 수출장 신청/원산지 관련 서류 컨설팅, FTA 원산지 관리시스템 구축 컨설팅, 사후검증 대응 컨설팅이 있다. △ 애로 해소는 FTA 신문고, 업계 자문그룹 운영을 통한 업계의

애로사항 해소 및 정책 건의, 협정문 및 이행 관련 법령 유권해석, FTA 원산지증명서 증빙서류의 간소화 및 표준화, 거래당사자 간 계약서(영문, 국문) 표준화가 있다. 그리고 각 지역 지원센터에 전문가를 상시 배치해 컨설팅 지원을 하고 있다.

　대한상공회의소는 원산지증명, 원산지증명 발급 서비스를 주로 하고 있으며, KOTRA는 해외무역관을 중심으로 해외진출 및 해외시장정보 조사를 지원하고 있다. 중소기업진흥공단은 다음 절에서 상세히 다룰 '무역조정지원제도'에 관한 서비스를 지원하고 있다.

표 4-20　FTA 주관기관 및 서비스 유형

주관기관	서비스	전문 분야
한국무역협회	Kita.Net	• 무역정보 • 무역실무 http://www.kita.net
	FTA 무역종합지원센터 FTA 콜센터1380 **FTA종합지원센터**	• FTA 콜센터 1380 • OK FTA 컨설팅 • 애로상담, FTA 정보 http://okfta.kita.net
	TradeNAVI 통합무역정보서비스 · 트레이드 내비	• 세율 · 규제, 무역통계, 무역애로 • 비관세 장벽 포털 http://tradenavi.or.kr
	KITA 무역아카데미	• FTA School • 차세대 인력양성 http://www.tradecampus.com
	종합무역컨설팅 **TradeSOS** 무역애로컨설팅센터	• 무역과 관련된 애로, 컨설팅 유형 및 신청정보 • 우수컨설팅 사례 http://tradesos.kita.net
	트레이드 코리아 **tradeKorea.com** Global e-Marketplace	• 글로벌 마케팅/바이어 검색/무역정보 http://www.tradekorea.com
	원스톱 전자무역시스템 **UtradeHub** 무역협회 원스톱 전자 무역시스템	• 전자무역 • FTA-Korea(원산지 시스템) http://utradehub.or.kr
대한상공회의소	무역인증서비스센터 **대한상공회의소 무역인증서비스센터** Trade Certification Service Center	• 원산지증명(기관발급) • 일반무역인증 http://cert.korcham.net

	원산지증명서 조회	• 상의 발급 원산지증명서 조회 http://cert.korcham.net/english/ref/01.jsp
kotra Korea Trade-Investment Promotion Agency	KOTRA	• 해외시장개척/해외투자정보 http://www.kotra.or.kr
	GlobalWindow	• 해외시장정보 • 해외투자정보 http://globalwindow.org
	해외무역관	• 9개 지역본부, 121개 해외무역관 http://www.kotra.or.kr/
중소기업진흥공단 Small & medium Business Corporation	무역조정지원센터	• 무역조정지원제도 • 자기진단, 신청 http://taa.go.kr
	중소기업진흥공단	• 정책자금, 해외마케팅 • 컨설팅, 기술지원 http://www.sbc.or.kr
KIOI Korea Institute of Origin Information	**FTA PASS**	• 원산지관리스템 • 원산지 판정, 원산지증명서 발급 http://ftapass.or.kr
	국제원산지정보원 국제원산지정보원 Korea Institute of Origin Information	• 원산지관리사 양성교육/원산지 아카데미 • 원산지관리사 시행기관 http://origin.or.kr
KTNET	FTA Korea	• 원산지관리시스템 • 원산지 판명, 원산지증명서 발급, 문서보관 지원 http://www.uftakorea.co.kr/
한국산업단지공단	한국산업단지공단	• 산업단지 내 FTA 상담센터운영 http://www.kicox.or.kr
aT 한국농수산식품유통공사	aT	• FTA 이행지원기금 • 농식품 수출지원 http://www.at.or.kr
KDI	KDI	• FTA 자료 http://www.kdi.re.kr
KIEP 대외경제정책연구원	KIEP FTA 자료	• FTA 세미나 • FTA 보고서 http://www.kiep.go.kr
KREI 한국농촌경제연구원	FTA 이행에 따른 농업인 등 지원센터	• 농업 부문 FTA 국내대책 소개 • 주요품목 가격 및 수입동향 분석 http://support.krei.re.kr

(계속)

	KREI	• 농촌정책연구, 정책수립 지원 http://www.krei.re.kr
KMI 한국해양수산개발원 KOREA MARITIME INSTITUTE	FTA 이행에 따른 어업인 지원센터	• 어업 부문 FTA 국내대책 소개 • 주요품목 가격 및 수입동향 분석 http://fta.kmi.re.kr/
	KMI	• 해양 · 수산 정책수립 지원 http://www.kmi.re.kr
kosti	전략물자관리원	• 전략물자 사전판정, 자율관리 https://www.kosti.or.kr
대한상사중재원 The Korean Commercial Arbitration Board	대한상사중재원	• 분쟁 조정 · 중재 · 알선 http://www.kcab.or.kr
CUSTRA 한국관세무역개발원 부정정보 서비스	한국관세무역개발원 FTA포털	• HS 품목정보 • 종합세율 • 수출입 요령 • 통관정보/FTA 통관업무 및 자료실 www.custra.com

2) FTA 기업지원

(1) 무역조정지원제도

FTA는 수출입을 자유롭게 수행하여 체결한 양자 간 또는 다자간에 무역을 증진하고 이로부터 효용을 증대하기 위해 체결된 협정이다. 하지만 FTA로 인하여 급작스러운 매출액 축소 또는 생산량 감소라는 부작용 또는 부정적 효과가 나타날 수 있다. 이러한 경우 정부에서는 **무역조정지원제도**를 통하여 경영회복 및 관련 기업에 종사하고 있는 근로자들을 구제할 수 있는 방안을 마련하고 있다.

무역조정지원에 대한 논리적 근거는 △ 형평성 △ 효율성 △ 정치적 효과가 있다.[1] **첫째, 형평성 근거**는 FTA는 정부의 정책으로 국가 전체적으로 이득을 가져오지만 다른 경제적 변화에 비해 일부 부문은 피해가 발생할 수 있으며, 그 피해는 일반적인 무역보다 더 크고 조정비용이 높기 때문에 이로 인한 손실에 대해서는 특별한 보상이 필요하다는 논리다. 하지만 형평성의 근거는 FTA로부터 발생하는 손실과 다른 경제적 변화에 의해 발생하는 경제적 손실과 실질적인 차이가 없다는 점에서 필수적으로 FTA로부터 발생한 손실에 대해서만 지원을 해야 한다는 논리는 근거가 부족하다.

---

[1] 송원근(2011), 『무역조정지원제도의 근거와 한계』, 한국경제연구원.

둘째, **효율성 근거**는 FTA를 추진할 경우 산업 자체의 조정이 발생하는데 그 과정에서 노동시장의 경직성, 자본시장의 불완전성 등으로 인하여 비효율성이 발생하기 때문에 취업기회에 대한 정보 제공, 훈련 및 교육, 재취업비용 지원 등은 조정비용을 감소시킬 수 있다는 논리이다. 하지만 노동시장이 경직적이고, 이 원인에 대한 제도의 변화가 없는 경우 실질적인 비효율성이 사라지지 않는다는 점 때문에 이 논리 역시 근거가 미약하다.

셋째, 무역조정지원이 이익집단의 반발을 무마하는 정치적 효과를 통해 FTA 추진이 용이하다는 **정치적 논리**이다. FTA로 피해가 예상되는 집단에 대해 무역조정지원을 함으로써 그 집단의 반발을 축소 또는 무마할 수 있다는 것이다. 하지만 그 이익집단이 정치적 영향력의 기제로 이 제도를 사용할 경우 오히려 무역자유화의 걸림돌로 작용할 수 있다는 단점이 있다.

우리나라의 경우 무역조정지원정책으로는 FTA 농어업특별법과 무역조정지원법이 있는데, 두 법은 무역자유화에 따른 조정에 대한 지원과 더불어 경쟁력 확보를 위한 자금, 행정지원, 정보 및 컨설팅 등 산업 정책적 성격을 지닌다는 특징이 있다.

① 우리나라의 무역조정지원제도
우리나라의 무역조정지원제도에는 'FTA 농업특별법'과 '무역조정지원법'이 있다.

■ FTA 농어업특별법
FTA 농어업특별법은 단순한 피해보상을 뛰어넘어 경쟁력 제고를 위한 산업 정책적 성격을 띠고 있다. **생산피해보전**과 **구조조정**을 유도하고 있으며, 이러한 경우 **소득보전직접지불금**, **폐업지원금** 등을 지원하고 있다. 피해보상 및 구조조정 촉진을 위한 지원, 규모 확대, 생산기반시설 정비, 유통시설 설치 운영 등에 보조 또는 융자로 특별지원을 규정하고 있으며, 막대한 투·융자도 지원에 포함되어 있다.

■ 무역조정지원법
무역조정지원법은 '자유무역협정체결에 따른 무역조정지원에 관한 법률'로 정부가 체결한 자유무역협정의 이행으로 인하여 피해를 입었거나 입을 것이 확실한 제조업이나 서비스업을 경영하는 기업과 그 소속 근로자 등에 대한 효과적인 지원 대책을 마련하는 것을 기본 골자로 하고 있다.

이러한 제도에 따라 산업 및 기업이 막대한 피해가 예상되거나 피해를 입었다고 판단될 경우 기업에게는 구조조정을 위한 컨설팅 지원을 뛰어넘어 단기 경영안정 및 경쟁력 확보를 위한 자금을 지원·제공한다. 피해산업 및 기업은 매출액 또는 생산액이 5% 이상 10% 이하 감소한 기업으로 한정하고 있다. 그 지원 내용으로는 △ 무역조정에 필요한 자금, 인력, 기술, 판로 및 입지에 관한 정보 제공 △ 단기 경영 안정 및 경쟁력 확보를 위한 융자지원(① 생산시설의 가동 및 생산유지를 위한 원·부자재 구입 자금 ② 사업전환 기술개발, 설비투자, 입지확보, 인력 훈련 등의 자금) △ 사업전환 경영, 회계, 법률, 기술 및 생산 상담 지원 △ 기업 구조조정 조합 및 기업구조 개선 사모투자전문회사의 무역조정관련 출자 등이 있다.

근로자에 대해서는 재취업관련 산업동향, 인력수요, 직업교육, 창업 등에 대한 정보 제공 및 상담을 실시하고 있으며, 전직 및 재취업비용을 지원하고 있다.

중소기업에 대해서는 동법 제8조 「중소기업진흥에 관한 법률」 제63조에 따른 중소기업진흥 및 산업기반기금에서

- 생산시설의 가동, 유지에 필요한 원부자재 구입 자금
- 사업전환 등 무역조정계획의 이행에 필요한 기술개발, 설비투자, 입지확보 및 인력훈련 등의 비용 지원
- 그밖에 대통령령으로 정하는 단기 경영안정 및 경쟁력 확보를 위하여 필요한 자금 등을 융자할 수 있도록 규정하고 있다.

> ※ 대통령령으로 정하는 자금의 종류
> 1. 구조조정 등으로 인한 일시적 자금수급 불균형 해소를 위한 경영안정화 자금
> 2. 정보화 관련 시스템 및 설비의 구입 또는 대체에 필요한 자금
> 3. 기술사업화에 필요한 자금
> 4. 국내외 판로개척에 필요한 자금

무역조정지원법에 따라 무역조정지원기업으로 지정된 기업에 대한 지원은 원·부자재 구입 자금부터 자금수급 불균형 해소를 위한 경영안정화 자금, 기술개발, 설비투

자, 입지확보, 인력훈련, 정보화, 판로개척 자금까지 기업 활동 전반에 걸친 매우 포괄
적인 지원이 가능하도록 되어 있다.

여기에서 주의해야 할 점은 이러한 지원이 WTO에서 제한하고 있는 보조금 성격을
갖고 있는지 여부이다. WTO「보조금 및 상계조치에 관한 협정」에서 정부 또는 공공
기관의 재정적인 기여가 있는 경우 보조금으로 간주하고 있다. WTO에서는 특정 기업
이나 산업을 특정 지정하여 지원하는 경우 원칙적으로 보조금으로 간주하여 허용하지
않는다. 다만 정부가 특정 기업을 지정 없이 객관적인 기준 또는 일정 조건에 따라 엄
격히 지원하는 재정지원은 보조금 지급으로 보는 특정성이 존재하지 않는다.

(2) FTA 활용기업 수출지원

정부는 FTA를 이용하여 수출역량을 강화하기 위한 방안으로 해외시장 개척 및 지원
프로그램을 연계하는 정책을 추진 중에 있다.

① 종합수출지원

종합수출지원 정책으로는 수출스타트업(start up), 수출첫걸음(Export Gateway), 중소기

표 4-21 정부의 종합수출지원 프로그램

프로그램	지원 내용
종합수출지원 프로그램 연계	FTA 컨설팅 이수업체에 의해 관세청, 중소기업진흥공단, FTA 무역종합지원센터에 종합수출지원 프로그램 신청, 신청 기업에 한하여 수출스타트업(무역협회), 수출첫걸음(KOTRA), 수출역량강화(중소기업청)과 연계 지원
해외시장 개척지원 프로그램 연계	• KOTRA, 전시산업진흥회 및 중소기업청의 FTA 체결국 해외전시회 참가업체 선정 시 FTA 컨설팅 이수 업체에 5점 가점 부여 • FTA 체결국 무역사절단을 대상으로 FTA 무역종합지원센터, 중소기업진흥공단, 관세청이 FTA 교육 · 컨설팅 사전 실시 • FTA 컨설팅 이수 업체에 대하여 무역협회, 중소기업진흥공단의 온라인 해외 마케팅 지원 및 FTA 수출지원 정보자료 제공
FT 선도기업 육성 지속 실시	• 한 · 미 FTA 선도기업, 한 · EU/터키 FTA 선도기업 육성 외에 한 · ASEAN, 한 · 인도 FTA 선도기업 육성
수출금융지원 프로그램 연계	• FTA 강좌 및 FTA 컨퍼런스 시 수출금융 설명회 및 상담데스크 개최

자료 : http://www.ftahub.go.kr/main/apply/fta/export/1/

업 수출역량강화(수출초보기업 대상)이 있다.

■ 수출스타트업

수출스타트업 사업은 내수기업, 전년도 직수출실적 100만 달러 미만의 기업들을 대상으로 글로벌 수출기업으로 성장할 수 있도록 무역 인프라 구축, 해외 마케팅, 수출금융 지원 등을 수출지원기관과 공동 제공하는 단계별 맞춤형 서비스이다. 이 서비스는 수출을 처음으로 시작하려는 기업에 제공하는 것으로 수출스타트업에 이미 참여한 기업이나 다른 서비스를 제공받는 기업, 휴·폐업 또는 금융기간으로부터 불량거래처로 규정 중인 기업은 지원에서 제외된다.

표 4-22 수출스타트업 프로그램 지원 내용

구분	항목	내용
	지원내용	
수출준비 단계 (수출 인프라 구축)		• 무역실무역량 업그레이드를 위한 단계별 연수과정 • 영문 e-카탈로그 제작 지원 • 트레이드 벤처플라자 입주 우대 • 내수기업의 수출기업화 지원 간담회 • 전문인력 채용알선(무역협회 일자리지원센터)
해외시장 개척 및 바이어 발굴 단계	해외시장 정보 제공	• e-뉴스레터 홈페이지를 통한 해외시장정보 제공 • 환율·원자재 시황 휴대전화 알림 서비스 및 고객 맞춤형 안내 제공
	FTA 정보· FTA 활용	• FTA 활용정보 제공 • FTA 맞춤형 상담 및 현장 컨설팅 • 원산지관리시스템 활용 One-Point 지원
	해외시장 개척·바이어 발굴	• 소셜네트워크(SNS) 활용 해외마케팅 지원 • e-거래알선을 통한 해외 마케팅 지원 • 온라인 매칭 사절단 • Korea Grand Sourcing Fair 내수기업 홍보관 구성 • 초보 수출기업 해외바이어 초청 상담회 지원 • 해외전시회 홍보부스 운영 • 한국상품 전시상담회 참가 지원 • 해외 마케팅 자문위원 멘토링 서비스 • 무역기금 융자 • 통번역 서비스 제공 • 전문무역상사 활용 예정

수출 이행 단계	수출금융/ 보험 지원	• 수출보험 · 보증 지원(무역협회, 무역보험공사) • 수출금융 지원(수출입은행, 신용보증기금) • 무역보험(환변동보험, 수출중소기업 단체보험) 가입 지원
	물류	무역업체 방문 물류비 절감 컨설팅 지원

자료 : http://www.ftahub.go.kr/main/apply/fta/export/2/1/.

■ 수출첫걸음

수출첫걸음은 수출초보기업을 대상으로 인콰이어리 및 수출전문위원과 1:1 멘토링 서비스 지원을 통해 해외시장을 지원하는 사업이다. 지원대상은 수출을 처음으로 시작하려는 내수기업, 전년도 직수출실적 50만 달러 미만의 수출초보기업 중 FTA 컨설팅 이수기업에 한하여 1년간 지원한다.

■ 중소기업 수출역량강화

중소기업 수출역량강화 제도는 FTA 컨설팅 이수 기업을 수출초보기업 맞춤형 프로그램에 연계하여 해외시장 개척을 지원하는 프로그램으로 제조업, 제조관련 서비스, 그리고 지식기반 서비스업 중소기업으로 직전 연도 직수출실적 100만 달러 이하의 기업에 지원한다.

표 4-23 수출첫걸음 프로그램 지원내용

멘티 기업 구분	지원내용	
	본사(수출전문위원)	해외무역관(Export Gateway 전담직원)
내수기업	• 제품 콘셉트, 해외타깃 시장 선정 • 카탈로그 작성, 무역실무교육 • 수시 커뮤니티 활용	• 지시인콰이어리 발굴
수출준비기업	• BuyKorea Selling offer 등재 • 메일발송을 통한 바이어 발굴 • 인콰이어리 제공, 통번역 업무 지원	• 지시인콰이어리 발굴 • Counter offer 지원 • 현지 바이어 추가 연락
수출초보기업	• 지시인콰이어리 연계 상담추진 • 계약서검토, 가격견적, 선적, 통관 • 시장조사단파견, 홍보관 참가	• 바잉오퍼 접수 • 개별방한 바이어 상담 지원 • 현지출장 상담 지원

자료 : http://www.ftahub.go.kr/main/apply/fta/export/2/1/.

표 4-24 중소기업 수출역량강화 프로그램 지원내용

지원내용			
구분 (지원비율)	항목	내용	정부 지원한도
수출 초보기업 (90%)	수출 교육	무역실무 과정, 온라인 무역실무 기초과정, 전략시장 진출과정, 국제무역 전문가 과정	2,000만 원
	홍보용 디자인 개발	외국어 전자·종이 카탈로그 등 제작 지원	
	해외시장 정보 제공 및 홍보지원	해외시장조사, 온라인수출 지원, 해외신용조사, 국내외 홍보전문지 활용 상품홍보, 무역비용규제 시뮬레이션	
	해외시장 개척활동 지원	국내전시회 참가, 해외전시회 참가, 해외전시회 마케팅 대행, 온라인쇼핑몰(B2C) 판매대행	

자료 : http://www.ftahub.go.kr/main/apply/fta/export/2/1/.

(3) 해외시장 개척 지원

해외시장 개척에 정부는 △ FTA 체결국 해외전시회 참가 지원 △ FTA 체결국 무역사절단 FTA 교육·컨설팅 △ 온라인 해외 마케팅 △ 수출 지원 정보 제공 등을 지원하고 있다.

① FTA 체결국 해외전시회 참가 지원

FTA 체결국에서 개최되는 해외전시회에 참여하는 기업을 선정하는 데 FTA 컨설팅 이수업체에 대하여 가점을 부여하여 해외전시회에 참여하도록 동기를 부여하는 제도이다. FTA 체결국에서 개최되는 해외전시회 중에서 KOTRA, 중소기업청 주관 해외전시회 등에 참여를 신청할 경우 FTA 컨설팅 이수 업체에 대하여 가산점을 부여한다. 신청 및 접수는 글로벌 전시포털(www.gep.or.kr)에서 이루어진다.

② FTA 체결국 무역사절단 FTA 교육·컨설팅

FTA 체결국으로 가는 무역사절단을 대상으로 사전 FTA 교육 및 컨설팅을 지원하고 있으며, 주요 지원 내용은 FTA 체결국 시장 상황, 수출유망품목 및 진출방안, FTA 활용

표 4-25 온라인 해외 마케팅 서비스

서비스명	서비스 내용
e-카탈로그 제작 지원	tradeKorea.com 신규 가입 후 대상 업체 수출상품 온라인 카탈로그 제작 지원
온라인 상시거래알선 지원	[바이어 DB 타깃 마케팅 서비스] tradeKorea.com 내 바이어 DB를 직접 검색해 원하는 바이어 대상 인쿼이어리 발송 및 사후 관리를 지원하는 서비스 [해외 비즈니스 매칭 서비스] 한국무역협회 해외지부 및 신흥시장 마케팅오피스 네트워크를 활용한 현지 바이어 발굴 및 정보 제공 서비스
글로벌 유통 빅바이어 온라인소싱페어 참가 지원	국제전시회 및 수출상담회에서 발굴된 글로벌 빅바이어와의 온라인을 통한 수출상담회 참가 및 매칭 서비스 지원
마케팅 관련 부가 서비스 제공	외환은행 수수료 우대 및 해외 바이어 신용정보 서비스 제공

자료 : http://www.ftahub.go.kr/main/apply/fta/export/3/3/.

방법 등에 대한 교육 및 컨설팅을 실시한다.

③ 온라인 해외 마케팅

한국무역협회는 FTA 컨설팅 이수 업체 중에서 온라인 해외 마케팅 지원을 요청한 기업에 대하여 수출상품 바이어, 셀러의 매칭 및 온라인 홍보를 지원하고 있다. 신청은 트레이드코리아(www.tradekorea.com)에서 하면 된다.

(4) FTA 선도기업 육성

FTA 활용 수출유망 중소기업을 선발하여 FTA 교육 및 컨설팅을 실시한 후, FTA 체결국 소재 KOTRA 무역관이 1:1 맞춤형으로 수출을 종합 지원한다.

표 4-26 FTA 선도기업 육성 사업

기업 선정	→	국내지원	→	해외지원

유형	유형	유형
모집 및 심사 타깃 선정	실무교육 맞춤형 컨설팅	시장조사 맞춤형 컨설팅

내용	내용	내용
컨설팅 수료 기업별 타깃 바이어 선정	통관절차, 회계, FTA 관세 등 원산지 관리 지원, 방문 상담	항목별 조사 (시장동향, 잠재바이어 정보) 바이어 발굴, 현지상담 지원, 출장 지원 등

기관	기관	기관
KOTRA 본사 및 해외 무역관 유관기관	FTA 무역종합지원센터 지역별 FTA 활용지원센터	KOTRA 해외무역관

자료 : www.kotra.go.kr.

3) 구제 및 분쟁해결

(1) 무역구제제도

일반 무역 및 FTA로 인하여 외국의 덤핑, 보조금 지급 등의 불공정한 해외무역, 수입 급증 등으로 인하여 국내 사업이 피해를 입을 경우 관세 인상, 긴급수입금지 등의 조치 를 통하여 구제하고 있다.

무역구제는 **무역위원회**를 통하여 이루어지고 있다. 우리나라의 경우 공정한 무역질 서 확립, 국내산업의 목적으로 지적재산권 침해, 원산지 위반 등의 불공정한 무역행위 에 대하여 시정조치를 내릴 수 있는 **불공정무역행위 조사제도, 국제무역규범위반조사제 도**를 운영하고 있다. 그 외에도 무역구제제도로는 반덤핑관세제도, 상계관세제도, 세 이프가드제도 등이 있다.

표 4-27 우리나라의 무역구제제도

구분	근거규정		비고
	국내법	국제규범	
반덤핑관세제도	관세법 산업피해구제법	GATT 제6조 제1항, 제2항 WTO 반덤핑협정	협의
상계관세제도	관세법 산업피해구제법	GATT 제6조 제3항, 제16조 WTO 보조금 및 상계관세에 관한 협정	
세이프가드제도	관세법, 산업피해구제법	GATT 제19조, WTO 세이프가드협정	
불공정무역행위조사 제도	산업피해구제법	없음	광의
국제무역규범위반 조사제도	산업피해구제법	없음	최대 광의

자료 : 무역위원회(http://ktc.go.kr/repage/sub_01_11.jsp?m=m11).

(2) 분쟁해결절차

분쟁해결절차는 무역거래자 상호 간 또는 무역거래자와 외국업체 간에 물품 등의 수출, 수입과 관련하여 분쟁이 발생한 경우 저렴한 비용으로 분쟁을 신속, 공정하게 처리하도록 지원하는 제도이다. 이 제도는 대한상사중재원(www.kcab.or.kr)에 의해 이루어진다. **무역분쟁** 조정 및 중재는 무역거래자 상호 간 또는 무역거래자와 외국업체 간에 물품 등의 수출, 수입과 관련하여 분쟁이 발생한 경우(대외무역법 제44조 제4항), 선적 전 검사와 관련하여 수출자와 선적 전 검사기관 간에 분쟁이 발생한 경우(동법 제45조 제2항) 대한상사중재원에서 조정위원회를 구성하고, 이 조정위원회에서 분쟁에 관한 적절한 조정안을 제시함으로써 법원의 재판이 아닌 중재인의 판정 및 조정에 의해 신속하고 공정하게 처리하도록 지원하는 제도이다.

(3) 외국의 수입규제 대응

우리 기업이 외국에서 덤핑, 상계관세 부과 등 혐의로 피소되어 법률자문 및 대응이 필요한 경우 전문가를 알선해 주거나 상담해 주는 서비스로 다음의 표와 같이 지원되고 있다.

표 4-28 외국의 수입규제 대응 기관 및 지원업무

기관	담당	담당품목	주요 지원업무
한국무역협회 (www.kita.net)	통상협력팀 비관세장벽 협의회 사무국		덤핑규제대응지원센터 구축 및 운영, 수입규제정보 제공 및 대응 지원, 정부, 업종별 단체, 피소업체 간 정보 교 류 등 네트워킹
산업통상자원부 (www.motie.go.kr)	통상협력총괄과		수입규제 대응
무역위원회 (www.ktc.go.kr)	무역구제정책팀		
한국철강협회 (www.kosa.or.kr)		강관, 선재, 후팔 코일, 봉강, 형강, 앵글 등	철강 분야 수입규제 대응
한국석유화학협회 (www.kpia.or.kr)	대외협력본부	석유화학제품 분야	수입규제 대응
한국화섬협회 (www.kcfa.or.kr)		화학섬유	반덤핑 등 수입규제 대응
한국자동차산업협회 (www.kama.or.kr)	통상협력팀	완성차	수입금지, 수입허가, 수입 수량제한, 반덤핑, 세이프가 드, 기타 수입규제제도
한국전자정보통신산업 진흥회(www.gokea.org)	기획팀	전자제품	수입규제 대응
한국반도체산업협회 (www.ksia.or.kr)	국제조사팀	반도체	수입규제 대응
한국섬유직물수출입조합 (www.textra.or.kr)		직물 분야	수입규제 대응
한국섬유산업연합회 (www.kofoti.or.kr)	통상마케팅팀	섬유	섬유수출관련 외국의 입법 동향, 정책정보 등 수집
한국제지공업연합회 (www.paper.or.kr)		제지	수입규제 대응
한국공구협동조합 (www.tool.or.kr)		공구	수입규제관련 모니터링, 업체 애로사항 대정부 건의
한국전기산업진흥회 (www.koema.or.kr)		산업용 전기기기	

자료 : http://www.kita.net/trade_import2/front/restsupp/fundSuppInfo.jsp.

4) 기술개발 및 R&D 협력

FTA가 확대될수록 해외시장 개척에 대한 노력이 필요한 것은 물론 국내시장과 해외시장에서 외국제품과의 경쟁이 심화될 수밖에 없다. 경쟁이 심화될 경우 살아남기 위해서 기술적 우위를 확보하는 것이 기업에게는 무엇보다도 중요하다. 해외시장 개척 또는 국내시장에서 경쟁력 및 시장 확보를 위해 기술개발을 하고자 하는 기업에 대해서는 정부가 다양한 방법으로 지원하고 있다. 지원기관은 중소기업청과 한국산업기술진흥원이 있다.

중소기업청은 기술개발에 어려움을 겪고 있는 중소기업을 위해 다양한 정책을 추진하고 있다. 특히 '중소기업 기술혁신개발사업'을 통하여 FTA 대응 글로벌 전략품목 및 녹색, 첨단기술, 투자유망 분야 등 혁신기업의 미래 성장유망 기술개발과 고성장기업의 기술개발을 지원하여 글로벌 중소기업으로 육성하는 지원을 하고 있다.

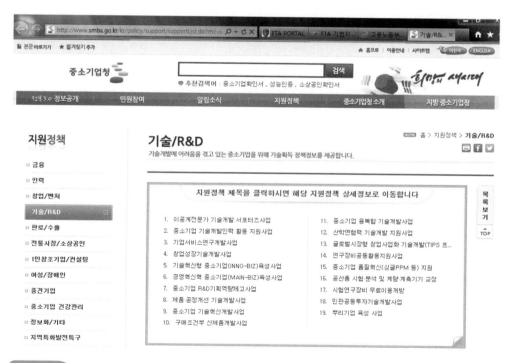

그림 4-10 중소기업청의 기술 및 R&D 지원정책관련 홈페이지

자료 : 중소기업청 홈페이지(www.smba.go.kr).

이 사업에는 글로벌전략기술개발과 혁신기업기술개발사업이 있다.

- 글로벌전략기술개발은 수출 중소기업의 전략품목 발굴과 기술개발을 지원한다.
  ① 글로벌 유망과제 : 기술경쟁력과 수출성장 잠재력이 우수한 글로벌 강소기업을 대상으로 기술개발 지원
  ② 글로벌 경쟁과제 : 수출액 100만 달러 이상의 수출 중소기업을 대상으로 수출 유망 및 중국 내수시장 전략품목을 발굴, 기술개발 지원(지정공모, 자유응모)

- 혁신기업기술개발은 빅데이터, 컴퓨터 소프트웨어 IoT(사물인터넷), 3D 프린팅 등 창조산업 분야 및 첨단기술, 제조기반, 투자유망 등 미래 성장유망 분야 지원을 통해 기술혁신형 중소기업의 집중육성 및 성장을 촉진하는 데 목적을 두고 있다.
  ① 혁신형 기업과제 : 기술혁신형 중소기업의 핵심역량 강화와 성장 견인을 위해 중소기업 기술로드맵 기반으로 전략품목 지원
  ② 투자연계 과제 : 정부와 민간투자기관이 함께 투자 전략품목에 대한 R&D 지원을 통해 중소기업의 사업화 성공률 및 기술혁신 역량 제고
  ③ 고성장기업 : 고성장기업*(가젤형 기업) R&D 지원을 통해 지속적인 고성장성을 유지, 신규고용 창출 및 글로벌 진출 토대 마련

한국산업기술진흥원은 △산업기술인력 양성 △산학협력 △산업기술기반 조성 △기술사업화 촉진 △소재 및 부품 산업 육성 △ 중소중견기업 지원 △국제협력 △ 지역산업 육성 등을 지원하고 있다.

원산지규정

1 원산지규정 개요

1) 원산지 결정기준

원산지규정이란 특정 상품의 원산지를 결정하기 위한 제반 기준 및 절차로서 상품에 대한 국적을 판정하고 확인하는 규칙을 의미한다. 1990년대 냉전체제의 붕괴 이후 확산된 자유무역협정은 참여국 간의 관세 인하를 주 내용으로 담고 있으며 낮은 관세혜택을 받을 수 있다는 사실은 비참여국으로 하여금 자국 상품을 참여국을 통해 **우회수출**을 함으로써 **무임승차**를 하려는 동기를 유발한다. 이러한 문제를 사전에 방지하기 위해 원산지규정은 국제무역에 있어서 거래되는 상품의 생산·조달국을 판정하기 위한 기준 및 관련 행정적 절차 등을 정의하고 있다.

원산지규정은 적용목적에 따라 **비특혜원산지규정**(Non-Preferential Rules of Origin)과 **특혜원산지규정**(Preferential Rules of Origin)으로 구분된다. 특혜원산지규정은 특정국가 간의 관세상 특혜를 베푸는 자유무역지대 혹은 경제구역의 운영이나 일반특혜관세제도(GSP) 등 특정 국가를 대상으로 관세특혜를 부여하는 경우에 적용되는 원산지규정을 의미하며 비특혜원산지규정은 여타 무역정책상 상품의 원산지를 일반적으로 식별할 필요가 있을 경우에 사용한다.

원산지 판정기준은 크게 **완전생산기준**(Wholly Obtained and Produced Test)과 **실질변형기준**(Substantial Transformation Test)으로 나눌 수 있다. 완전생산기준은 상품이 일국에서 완전하게 생산, 재배, 채취되었을 경우로 생산국이 원산지 지위를 가진다는 원칙으로 주로 농축수산물 등의 천연제품이 이에 해당한다. 하지만 제조업의 경우 생산 국제화의 추세에 따라 특정 제품의 생산이 2개국 이상에서 이루어진 경우 원산지 판정의 큰 틀은 상품 생산의 **실질적 변형**이 일어난 국가에 원산지 지위를 부여한다는 원칙을 가지고 있다. 특정 제품이 2개국 이상에 걸쳐 생산되었을 경우 어느 국가에 원산지 지위를 부여할 것인지를 결정하는 데 현재 널리 통용되고 있는 실질적 변형의 기준으로는 **세번변경기준**(Change in Tariff Schedule Method), **부가가치기준**(Percentage Criteria Method), **주요공정기준**(Technical Test Method)이 사용되고 있다.

세번변경기준은 통합품목분류표(Harmonized Commodity Description and Coding

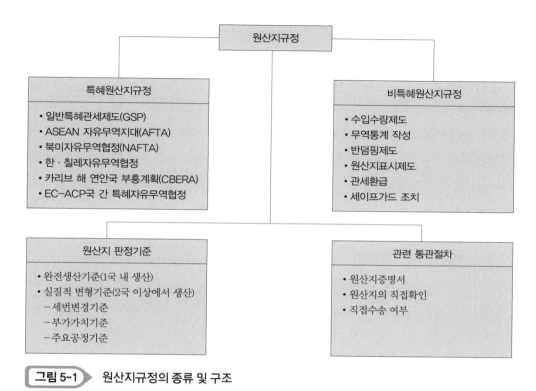

그림 5-1 원산지규정의 종류 및 구조

자료 : 한홍렬(1994) p. 10.

System, HS)를 이용하여 사용된 원재료의 세번(稅番)과 다른 세번(稅番)의 제품이 생산된 경우 당해 국가를 원산지로 인정하는 방식으로 보통 4단위(Heading) 혹은 6단위(Subheading)가 기준으로 사용되고 있으나 경우에 따라서는 2단위(Chapter)에서의 세번변경을 요구하기도 한다. 부가가치기준은 제품 생산과정에서 발생한 부가가치를 고려하여 특정한 비율 이상의 부가가치를 생산한 제조·가공작업을 수행한 국가를 원산지로 인정하는 방법이다. 마지막으로 주요공정기준은 각 제품의 생산에 있어 중요하다고 인정되거나 당해 제품의 주요한 특성을 발행시켜 주는 기술적인 제조·가공작업을 기술한 일반적인 명세표를 사용하여 지정된 가공공정이 일어난 국가를 원산지로 간주하는 방식이다.

양자 간 혹은 지역 간 자유무역협정에서 한 가지 실질변형 판정기준이 이용되기보다는 상품에 따라 세 가지 판정기준이 모두 이용되는 것이 일반적이며 경우에 따라서는 두 가지 이상의 판정기준을 혼합하여 사용하거나 두 가지 이상의 기준 중에 선택적으로 사용할 수 있도록 기준을 정하기도 한다.

또한 경직된 원산지규정의 적용을 완화하고 동시에 참여국 외의 제3국의 우회수출을 방지할 목적으로 보충적 원산지규정 원칙을 적용한다. 대표적인 보충적 원산지규정으로는 **최소허용기준**(De Minimis), **누적규정, 역외가공인정**(Outward Processing), **부속품 및 포장용품에 관한 허용규정, 직접운송원칙**(Direct Consignment), **최소가공기준**(Minimal Process), **흡수기준**(Absorption/Takeover Principle or Roll-up Principle), **추적심사** 등이 있다. 이들 보충적 원산지규정 중 최소허용기준, 누적규정, 역외가공, 부속품 및 포장용품에 관한 허용규정, 흡수기준 등은 원산지규정의 경직성을 완화하는 규정이며 그 밖에 직접운송원칙, 추적심사, 불인정공정 등은 제3국의 우회수출을 방지하기 위한 부가규정으로 볼 수 있다. 주요 보충적 원산지규정의 종류와 내용은 아래 〈표 5-1〉에 요약·정리되어 있다.

2) 원산지규정의 경제적 효과

원산지규정은 FTA 체결을 통한 경제적 이득을 체결국 내로 한정하고 역외국의 제3국을 통한 우회수출을 방지하는 순기능을 지닌 동시에 교역의 왜곡현상을 초래할 수 있다는 역기능도 있다. 원산지규정은 생산자에게 추가적 행정비용을 부담함으로써 새로운 거래비용으로 작용하며 이는 역내국 간의 FTA를 통한 무역창출효과를 반감시키는 결과를 가져올 수 있다. Koskinen(1983)에 따르면 EC-EFTA FTA하에서 핀란드 수출기업이 원산지증명을 받기 위한 행정비용은 수출 거래액의 1.4~5.7%에 달하는 것으로 추정되었고 Holmes와 Shephard(1983)도 EFTA에서 EC로 수출할 때 요구되는 문서가 평균 36종으로 페이지 수로는 약 360쪽에 달해 FTA를 통한 교역을 저해하는 요소로 지적하였다.

또한 원산지 결정기준을 충족하기 위해 생산재료 조달을 역외국에서 역내국으로 전환함으로써 FTA 체결이 무역창출을 통한 상호 간의 경제적 이득보다는 무역전환의 효과를 통한 교역확대를 낳을 가능성도 지니고 있다. 이러한 역기능을 포함한 원산지규정이 무역과 투자 등 일국의 경제에 미치는 효과는 다음의 내용에서 정리하고 있다.

표 5-1 보충적 원산지규정

보충적 원산지규정	내용
최소허용기준	• 역외산 수입재료의 비율이 미미할 경우 세번변경기준을 충족하지 않더라도 원산지를 인정 • 섬유의류의 경우 역외산 재료가 총무게의 x%를 넘지 않는 경우 국내산으로 인정
누적규정	• 특정 국가에서 수입한 비원산지 재료가 특혜를 받는 국가 내에서 역내산으로 간주될 수 있도록 허용하는 규정 • 특혜를 받는 국가의 범위에 따라 양자 간 누적(bilateral cumulation), 유사누적(diagonal cumulation), 완전누적(full cumulation)으로 나뉨
흡수기준	• 중간재의 원산지 결정과 관련하여 비원산지 재료가 일정한 가공요건을 충족한 경우 최종 제품에 사용된 해당 재료를 100% 역내산으로 간주하여 부가가치기준을 계산
역외가공인정	• 자국산 부품을 사용하여 제3국에서 반제품을 만든 후, 재반입하여 자국에서 최종 생산한 물품에 대해 자국산 부품가격을 자국에서 발생한 부가가치 금액에 포함하는 제도
최소가공기준	• 세번변경이 일어난 경우라도 최소가공만 일어난 경우는 실질적 변형으로 인정하지 않음 • 예를 들어 도축(소 HS0102 → 쇠고기 HS0201), 냉동(활어 HS0301 → 냉동어류 HS0303)의 경우 세번변경(2단위 혹은 4단위)은 일어났으나 실질적 변형으로 간주하지 않으므로 수출국에 대한 원산지 지위를 부여하지 않음 • 대개 이러한 최소가공기준은 별도의 리스트에 규정되어 있음
직접운송원칙	• 수출당사국에서 수입국으로 직접 운송된 물품만 원산지를 인정 • 제3국에서 일시적으로 하역 및 재선적, 상품의 보존을 위한 최소한의 공정은 허용하나 제3국에서 직접 선적되었거나 추가가공이 일어난 경우 원산지를 부여하지 않음
추적심사	• 비원산지 재료가 가공된 이후 원산지 지위를 획득하지 못했거나 상실할 경우 해당 제품에 사용된 재료가 100% 역외산으로 간주되지 않고 당해 원산지 재료는 여전히 최종제품의 원산지 결정에서 고려대상이 되게 하는 방식
부속품 및 포장 용품에 관한 허용 규정	• 부속품, 예비부품, 공구 등은 해당 물품의 원산지에 따라 원산지를 결정 • 그러나 부속품 등이 별도로 수입하거나 통상 인정되는 수량보다 많을 경우에는 이를 인정하지 않음 • 소매판매를 위한 포장용품 및 포장용구는 그 내용물의 원산지에 따르지만, 관세율표상 포장용품과 내용물을 별개의 품목번호로 분류하고 있을 때에는 이를 적용하지 않음

(1) 거래비용 측면에서의 원산지규정

양국 혹은 다자간의 FTA가 체결되었을 때, FTA 관련국 상호 간의 관세는 폐지되지만 특혜관세혜택을 위해 수출기업들은 수출품이 자국산이라는 원산지를 인정받아야 한다. 이러한 요구사항은 먼저 관련 수출기업들에게 추가적 행정절차를 발생시켜 관세 인하의 효과를 약화시키며 상대국 비특혜관세의 정도에 따라 원산지 인정을 받을 수 있는 경우에도 이를 포기하고 비특혜관세의 적용을 받는 경우가 발생할 수 있다. 즉 상대국의 비특혜관세가 매우 낮은 경우 원산지 인정을 위한 행정적 비용을 감수하기보다는 차라리 비특혜관세 적용을 받는 것이 기업의 입장에서 비용절감의 결과를 가져올 수 있다. NAFTA의 전신인 미·캐나다 FTA 체결 당시 캐나다의 생산자들은 원산지 인정을 위한 행정적 비용을 감당하기보다는 관세를 지불하고 수출을 하겠다는 입장을 밝히기도 하였다(Krueger, 1995). 이러한 사례는 원산지규정이 거래비용으로 작용하는 경우로 특히 비특혜관세의 수준이 낮은 유럽이나 북미 선진국 등에서 많이 발생한다.

(2) 원산지규정의 무역전환효과

FTA의 관세 인하에 따른 무역전환효과는 이미 기존 연구에서 많이 지적된 바 있다. 전통적인 FTA의 무역전환효과는 FTA가 체결국 간의 관세를 인하함으로써 역외국과 비교했을 때 체결상대국의 수입품에 대한 상대가격이 낮아지고, 이는 수입 대상국이 역외국에서 FTA 체결 상대국으로 전환되는 무역전환효과가 일어난다고 설명하고 있다.

이러한 무역전환효과는 FTA 관세 인하에서뿐만 아니라 원산지규정에 의해서도 발생할 수 있다. 즉 중간재 혹은 원재료의 구입에 있어 원산지 인정을 받기 위해 원재료 조달이 역외국에서 FTA 체결 상대국으로 바뀌게 되는 효과가 있다. 수출용 품목의 중간재나 원자재가 이미 대부분의 국가에서 무관세혜택을 받는 상황에서 이러한 품목에 대한 FTA를 통한 관세 인하의 영향은 미미한 반면 원산지규정은 수입선 변경에 지대한 영향을 미칠 수 있다. 또한 이는 중간재의 가격이나 효율성에 상관없이 원산지 인정을 받기 위한 결과로 수출품의 가격상승을 가져올 수 있으며 효율적 자원배분이라는 측면에 반하는 행위로 볼 수 있다.

하지만 원산지규정으로 인한 무역전환효과가 어느 정도인지에 대해서는 실증적 추론이 어려운 한계가 있다. 원산지규정은 대부분의 경우 FTA의 관세 인하와 동시에 일어나는 관계로 이를 따로 떼어내서 실증적으로 효과를 분석하기에는 한계가 있다. 그러나 한 가지 유추 가능한 사실은 FTA의 관세 인하에 따른 무역전환의 효과가 최종재와 중간재 모두에 영향을 미치는 반면 원산지규정은 그 특성상 수입 중간재에 많은 영향을 미친다는 점에서 차이를 보인다.

(3) 비관세 장벽으로서의 원산지규정

원산지규정은 관세 인하에 따른 자국산업의 보호를 위해 보호무역의 하나의 수단으로 이용될 수 있으며 이러한 점에서 원산지규정이 '숨겨진 비관세 장벽(Hidden NTBs)'으로 불리기도 한다. 대표적인 예로는 미국이 주도하는 FTA에서 섬유 및 의류에 관한 원산지규정을 들 수 있다. Yarn-forward와 Fibre-forward로 대표되는 미국의 직물 및 의류 관련 원산지규정은 이들에 대한 강력한 규정을 통해 자국으로 수입되는 FTA 체결국(혹은 GSP 수혜국)의 수입량을 제한함으로써 자국산업을 보호하려는 의도를 다분히 지니고 있다. Estevadeordal은 세계의 주요 FTA 원산지규정의 제약성을 지수화하면서 NAFTA를 가장 제약적인 원산지규정을 지닌 자유무역협정으로 규정하였는데 이는 섬유·의류 부문의 원산지규정에 기인한 바가 크다.

원산지규정이 새로운 비관세 장벽으로 작용할 수 있다는 사실은 WTO에서도 논의된 바 있다. GATT 제24조 제8(b)항에 따르면 자유무역지대(free trade area)를 '관세 및 기타 교역의 제한적인 요인이 충분히 제거된 2개국 이상의 영역'으로 정의하고 있는데, 원산지규정은 이러한 GATT 제24조 8(b)항을 위배할 가능성이 있으며 또한 '특혜무역협정의 체결이 체결 이전보다 비체결국의 시장접근을 약화하는 장벽이 되어서는 안 된다'는 GATT 제24조 제5항을 위반할 가능성에 대해서도 논의되었다.

(4) 원산지규정의 투자전환효과

원산지규정이 단기적으로 역외산 중간재의 조달을 자국산 혹은 역내산 중간재로 대체하는 무역전환효과를 가지는 반면에 장기적으로는 체결 상대국과 역외국의 투자를 자국으로 끌어들이는 투자전환효과를 불러오게 된다. 관세에 있어 체결국과 차별적 대우를 받고 있는 역외국의 생산자는 역내에서의 자사제품 가격 경쟁력을 높이기 위해 장기적으로 자국의 생산라인을 역내로 들여오는 것을 고려하게 된다. 즉 장기적으로 원산지규정은 투자를 역내로 끌어들이는 투자전환효과를 가지고 있으며 이는 중간재 생산자뿐 아니라 최종제품의 생산에도 해당된다.

하지만 이러한 투자전환효과는 역외국 생산자의 입장에서 원산지규정을 충족시키면서 역내국 간의 관세혜택을 누리기 위해 역내국 내에 투자를 고려할 때 국가의 경제력이 크고(허브국가) 원재료나 중간재에 대한 관세가 낮은 국가를 선호하게 되며, 역내국 중 가장 규모가 크고 비특혜관세가 낮은 국가, 예를 들어 NAFTA의 경우 미국과 같은 국가에 집중되는 현상을 보인다.

2 주요 FTA 원산지규정의 특징

1) 특혜원산지규정의 유형

일반적으로 원산지규정은 유럽연합(EU)이 FTA 체결 시 활용하는 **PANEURO형**과 미국을 중심으로 한 북미지역의 NAFTA형, 그리고 ASEAN을 중심으로 동아시아 역내국과 체결한 FTA에서 주로 사용되는 ASEAN형으로 나눌 수 있다. PANEURO 방식은 1997년 이후부터 EU와 체결하는 신규 FTA 국가들의 원산지 협정에 적용되고 있는데 Euro-Mediterranean Association Agreements, EU · 슬로베니아 FTA, 그리고 남아프리카, 멕시코, 칠레와의 FTA, 그리고 우리나라와 체결한 한 · EU FTA 등에 적용되었다. 반면에 미국이 캐나다, 멕시코와 체결한 NAFTA에서 유래한 NAFTA 모델은 미국 · 칠레 FTA, 멕시코 · 코스타리카 FTA, 멕시코 · 칠레 FTA, 한 · 미 FTA 등 북미 국가들이 체결한 FTA에서 주로 나타난다. 마지막으로 ASEAN 방식은 독창적인 특성을 가지고 있는 원산지규정 형태로 보기는 어려우며 EU의 PANEURO 모델과 NAFTA 모델을 혼용한 특징을 보인다.

원산지 결정에서도 주요 결정기준 및 보충기준 사용에서 NAFTA형과 PANEURO형 그리고 ASEAN 방식은 서로 차이를 보이고 있으며, 〈표 5-2〉는 PANEURO, NAFTA 및 ASEAN 방식 원산지규정의 주요 특징을 정리하고 있다.

표 5-2 **지역별 원산지규정의 주요 특징 비교**

PANEURO 방식	NAFTA 방식	ASEAN 방식
• 협정별로 가장 동일한 형태를 취하고 있음 • 역내 원산지 협정안을 통일하기 위하여 1997년부터 PANEURO 모델 시행 • 역내국가에 대해서는 미소기준이나 Roll-up, 누적조항 등을 허용하여 매우 단순하면서도 쉬운 형태를 지니고 있으나, 외부적으로는 매우 엄격한 규칙을 지님 • HS4단위 세번변경기준 채택 • MC 기준 채택 • 부가가치 계산방식이 다른 지역협정안과는 달리 동일한 공장도가격에 기초 • 원산지를 인정하는 기준안이 품목별로 한 가지만 존재하는 것이 아니라 대안(alternative) 조항이 존재 • 역내국가 간에는 완전누적이 적용되어 단일생산시장 개념이 적용	• 엄격하면서도 복잡한 원산지 협정으로 인하여 과도한 행정비용이 발생하여 역내 수출업자들의 상당한 애로 초래 • HS2단위 세번변경을 기준으로 4단위 변경을 함께 사용 • 미국·요르단, 미국·이스라엘 FTA에서는 특정 세번변경기준을 제시하지 않고 VC에 기초 • RVC 기준 채택(자동차의 경우 높은 비율 적용) • 부가가치기준율과 계산 방식이 유럽에 비해 다양 • 누적조항의 가장 기본이라 할 수 있는 양자누적만 인정	• 유럽과 NAFTA 모델을 혼용하고 있으나 상대적으로 덜 복잡한 체계를 가지고 있음 • 다른 협정안에 비해 역내 보호수단이 상대적으로 약하고 간단한 형태를 취하고 있어 FTA의 본래 목적에는 부합하지만 회원국 간의 무역분쟁 발생 여지가 높음 • AFTA의 경우 40%의 RVC를 주요 결정기준으로 활용 • HS 4단위의 단순 세번변경기준 채택 • 일반적으로 양자누적을 인정

자료 : 정인교 외(2005).

2) 주요 FTA/대륙별 FTA 원산지결정기준

(1) 완전생산기준

NAFTA 방식이나 PANEURO 방식 혹은 ASEAN 방식 등 특혜원산지규정은 협정별로 독특한 특징을 지니고 있으나 원산지를 결정함에 있어 '완전생산기준'과 '실질적 변형기준'을 사용한다는 원산지 결정의 기본틀에서는 동일한 기준이 적용된다. 원산지 결정기준을 크게 '완전생산기준'과 '실질적 변형기준'으로 분류하는 것은 교토협약으로 알려진 'WTO 원산지규정에 관한 협정'에서 합의된 내용을 반영한 결과이다. 실질적 변형기준에 대해서는 지역별/협정별로 차이를 보이는 반면 완전생산기준을 적용하는 기준은 대부분의 협정이 교토협약을 표준으로 이용하고 있으며 협정별로 큰 차이를 보

완전생산기준
(교토협약 부속서 K)

(a) 당해 국가의 토양, 영해 또는 해저에서 채취한 광물성 생산품

(b) 당해 국가에서 수확 또는 채집된 식물성 생산품

(c) 당해 국가에서 출생 및 사육된 산 동물

(d) 당해 국가에서 산 동물로부터 얻은 생산품

(e) 당해 국가에서 행해진 수렵 또는 어로로부터 얻은 생산품

(f) 당해 국가의 선박이 해양어업에 의하여 획득한 생산품 및 해양에서 취득한 기타의 생산품

(g) 위 (f)에서 정하는 종류의 생산품만을 가지고 당해 국가의 선박공장에서 얻은 생산품

(h) 당해 국가의 영해 외 해저의 토양 또는 하층토에서 채취한 생산품. 다만, 당해 국가가 그 토양 또는
    하층을 이용할 독점권이 있음을 조건으로 함

(i) 제조 및 가공작업에서 생긴 부산물과 폐기물, 그리고 중고품으로서 당해 국가에서 수집되고 원자재
    의 회수에만 적합한 것

(j) 당해 국가에서 위 (a)~(i)에서 언급된 생산품에 의해서만 생산된 물품

이지 않는다.

각국의 일반원산지규정뿐만 아니라 대부분의 FTA 특혜원산지규정은 위의 교토협약의 내용을 완전생산기준으로 준용하여 사용하고 있다. 다만 영해의 범위(배타적 경제수역 포함 여부)와 '국가의 선박'을 정의하는 방식(기국요건, 등록요건 등)에 있어 협정별로 다소 차이를 보이기도 한다.

(2) 세번변경기준

유럽의 경우에는 세번변경기준(CTC)에서 HS4단위 변경 방식이 특혜원산지협정에서 주요 원산지 결정기준으로 이용된다. PANEURO 원산지규정은 완전생산되지 않은 상품의 '실질적 변형' 여부에 대하여 부속서 15에 가공공정기준과 부가가치기준 또는 이를 조합한 조합기준이 적용되고 있으며 이외의 경우에는 세번변경기준을 적용하고 있다. 비원산지재료의 세번과 판정대상 물품의 세번이 HS4단위에서 변경이 일어났을 경우 충분한 가공을 거친 것으로 간주하지만(제68조 제1항) 제68조 제3항에서 단순 조립이나 가공으로 발생한 세번변경의 경우 원산지를 인정하지 않고 있다.

PANEURO 방식이 주로 HS4단위 세번변경이 세번변경기준으로 적용되는 반면

NAFTA는 HS4단위 변경과 함께 HS2단위 변경기준(CC)이 주로 사용되는 특징을 지닌다. PANEURO 방식에서 HS2단위 세번변경이 적용되는 경우는 매우 제한적인 반면, NAFTA 방식에서는 원산지 결정기준으로 적용되는 품목의 50% 이상에 HS2단위 세번변경기준이 적용된다. 이는 자국산업 피해에 대한 우려로 인해 4단위 세번변경보다 강력한 2단위 세번변경을 적용하려는 미국의 의도가 반영된 결과로 여겨진다.

(3) 부가가치기준

특정 상품이 원산지 지위를 부여받기 위해 요구되는 역내부가가치 포함 비율(국내부가가치 비율)을 **역내부가가치**라고 하며, PANEURO, NAFTA, ASEAN 방식 모두에서 중요한 원산지 결정기준으로 사용된다. 부가가치기준의 계산 방식으로는 '**거래가격 방식**'이나 '**순비용 방식**'이 사용된다. 거래가격 방식은 역내부가가치의 계산이 용이하다는 장점이 있으나 '관계자(related persons)' 간 거래 시의 거래가격 왜곡 가능성 및 중간재에 대해서는 적용하기가 곤란하다는 단점이 있다. 순비용 방식의 경우는 집적법의 단점이 되는 거래가격 왜곡 가능성이나 중간재에 대한 부가가치 산정을 보완할 수 있으나 기술적으로 계산해내기가 쉽지 않아 특히 중소기업에게 부담으로 작용할 수 있다는 점이 한계로 지적된다.

거래가격 방식은 역내산 재료비가 물품가격에서 차지하는 비율을 기준으로 역내부가가치를 계산하는 '**집적법**(build-up method)'과 역외산 재료비를 생산품의 가격에서 공제하는 방식으로 역내부가가치를 계산하는 '**공제법**(build-down method)'으로 나뉜다.

〈집적법〉

$$\text{역내부가가치 비율} = \frac{\text{원산지재료가치(VOM)}}{\text{조정가격(AV)}} \times 100\%$$

〈공제법〉

$$역내부가가치\ 비율 = \frac{조정가격(AV)-비원산지재료가치(VNM)}{조정가격(AV)} \times 100\%$$

VOM : value of originating materials

AV : adjusted value

VNM : value of non-originating materials

PANEURO 방식과 NAFTA 방식의 부가가치기준 산정의 가장 큰 차이는 기준가격에서 찾을 수 있다. PANEURO 방식의 경우 부가가치 산정의 기준이 되는 기준가격은 **공장도가격**(ex-work price)이 사용되지만 NAFTA에서는 FOB가 산정을 위한 기준가격으로 사용된다.

동아시아의 경우에는 PANEURO와 NAFTA 모델과는 달리 상대적으로 간단하고 명료한 형태를 지니고 있다. ASEAN 국가 간의 FTA인 AFTA의 경우 최초 체결된 협정의 원산지 결정기준은 부가가치 40%가 단일기준으로 적용되었고, 계산 방식도 품목별로 차이를 두지 않았다.

주요 FTA 협정별 부가가치기준 및 제한 그리고 계산 방식은 〈표 5-3〉에 정리되어 있다. 미국을 포함한 NAFTA 방식의 경우 RVC가 부가가치기준으로 이용되며 순비용 방식과 거래가격 방식이 모두 적용되거나 선택적으로 적용되는 방법이 주로 사용되고 있다. 반면에 EU를 중심으로 PANEURO 방식에서는 공장도가격을 부가가치 산정의 기준가격으로 사용하며 MC(marginal contents)가 부가가치기준으로 이용되고, 동아시아 역내 FTA에서는 주로 RVC와 FOB가 기준가격으로 이용되는 NAFTA 방식이 주로 이용되고 있으나 협정에 따라 RVC와 MC가 선택적으로 사용되거나(일·싱가포르 FTA), 공장도가격(AFTA, 방콕협정)이나 수출가격 (일·싱가포르 FTA), 'factory cost' (SAFTA) 등이 사용되는 경우도 제한적으로 나타난다.

표 5-3 협정별 부가가치기준의 특성

자유무역협정	부가가치기준 및 제한		부가가치 계산기준
	MC	RVC	
PANEURO(50)	50~30		공장도가격(ex-works price)
PE · 15	50~30		공장도가격(ex-works price)
EU · SA	50~30		공장도가격(ex-works price)
EU · MEX	50~30		공장도가격(ex-works price)
EU · CHILE	50~30		공장도가격(ex-works price)
EC · LEBANON	20~50		공장도가격(ex-works price)
EFTA · MEX	50~30		공장도가격(ex-works price)
EFTA · CHILE	15~60		공장도가격(ex-works price)
EFTA · SINGAPORE		40~80	공장도가격(ex-works price)
NAFTA		50~60	50(순비용), 60 (거래가격)
US · CHILE		35~45	35(직접법), 45(공제법)
CANADA · CHILE		50~60	50(순비용), 60(거래가격)
MEX · COSTA RICA		41.66~50	41.66(순비용), 50(거래가격)
MEX · CHILE		40~50	40(순비용), 50(거래가격)
MERCOSUR	40	60	FOB 수출가격
CAN	50		FOB 수출가격
LAIA	50		FOB 수출가격
SAFTA		30~50	factory cost
AFTA		40	value of content
BANGKOK		40	공장도가격(ex-works price)
JAPAN · SINGAPORE	40	60	수출가격 (export value)
CHINA · HONG KONG		30	factory cost
US · SINGAPORE		30~65	30~35(직접법), 45~65(공제법)
CHILE · KOREA		30~45	30(직접법), 45(공제법)
TAIWAN · PANAMA		35~70	FOB
THAILAND · AUSTRALIA		40~55	FOB
SADC	70~35		공장도가격(ex-works price)
US · ISRAEL		35	value of materials/processes

자료 : 최홍석, 이영달(2011), p. 57에서 인용

3 한국 FTA 원산지규정의 특징 및 주요 내용 분석

1) 한국 기체결 FTA 원산지규정의 유형 및 구성 분석

우리나라가 체결한 FTA에서 원산지규정은 FTA 체결 상대국에 따라 여러 가지 유형의 FTA 원산지 결정기준이 혼재되어 있는 특징을 보인다. 한·EFTA FTA나 한·EU FTA는 수입산 원부자재 가치(MC)와 공장도가격을 적용하며 다소 높은 최소기준 등을 적용한 점을 감안할 때 PANEURO 유형으로 분류할 수 있는 반면에 한·칠레 FTA, 한·미 FTA, 한·싱가포르 FTA 등은 NAFTA 유형의 특징을 많이 반영하고 있다.

우리나라 기체결 FTA의 협정별 원산지규정과 협정에 포함된 주요 내용은 〈표 5-4〉와 〈표 5-5〉에 정리하였다. 우리나라 기체결 FTA 특혜원산지규정은 내용에 있어서는 유사한 내용을 포함하고 있으며 협정별로 큰 차이를 보이지는 않는다. 일부 항목(불인정공정이나 중간재 롤업에 대한 내용, 개성공단 원산지특례 등)에 있어 미세한 차이를 보이고 있기는 하지만 원칙적인 내용 및 범위에 있어서는 큰 차이를 보이지 않는다.

표 5-4 각 FTA별 규정 내용 비교

구성	한·칠레(제4장)	한·싱가포르(제4장)	한·EFTA(부속서 I)	한·미국(제6장)
1조	정의	정의	일반조항	원산지상품
2조	원산지상품	특정 상품의 취급	정의	역내가치포함비율
3조	역내가치포함비율	역외가공	원산지상품 요건	재료의 가치
4조	중간재	역내가치포함비율	원산지기준	재료의 가치에 대한 추가조정
5조	누적계산	미조립 또는 분해된 상품	원산지누적	누적
6조	최소허용수준	중간재	완전하게 획득된 상품	최소허용수준 규정
7조	대체가능상품과 재료	중립요소	충분한 작업 또는 가공을 거친 상품	대체가능상품 및 재료
8조	부속품, 예비부품 및 공구	누적계산	불충분한 작업 또는 가공공정	부속품, 예비부품 및 공구
9조	간접재료	최소허용수준	원산지 자격 단위 물품	상품의 세트

10조	소매판매를 위한 포장재료 및 용기	대체가능상품과 재료	부속품, 예비부품 및 공구	소매판매를 위한 포장재료 및 용기
11조	수송을 위한 포장재료 및 용기	부속품, 예비부품과 공구	세트	수송을 위한 포장재료 및 용기
12조	환적	소매판매를 위한 포장재료 및 용기	중립재	생산에 사용된 간접재료
13조	불인정공정	수송을 위한 포장재료 및 용기	재료의 구분	통과 및 환적
14조	해석과 적용	직접운송	영역원칙	협의 및 수정
15조	협의와 변경	불인정공정	영역원칙의 면제	–
16조	–	해석과 적용	직접운송	–
17조	–	협의 및 수정	–	–
구성	**한 · ASEAN(부속서 3)**	**한 · EU(의정서)**	**한 · 인도(제3장)**	**한 · 페루(제3장)**
1조	정의	정의	정의	원산지 상품
2조	원산지기준	원산지제품	원산지 상품	완전하게 획득되거나 생산된 상품
3조	Wholly obtained or produced goods	원산지누적	완전하게 획득되거나 생산된 상품	역내가치포함 비율
4조	Not wholly obtained or produced goods	Wholly obtained or produced goods	완전하게 획득되거나 생산되지 아니한 상품	중간재
5조	품목별 원산지기준	Sufficiently worked or processed products	간접재료	불인정공정
6조	특정 상품의 취급	불인정공정	불인정공정	누적
7조	누적	원산지 자격단위(unit of qualification)	누적조항	최소허용기준
8조	불인정공정	부속품, 예비부품 및 공구	최소허용수준	대체가능상품 또는 재료
9조	직접운송	세트상품	부속품, 예비부품 및 공구	세트
10조	최소허용기준	중립재	소매판매를 위한 포장재료 및 용기	부속품, 예비부품 및 공구
11조	포장재의 취급	재료구분회계 (Accounting segregation of materials)	수송을 위한 포장재료 및 용기	소매판매를 위한 포장재료 및 용기
12조	부속품, 예비부품 및 공구	영역원칙	대체 가능한 재료	수송을 위한 포장재료 및 용기

13조	중립재	직접운송	영역원칙	간접재료
14조	동일하고 대체 가능한 재료	–	영역원칙의 예외	직접운송
15조	원산지증명서	–	직접운송	영역 원칙
16조	협의, 검토, 수정	–	해석 및 적용	–
17조	제도규정	–	협의 및 수정	–
18조	분쟁해결	–	–	–

자료 : FTA 협정문을 토대로 저자 작성.

표 5-5 우리나라 FTA의 원산지규정 총괄비교

	칠레	싱가포르	EFTA	ASEAN	미국	인도	EU	페루
원산지상품	○	○	○	○	○	○	○	○
품목별 원산지기준	○	○	○	○	○	○	○	○
직접운송(환적)	○	○	○	○	○	○	○	○
누적기준	○	○	○	○	○	○	○	○
중간재	○	○	○	×	○	×	○	○
간접재료	○	○	○	○	○	○	○	○
최소기준	○	○	○	○	○	○	○	○
불인정공정	○	○	○	○	×	○	○	○
대체가능물품	○	○	○	○	○	○	○	○
부속품, 예비부품 및 공구	○	○	○	○	○	○	○	○
소매판매를 위한 포장재료 및 용기	○	○	○	○	○	○	○	○
수송을 위한 포장재료 및 용기	○	○	×	○	○	○	×	○
세트물품	×	×	○	×	○	×	○	○
개성공단 원산지특례	×	○	○	○	×	○	×	○

자료 : 최홍석, 이용달(2011)을 기초로 재구성.

2) 주요 항목에 대한 세부 분석

(1) 완전생산기준

완전생산기준은 '세계 공장'이라고 불릴 정도로 국가 간 분업이 활성화된 상황에서 적용에 제한을 가지고 있지만, 가장 기본이 되는 원산지기준으로 일부 농업과 광업제품 등에 대해서는 여전히 유효한 평가기준이 되고 있다. 완전생산기준은 그 단어가 의미하는 바와 같이 일국에서 완전히 생산된 경우에 원산지를 인정한다는 것으로 한국의 기체결 FTA에서도 전반적인 틀에 있어 큰 차이를 보이지 않는다. 수입원재료가 이용되지 않고 일국에서 처음부터 끝까지 생산과정이 이루어진 경우에는 완전생산기준을 충족하는 것으로 간주되며, 일국에서 수확된 농축산물, 광물자원 등이 주로 대상이 되고 있다.

우리나라가 체결한 FTA에서 완전생산기준에 해당되는 품목은 일반적으로 다음과 같이 정의하고 있다.

(ㄱ) 역내에서 채굴한 광물성 생산물

(ㄴ) 역내에서 수확한 식물성 생산물

(ㄷ) 역내에서 태어나 성장한 산 동물과 이들로부터 획득한 물품

(ㄹ) 역내에서 수렵 또는 어로에 의하여 획득한 물품

(ㅁ) 역내 선박(역내 국가에 등록되고 그 국기를 게양한 것)이 역외 바다에서 수확한 수산물과 기타의 물품

(ㅂ) 역외 해저 탐사권이 있는 역내인이 역외 해저에서 채취한 물품

(ㅅ) 역내 국가 또는 기업이 우주에서 취득한 물품(EFTA, EU, 인도와의 협정에는 이 규정이 없음)

(ㅇ) 역내의 생산과정에서 발생한 폐기물 및 부스러기

(ㅈ) 역내에서 수집되어 사용이 끝난 물품(원재료 회수용으로 적합한 것에 한함)

(ㅊ) 역내국가의 영역 또는 선박에서 (ㄱ) 내지 (ㅈ)의 물품을 원재료로 하여 생산한 물품

각 협정에서 정의하는 내용은 일부 우주에서 취득한 물품을 제외하고 대체로 동일하나, 수산물의 경우에는 영해의 범위나 자국 선박 요건에 있어 FTA 간에 차이를 보인다. 영해의 범위에 있어서는 한·칠레 FTA와 한·인도 CEPA에서 칠레와 인도에게만 배타적 경제수역에서 생산된 수산물에 대한 원산지를 인정하고 있을 뿐, 나머지 FTA는 배타적 경제수역을 포함하지 않는다. 이들 FTA에서 칠레와 인도에게만 배타적 경제수역에서의 생산물을 영해의 범위로 포함시킨 것은 칠레 국내법에서 배타적 경제수역이 영해로 포함됨에 기인한다.

또한 9개 FTA 모두 영해 내에서 획득한 것에 대해 선박의 국적 여하를 막론하고 연안국을 원산지로 인정하고 있으며, 영해 밖의 공해상에서 획득한 수산물이나 선상가공품에 대해서도 자국산 선박이 획득하였다면 완전생산기준을 충족하는 것으로 간주하여 원산지를 인정하고 있다. 다만 자국 선박을 정의함에 있어 한·EFTA FTA는 **기국요건**(Vessel Flying the Flag of a Party)만을 규정하고 있는 반면에 한·EU FTA의 경우에는 기국요건과 **등록요건**(Recorded with a Party) 외에 선박의 소유와 관련된 추가적인 조건을 명시하고 있으며 나머지 FTA는 기국요건과 등록요건을 동시에 충족할 것을 규정하고 있다.

한·EU FTA Article 4, 2(c)에서는 완전생산을 충족하기 위해서는 50% 이상의 소유권이 한국 혹은 EC 회원국에 의해서 보유되거나 또는 소유권이 개인이 아닌 회사에 있는 경우 (i) 회사의 본사와 주요 사업지역(main place of business)이 한국이나 EC 회원국이고 (ii) 회사의 소유관계에서 50% 이상의 지분이 한국이나 EC 회원국이나 이들 공공단체(public entity) 또는 이들 국적을 지닌 사람들에 있어야 한다는 조건을 명시하고 있다. 이는 한국이 기존에 체결한 FTA에서 자국 선박 요건을 규정하는 방법에 추가적인 요건이 첨부된 형태로, 수산물에 민감한 양측의 입장이 반영된 결과이며 이러한 자국 선박 요건은 한·EU FTA 외에 일본이 ASEAN 회원국과 양자 간에 체결된 EPA에서 주로 이용된다.

표 5-6 수산물에 대한 완전생산기준 비교

구분	자국 선박 요건
한 · 칠레	기국요건+등록요건
한 · 싱가포르	기국요건+등록요건
한 · EFTA	기국요건
한 · ASEAN	기국요건+등록요건
한 · 미	기국요건+등록요건
한 · EU FTA	기국요건+등록요건+소유요건
한 · 인도 CEPA	기국요건+등록요건
한 · 중 FTA	기국요건+등록요건
한 · 호주 FTA	기국요건+등록요건
한 · 페루 FTA	기국요건+등록요건

자료 : 각 협정문을 토대로 작성.

(2) 실질적 변형기준

① 세번변경기준

세번변경기준은 원산지증명 및 검증이 용이하고 생산자 혹은 수출자 입장에서 예측 가능성이 높다는 점에서 선호되는 원산지 결정기준이다. 한국이 체결한 FTA에서 세번변경기준은 주요 원산지 결정기준으로 이용되고 있으며, 품목에 따라 2단위, 4단위 혹은 6단위 세번변경기준이 적용되고 있다. 품목별로 세번변경기준은 2, 4, 6단위 중 어떠한 방법이 이용되는지 차이가 있을 뿐, 적용 방식이나 기준에서 FTA에 따른 차이를 보이지는 않는다. 다만 NAFTA 방식이 주로 반영된 한 · 미 FTA나 한 · 칠레 FTA에서는 부가가치기준에 비해 상대적으로 세번변경기준이 많이 사용되었고 HS4단위와 함께 HS2단위에서의 세번변경을 원산지 결정기준으로 활용하는 빈도가 높은 특징을 지니고 있다.

또한 여타 FTA와 마찬가지로 세번변경기준이 부가가치기준이나 **특정공정기준**과 **혼합기준**으로 사용되는 경우가 많은데, 한 · 인도 CEPA의 경우 세번변경+부가가치의 혼합기준이 일반 원산지 결정기준으로 이용된다.

② 부가가치기준

우리나라가 체결한 FTA에서 부가가치기준은 주요 원산지 결정기준으로 이용된다. 부가가치기준은 원산지규정의 본질적인 의미에 가장 부합하는 원산지 결정기준이며 다른 기준에 비해 법규 설정이 간편하고 명확하다는 점은 장점이 된다. 그러나 실제로 부가가치기준 충족 여부를 확인하고 증명하기 위해서는 직접재료의 제조원가, 노무비와 같은 직접경비의 원가, 공장도가격, 국내운송비 등에 대한 정확한 이해와 산출이 가능해야 하고 산정된 부가가치비율이 인정기준에 근접할 경우 원재료의 가격 변화나 환율 변동에 따라 원산지 인정 여부가 바뀔 수 있다는 점은 부가가치기준의 한계로 지적된다. 특히 수출자 · 생산자 입장에서 부가가치기준은 자신이 수출/생산하는 품목에 대한 원가 공개가 될 수 있다는 우려와 전문적인 회계인력을 지니지 못한 중소기업의 경우 부가가치 산정에 어려움을 갖는다.

특혜원산지규정에서 부가가치기준은 단독으로 혹은 여타 결정기준과 혼합기준으로 적용되며, 부가가치 인정기준뿐만 아니라 부가가치기준을 산정하기 위한 누적기준, 중

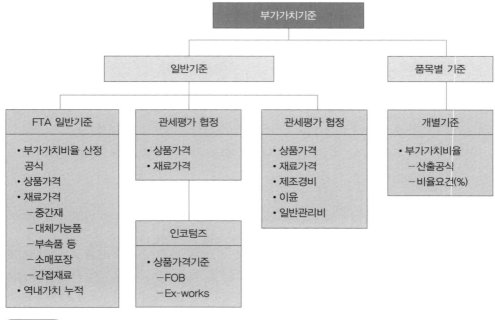

그림 5-2 부가가치기준 구조

자료 : 최홍석, 이영달(2011), p. 131에서 인용.

간재, 간접재료, 대체가능물품, 소매용 포장 등 부가가치 산출을 위한 기본적인 사항들도 함께 명시하고 있다. 그러나 일반적으로는 이러한 보충규정의 경우 협정문에는 기본적이고 원론적인 내용만을 담고 있으며 실질적인 계산은 관세평가협정, 인코텀즈(Incoterms) 및 각국에서 일반적으로 결정된 회계기준을 적용한다.

우리나라가 체결한 FTA에서 부가가치기준은 중요한 원산지 결정기준으로 사용되고 있다. 그러나 원산지 인정을 위한 부가가치비율은 FTA별로 그리고 품목별로 상이한 모습을 보이며, 부가가치 산정공식과 제품 기준가격은 협정별로 차이가 있다. 먼저 기준가격에서 한·칠레 FTA에서는 한·미 FTA나 한·호주 FTA와 유사하게 '**조정가격**'을 상품가격 계상기준으로 한다. 조정가격이란 '역내가치포함 비율 공식 및 최소허용기준의 적용 목적상 관세평가협정 제1조 내지 제8조, 제15조 및 이들 조항의 주해에 따라 산정된 가격을 말하며, 필요시 당사국의 국내법에 따라 이미 제외되지 않은 다음과 같은 비용, 부과금 및 지출금을 고려대상인 상품의 관세가격으로부터 제외하여 조정된 가격'이라고 정의하고 있다. 다음과 같은 비용, 부과금 및 지출금은 '모든 수출국으로부터 수입지까지 제품을 국제적으로 수송하는 데 발생하는 모든 운송, 보험 및 관련 서비스 비용, 부과금 또는 경비'로 정의한다(한·칠레 FTA 협정문 제4장 제4.1조). 즉 조정가격은 FOB에 근접한 가격이지만 FOB와 정확히 일치하지는 않는다. 반면에 한·싱가포르 FTA의 기준가격은 FOB 가격에서 상품 수출 시 경감, 면제 혹은 환급된 내국소비세를 공제하도록 하여 한·칠레 FTA나 한·미 FTA의 기준가격과 차이를 갖는다. 마지막으로 EU, EFTA 및 터키와 체결한 FTA는 PANEURO 방식의 공장도가격이 기준가격으로 이용되고 있다.

또한 부가가치 산정 방식도 FTA별로 차이를 보인다. 한·칠레 FTA는 한·페루, 한·캐나다, 한·호주 FTA 등과 함께 공제법과 집적법을 모두 사용할 수 있으며, 수출자가 자신에게 유리한 산정 방식을 사용할 수 있도록 허용하고 있다. 한·미 FTA에서도 집적법과 공제법 중에 수출자가 선택적으로 사용할 수 있도록 허용하고 있으나, 자동차 일부 품목에 대해서는 순원가법을 사용하도록 규정하고 있다는 점에서 차이를 보인다. 한·ASEAN FTA도 공제법과 집적법 중에 선택적으로 사용할 수 있으나, 어떠한 방식을 사용할 것인지는 당사국이 하나를 선택하도록 하고 있으며, 현재 우리나라는 공제법을 선택하여 사용 중에 있다. 그러나 현재 한·ASEAN FTA도 한·칠레 FTA와

표 5-7 FTA별 부가가치기준의 기술적 차이점 비교

구분	한·칠레	한·싱가포르	한·EFTA	한·ASEAN	한·미	한·EU
제품 기준가격	조정가격 (adjusted value)	세관가격 (CV)	공장도 거래가	FOB	조정가격 (adjusted value)	공장도 거래가
부가가치 산정공식	공제법 집적법	공제법	MC 방식	공제법 집적법	공제법 집적법 순원가법 (자동차)	MC 방식
부가가치 요건	RC (45~80%)	RC (45~55%)	MC (30~60%)	RC (35~60%)	RC (35~60%)	MC (30~60%)
구분	한·인도	한·페루	한·터키	한·캐나다	한·호주	한·중
제품 기준가격	FOB	FOB	공장도 거래가	공장도 거래가	조정가격 (adjusted value)	FOB
부가가치산 정공식	공제법	공제법 집적법	MC 방식	MC 방식 집적법	공제법 집적법	공제법
부가가치 요건	RC (25~40%)	RC (20~50%)	MC (30~60%)	MC (10~65%)	RC (30~40%)	RC (30~60%)

자료 : 각 협정문을 토대로 작성.

동일하게 '수출자'가 선택할 수 있도록 허용하는 쪽으로 개정될 예정이다. 반면에 한·인도 CEPA와 한·싱가포르 FTA에서는 공제법만을 허용하고 있으며 유럽국가와 체결한 한·EU, 한·EFTA 및 한·터키 FTA에서는 PANEURO 방식인 MC 방식이 부가가치 산정방식으로 사용된다.

① 특정공정기준

특정공정기준에는 일정한 제조나 공정이 있어야만 원산지를 부여받을 수 있는 Positive Test 방식과 일정한 제조나 공정에 대해서는 원산지를 부여하지 않는 Negative Test 방식이 있다. 한국이 체결한 FTA 중 한·칠레 FTA와 한·싱가포르 FTA는 Positive와 Negative Test 방식 모두를, 한·EU FTA 및 한·EFTA FTA 그리고 한·ASEAN FTA는 Positive Test 방식만을 채택하고 있다.

한국이 체결한 FTA에서 특정공정기준은 주로 섬유·의류제품에 적용되고 있는데, 품목별로 특정공정기준이 단독으로 혹은 다른 결정기준과 혼합하여 이용된다. 예를 들어 한·EFTA FTA는 섬유제품에 대한 원산지 결정기준은 '수입한 생지의 가격이 최종 제품가격의 50% 이하일 경우, 염색공정이나 날염공정을 거친 제품에 대해 원산지를 인정한다'는 특정공정기준이 부가가치기준과 혼합한 형태로 사용된다. 의류제품 (HS61~62류)의 경우 한·싱가포르 FTA와 한·EFTA FTA는 원단의 원산지와는 무관하게 재단과 봉제공정을 거친 의류제품에 대해 원산지를 인정하고 있고, 한·싱가포르 FTA는 보다 엄격하게 자국산 원단을 사용하고 재단과 봉제공정을 거칠 것을 규정하고 있다. 반면에 한·EU FTA에서는 섬유제품의 경우는 주로 특정 품목에서 동 품목으로 공정이 이루어지거나 특정공정기준을 거친 경우 원산지를 인정하는 방법을 인정하고, 의류의 경우 특정공정기준을 명시하여 원산지 지위를 인정하는 방법이 사용된다.

섬유·의류제품 외에도 한·EU FTA의 경우 일부 가죽제품이나 화학제품의 경우 특정공정기준이 적용된다. 단, 이러한 경우 특정한 공정을 거칠 것을 명시하는 방법이 아닌, 특정 품목에서 해당 품목으로의 생산이 이루어진 경우에 원산지를 인정하는 방법이 사용되고 있다.

(3) 원산지 보충규정

① 미소기준(최소허용기준)

원산지를 인정하는 **최소허용기준**은 품목별로 FTA별로 상이하다. 일반품목의 경우 한·칠레 FTA는 FOB 가격의 8% 미만을 규정하고 있는 데 반해 한·EU FTA를 포함한 여타 FTA는 10% 미만을 최소허용기준으로 허용한다. 단, 한·EU FTA와 한·EFTA FTA는 공장도거래가격을 기준으로 하고 있으며 한·미 FTA와 한·칠레 FTA는 조정가치를, 그리고 한·ASEAN과 한·싱가포르 FTA는 각각 FOB와 관세가격을 기준으로 삼고 있다는 점에서 차이를 보인다.

섬유제품(HS50~63류)은 중량을 기준으로 미소기준을 적용하는데 한·칠레 FTA와 한·싱가포르 FTA는 8% 미만, 한·미 FTA와 한·인도 CEPA는 7% 미만, 한·EFTA FTA와 한·ASEAN FTA, 한·EU FTA, 그리고 한·페루 FTA는 10% 미만을 최소기준으로 허용하고 있다. 한·EU FTA의 섬유·의류제품에 대한 최소허용기준은 한·EU

표 5-8 FTA별 특정공정기준 적용 물품 비교

품명	세번부호	한·칠레	한·싱가포르	한·EFTA	한·ASEAN
의류제품	제61류~제62류	CC+역내산 원단요건+재단·봉제요건 (의류 위주 yarn-forward 적용)	CC+재단·봉제 요건	CC+재단·봉제 요건	PSR에 개별적으로 규정 일반적으로는 '(CC+재단/봉제) 또는 RVC 40%' 적용
직물	제50류~제60류	CTH	CTH	CTH 또는 염색 또는 날염(단, 수입한 생지의 가격이 최종 제품가격의 50% 이하일 것)	CTH 또는 염색/날염 또는 RVC 40%

품명	세번부호	한·미	한·EU	한·인도	한·페루
의류제품	제61류~제62류	CC+재단/봉재+Lining 요건 (Yarn-forward 기본원칙)	제직기준	Fabric-forward	
직물	제50류~제60류	CC/CTH	2단계 실질변형	CTH+RVC 40%	

자료 : 최홍식, 이영달(2011) 및 협정문을 토대로 작성.

FTA 원산지규정의 Annex I, Note 5에 규정하고 있으며 일반적으로 10% 미만을 허용하지만, 품목에 따라 20%와 30%를 허용하는 경우도 있다(한·EU FTA 원산지규정 Annex I, Note 5.3과 5.4 참조).

　HS 제1~14류에 해당하는 기초농산물은 한·칠레 FTA는 8%+CTSH(HS6단위 세번변경), 한·EFTA FTA는 10%+CTSH, 한·ASEAN FTA는 10% 미만으로 규정하고 있다. 반면에 한·싱가포르 FTA와 한·인도 CEPA, 한·페루 FTA 그리고 한·중 FTA는 HS 제1~14류 품목에 대해서는 최소허용기준을 적용하지 않고 있으며, 미국은 일부 제외품목을 두고 있지만 HS 제1~14류 품목에 대해서도 HS6단위 세번변경을 만족하는 경우 미소기준을 적용할 수 있다.

　HS 제15~24류인 가공농산물에 대해서는 한·칠레 FTA, 한·EFTA FTA, 한·ASEAN FTA는 기초농산물과 같은 기준을 도입하고 있으며 HS 제1~14류에 대하여 최소허용기준을 적용하지 않고 있는 한 · 싱가포르 FTA와 한 · 중 FTA도 10%+ CTSH를 최소기준으로 인정한다. 반면에 한 · EU FTA에서는 일반적으로 명시된 최소 허용기준(10%)이 HS 제1~24류에도 그대로 적용된다.

표 5-9 FTA별 최소기준 비교

구분		한 · 칠레	한 · 싱가포르	한 · EFTA	한 · ASEAN	한 · 미	한 · EU
일반용품 (가격기준)		8% 미만 (조정가격)	10% 미만 (관세가격)	10% 미만 (EX-works)	10% 미만 (FOB)	10% 미만 (조정가치)	10% 미만 (EX-works)
섬유제품 (중량기준) (제50류~ 제63류)		8% 미만	8% 미만	10% 미만	10% 미만	7% 미만	10% 미만(단, 품목에 따라 20 또는 30% 까지 적용)
농수산물	기초농산물 (제1류~제 14류)	8%+ CTSH	적용 제외	10%+ CTSH	10% 미만 (FOB)	일부 농수산 물은 최소기 준을 적용하 지 않기로 합 의하고 이를 부속서에 정리	10% 미만 (Ex-works)
	가공농산물 (제15류~ 제24류)	8%+ CTSH	10%+ CTSH	10%+ CTSH			
구분		한 · 인도	한 · 페루	한 · 터키	한 · 캐나다	한 · 호주	한 · 중
일반용품 (가격기준)		10% 미만 (FOB)	10%(FOB)	10% 미만 (EX-works)	10% (Ex-works)	10% 미만 (조정가치)	10% 미만 (FOB)
섬유제품 (중량기준) (제50류~ 제63류)		7%	10%	10% 미만 (단, 품목 에 따라 20 또는 30% 까지 적용)	10%	10%	10% (중량 또는 FOB가격)
농수산물	기초농산 물(제1류 ~제14류)	적용 제외	적용 제외	10% 미만 (Ex-works)	제1류~ 제21류 10%+ CTSH	제1류~ 제14류* 10%+CTSH	적용 제외
	가공 농산물 (제15류~ 제24류)	10%	10%				10%+CTSH

*주 : HS 제0301~0303, 0305~0308, 0−701~0710.10, 0713~0714, 0801~0810호, 그리고 0813.10~0813.40호까 지로 분류된 상품은 제외함.

자료 : 최홍식, 이영달(2011) 및 협정문 내용을 참조로 저자 작성.

② 간접재료 또는 중립재

간접재료 또는 **중립재**는 물품의 생산·시험·검사에 사용되는 것으로 당해 물품에 물리적으로 결합되지 아니하는 재료 또는 설비나 건물을 유지하기 위한 물품을 의미한다. 원산지 결정에서 일반적으로 간접재료는 '재료'로 고려하지 않으며 따라서 세번변경기준 적용에 있어 간접재료가 비원산지물품이라 하더라도 세번변경 요건을 충족할 필요가 없고 부가가치기준 적용 시에는 재료비에 계상하지 않고 제조간접비에 포함하는 것이 일반적이다. 예외적으로 한·칠레 FTA에서는 간접재료가 생산되는 장소와 무관하게 원산지재료로 간주하고 있으며 나머지 FTA에서는 상품의 원산지 여부를 판정할 때 간접재료의 원산지로 고려하지 않고 있다.

간접재료는 생산에 사용되는 촉매·연료·공구, 검사용 설비 및 소모품, 건물 유지보수용품 등으로 그 종류가 다양하고 규정도 예시적으로 정의하고 있다. 일반적으로 협정에서는 '물리적 결합 여부'에 따라 직접재료와 간접재료를 구분하나, 기업회계에서는 중요성 원칙에 따라 고가품은 직접재료, 저가품은 간접재료로 처리하는 경우가 일반적이다.

간접재료 관련 협정문 예시
한·페루 FTA 제3장 제13조 2항

간접재료란 상품의 생산에 사용되나, 그 상품에 물리적으로 결합되거나 그 일부를 구성하지는 않는 물품을 말하며, 다음을 포함한다.

가) 연료, 에너지, 촉매 및 용제
나) 상품의 시험 또는 검사를 위해 사용된 장비, 기구 및 보급품
다) 장갑, 안경, 신발, 의류, 안전장비 및 보급품
라) 공구, 금형 및 주형
마) 장비 및 건물의 유지에 사용된 예비부품 및 재료
바) 생산에 사용되거나 장비 및 건물의 운용에 사용된 윤활제, 윤활유, 조합용 재료 및 그 밖의 재료, 그리고
사) 그 상품에 결합되지는 않았으나, 그 상품의 생산에서 그것을 사용한 것이 그 생산의 일부임이 합리적으로 증명될 수 있는 그 밖의 상품

③ 부속품 · 예비부품 · 공구 및 포장재료

부속품, 예비부품 및 공구의 원산지 결정은 상품과 별도로 송장이 발부되지 않고 수량과 가치가 그 상품에 대해 통상적인 수준일 경우 상품의 일체로 간주되어 원산지 판정에 고려되지 않는다. 일반적으로 세번변경기준 품목의 경우 이러한 예외가 인정되는 것이 일반적이나, 부가가치기준이 적용되는 품목의 경우는 부속품 등도 그 원산지별로 부가가치를 계상하게 된다. 단, 한 · ASEAN FTA, 한 · EFTA FTA 및 한 · EU FTA에서는 세번변경과 부가가치기준을 구분하지 않고 부속품 · 예비부품 · 공구에 대하여 원산지 판정에서 고려하지 않도록 규정하고 있다.

한편 포장재는 한 · 칠레, 한 · 싱가포르, 한 · ASEAN, 한 · 미 FTA 협정에서 상품의 소매판매를 위한 포장재료 및 용기는 상품과 같이 분류되는 경우 비원산지 재료의 세번변경 여부를 판정하는 데 있어서는 고려되지 않으나, 그 상품이 부가가치기준 적용대상일 경우 원산지 또는 비원산지 재료로 고려된다. 반면 수송을 위한 포장재료 및 용기는 세번변경기준이나 부가가치기준의 적용과 관계없이 상품의 원산지를 판정할 때 고려되지 않는다.

협정문 내에는 소매용 포장 · 용기의 범위에 대해 규정하고 있지 않다. 따라서 법적

부속품 · 예비부품 · 공구 및 포장재료관련 협정문 예시
(한 · 인도 CEPA 제3장 9조)

상품의 표준 부속품 · 예비부품 또는 공구의 일부를 구성하는 상품과 함께 인도된 부속품 · 예비부품 또는 공구는 그 상품이 원산지 상품이라면 원산지 상품으로 취급되고, 그 상품의 생산에 사용된 모든 비원산지 재료가 적용 가능한 세번변경이 이루어지는지 여부를 결정하는데 있어서는 고려되지 아니한다. 다만,

가) 그 부속품 · 예비부품 또는 공구가 그 상품과 별도로 송장이 발부되지 아니하여야 하고,
나) 그 부속품 · 예비부품 또는 공구의 수량 및 가치가 수출 당사국의 국내 시장에서 그 상품에 대하여 표준 무역 관행이어야 하며,
다) 그 상품이 역내가치포함 비율 요건의 적용대상이 될 경우, 그 부속품 · 예비부품 또는 공국의 가치는 그 상품의 역내가치포함 비율을 산정하는 데 있어서, 각 경우에 맞게, 원산지 또는 비원산지 재료로 고려된다.

용 원칙에 따라 관세법이 적용되는데, 우리나라의 경우 「관세 · 통계 통합 품목분류표의 해석에 관한 통칙」 제5호에 따라 관세법을 적용하게 된다. 이 법에 따르면 포장 · 용기는 포장 · 용기로서의 용도와 특성을 가지고 있어서 내용물과 같은 세번에 분류되고, 같이 공급되어야 한다고 규정하고 있다.

반면에 '운송용 포장용품 및 용기'는 원산지를 결정하는 데 있어 고려대상에서 제외된다. 소매용 포장과는 달리, 세번변경기준뿐만 아니라 부가가치 적용 품목의 원산지 결정에서도 운송용 포장용품 및 용기는 원산지 결정에서 제외된다. 한 · EU FTA와 한 · EFTA FTA에서는 운송용 포장용품에 대한 규정을 따로 하지 않지만 한 · EFTA FTA의 경우 국내법에서 제외하도록 규정하고 있으며, EU와의 FTA의 경우 운송용 포장 및 용기가 본체를 구성하지 않기 때문에 실질적으로 원산지 결정에서 제외된 것으로 볼 수 있다.

④ 세트 상품

세트물품은 서로 다른 성질의 물품을 특정 목적을 위해 하나로 조합한 것을 의미한다. 세트 상품의 원산지 결정은 세트물품의 개별 구성품별로 원산지를 결정하는 것이 원칙이나 세트 구성품 중 비원산지 물품이 차지하는 비율이 일정 수준 이하일 경우 그 세트 구성품 전체를 원산지 물품으로 간주하는 예외를 인정하는 경우도 있다.

한 · EFTA FTA와 한 · EU FTA에서는 세트가 원산지 및 비원산지 제품으로 구성되어 있을 경우 비원산지 제품의 가치가 그 세트의 공장도가격의 15%를 초과하지 않으면 세트 전체를 원산지 제품으로 간주하고 있으며 한 · 미 FTA에서는 비원산지 제품의 가치가 세트 조정가치의 15% 미만일 경우 세트 전체를 원산지 제품으로 간주하고, 섬유 분야의 세트는 비원산지 상품의 총가치가 세트 관세 가치의 10%를 초과하지 않을 경우에 원산지 제품으로 간주한다. 한 · 페루 FTA에서도 비원산지 상품의 가치가 세트 총가치의 15%를 초과하지 않는 경우 세트 전체를 원산지 상품으로 간주한다.

반면에 한 · ASEAN FTA, 한 · 싱가포르 FTA, 한 · 인도 CEPA, 한 · 칠레 FTA 등에서는 세트물품에 대한 예외를 인정하지 않는다.

표 5-10 FTA별 부속품 · 포장재 · 세트물품에 대한 규정

구분	부속품 · 예비부품 · 공구	포장재		세트
		소매용	수송용	
한 · 칠레	세번변경 : 본제품 원산지 부가가치 : 계산 시 포함	세번변경 : 본제품 원산지 부가가치 : 계산 시 포함	고려대상 제외	
한 · 싱가포르	세번변경 : 본제품 원산지 부가가치 : 계산 시 포함	세번변경 : 본제품 원산지 부가가치 : 계산 시 포함	고려대상 제외	
한 · EFTA	본제품 원산지	—		비원산지 제품의 가치가 15% 미만
한 · ASEAN	본제품 원산지	세번변경 : 본제품 원산지 부가가치 : 계산 시 포함	고려대상 제외	
한 · 미	세번변경 : 본제품 원산지 부가가치 : 계산 시 포함	세번변경 : 본제품 원산지 부가가치 : 계산 시 포함	고려대상 제외	비원산지 제품의 가치가 15% 미만 (단, 섬유세트는 10% 미만)
한 · EU	본제품 원산지	—		비원산지 제품의 가치가 15% 미만
한 · 인도	세번변경 : 본제품 원산지 부가가치 : 계산 시 포함	세번변경 : 본제품 원산지 부가가치 : 계산 시 포함	고려대상 제외	
한 · 페루	세번변경 : 본제품 원산지 부가가치 : 계산 시 포함	세번변경 : 본제품 원산지 부가가치 : 계산 시 포함	고려대상 제외	비원산지 제품의 가치가 15% 미만
한 · 중국	세번변경 : 본제품 원산지 부가가치 : 계산 시 포함	세번변경 : 본제품 원산지 부가가치 : 계산 시 포함	고려대상 제외	FOB 가격의 15% 이하

자료 : 원산지결정기준 2015(국제원산지정보원) 자료를 기초로 저자 작성.

⑤ **대체가능물품**

대체가능물품은 물품의 특성이 본질적으로 동일해 원산지가 서로 다르더라도 상업적으로 대체하여 사용할 수 있는 상품 또는 재료로, 어떤 물품의 생산에 2개 이상의 대체가능물품이 사용되고 그중에 원산지재료와 비원산지재료가 함께 있는 경우에는 원칙적으로 보관하는 동안 그 재료의 원산지에 물리적으로 구분하여 보관해야 한다. 그러나 이러한 원재료의 물리적 구분 및 보관이 기술적으로 어렵거나 상당한 비용이 발생하는 경우, 생산자가 지정하는 **재고물품관리법**에 따라 일반적으로 인정되는 회계원칙을 적용하여 그 물품의 원산지를 결정할 수 있다.

이러한 재고물품관리법은 동일 회계연도에는 같은 방법을 계속 적용해야 하며 아래의 방식을 따르게 된다.

  i) **개별법** : 물품의 원산지재료와 비원산지재료를 구분하여 각 재료의 원산지에 따라 그 물품의 원산지를 결정하는 방법

  ii) **선입선출법** : 입고한 재료 중 먼저 입고된 재료가 먼저 출고된 것으로 보아 먼저 입고된 재료의 원산지를 기준으로 그 물품의 원산지를 결정하는 방법

  iii) **후입선출법** : 입고한 재료 중 가장 최근에 입고된 재료가 먼저 출고된 것으로 보아 최근에 입고된 재료의 원산지를 기준으로 그 물품의 원산지를 결정하는 방법

  iv) **평균법** : 보관 중인 원산지재료와 비원산지재료의 구성비율을 기준으로 그 물품의 원산지를 결정하는 방법. 평균법의 경우 원산지재료와 비원산지재료의 구성비율 계산은 보관 또는 취득한 원산지재료와 비원산지재료의 취득가격이나 수량등을 기준으로 하며, 취득가격은 법인세법령에 따른 **총평균법** 또는 **이동평균법**에 따라 계산

    한 · 칠레 FTA, 한 · 싱가포르 FTA 및 한 · 미 FTA는 재료뿐만 아니라 상품의 원산지도 재고관리기법을 적용할 수 있도록 허용하고 있다. 여타 FTA에서는 재고관리기법 적용의 범위를 원재료로 제한하고 있으며 한 · EU FTA와 한 · EFTA FTA는 동 제도에 대한 생산자의 증빙서류 보관책임 및 정보제공 의무에 대하여 명확히 명시하여 이에 대한 운영상의 책임과 의무를 강력하게 규정하고 있다. 또한 당사국이 재고관리기법 적용을 위한 관세당국의 사전승인제를 운영할 수 있도록 허용하고 있다(한 · EFTA FTA 부속서 I 제11조 제5항).

⑥ 역외가공 및 개성공단 생산품에 대한 원산지 인정 특례

역외가공은 자국에서 유통 중에 있는 물품이 역외에서 제조 · 가공 또는 수선을 위하여 일시 수출되었다가 수입관세 및 제세의 전부 또는 일부를 면제받고 재수입되는 세관절차를 의미한다. FTA 원산지규정에서는 역내산 부품의 사용을 촉진하고 효율적인 생산을 가능하게 한다는 점에서 역외가공된 원재료의 역내 원산지 지위를 인정하기도 한다.

    한국의 기체결 FTA에서 역외가공제도는 '**일반 역외가공**'과 개성공단 및 북한 지역을

대상으로 한 '특정지역 생산물품을 대상으로 한 역외가공'의 이원화된 형태가 존재한다. 일반 역외가공의 경우 역외가공이 가능한 지역을 명시하지 않고 생산과정에서 역외에서 생산된 부분의 부가가치의 제한을 두는 방식으로 한·EFTA FTA에서 도입되었다.

반면에 특정지역 생산물품에 대한 역외가공은 한국이 두 번째로 체결한 한·싱가포르 FTA에서부터 도입되었는데 한·싱가포르 FTA에 따르면 양국이 합의한 HS10단위 134개 품목에 한하여 특정 요건을 만족하면 역외가공을 인정해 주고 있으며 대상지역은 한반도 및 개성공단으로 특정하고 있다.

역외가공 허용은 총가액이 그 물품 과세가격의 40% 이하이고 원산지재료의 가격이 45% 이상이면 원산지를 인정하고 있다. 비원산지재료의 총가액은 역내국에서 사용된 모든 비원산지재료의 가격, 역외국에서 추가가공을 위하여 투입된 모든 비원산지재료의 가격 및 역외국에서 발생한 운임, 보험료, 그 밖에 운송관련 비용을 포함한 모든 비용을 합한 금액이다. 이 제도가 적용되는 품목은 HS 제25~96류에 해당되는 대부분의 공산품이지만 HS 제36류, 제49류 및 제93류는 제외하였다. 또한 수출된 원재료의 생산자와 당해 원재료를 사용하여 최종물품을 만든 생산자가 서로 동일해야 한다는 '**인적요건**'을 명시하고 있다.

한·EFTA FTA에서는 HS6단위 267개 품목에 대해 비원산지재료의 가치가 공장도가격의 40% 이하이고 수출된 원산지재료의 가치가 상품 제조에 사용된 재료 총가격의 60% 이상일 경우 원산지 상품으로 인정하고 있다. 또한 한·ASEAN FTA와 한·인도 CEPA에서는 동일한 방식으로 특정 지역에 대한 역외가공을 인정하고 있는데 비원산지재료의 가치가 최종상품 FOB 가격의 40% 이하, 수출되기 전 원산지재료의 가격이 상품 제조에 사용된 재료의 총가격의 60% 이상이어야 한다는 조건을 명시하였다. 또한 국내산업의 피해나 피해 우려가 있을 경우 개성공단에 대한 원산지 인정의 특례를 중지할 수 있는 특별 수입제한조치를 발동할 수 있도록 하였으며, 협정 5년 후 국내산업이 심각하게 피해를 입었다고 판단되면 이러한 특례를 철회할 수 있도록 규정하고 있다.

한·미 FTA, 한·EU FTA 그리고 호주, 캐나다 등과 체결한 FTA에서는 양국의 공무원으로 구성된 한반도 역외가공위원회를 설립하여 역외가공지역의 설립 및 운영에 대해 검토하기로 합의하였다. 위원회는 협정 발효 1년 후에 개최되며 역외가공지역으로 지정될 수 있는 지리적인 구역 결정, 역외가공지역의 기준 충족 여부, 역외가공지역에서 원산지 최종상품에 추가될 수 있는 총투입가치의 최대 비율 설정 등을 할 수 있도록 규정하고 있다.

한·중 FTA에서는 부속서 3-나에 나열한 품목에 대하여 역외가공을 인정하고 있는데 비원산지재료의 총가치가 FOB 가격의 40%를 초과하지 않고 해당 당사국으로부터 수출된 원산지재료의 가치가 상품을 가공하는 데 사용된 재료의 총가치의 60% 이상일 경우 원산지 상품으로 인정하고 있다. 또한 역외가공지역위원회를 설립하여 역외가공 이행 현황 및 역외가공지역의 확대 및 추가 지정에 대하여 논의하기로 합의함으로써 추후 역외가공지역의 확대를 위한 토대를 마련하였다.

표 5-11 한국의 FTA별 역외가공/개성공단 생산품에 대한 원산지 인정 특례

구분	주요 내용
한·칠레 FTA	명시 규정 없음

한·싱가포르 FTA	• (제4.4조 역외가공) 부속서 4C에 열거된 HS10단위 134개 품목에 대해 역외가공을 인정하며 다음의 요건을 만족해야 함
	  – 비원산지 투입의 총가치가 완제품 관세가격의 40% 이하
	  – 원산지재료의 가치가 완제품 관세가격의 45% 이상
	  – 당사국에서 수출된 재료는 수출되기 전에 완전 획득되거나 불인정공정 이상의 가공공정 발생
	  – 수출된 재료의 생산자와 완제품의 생산자가 동일
	  – 재수입된 상품은 수출된 재료의 생산 또는 가공공정을 통하여 획득
	  – 최종 공정은 당사국 영역에서 발생
	• (제4.3조 특정 상품) 부속서 4B에 열거된 HS 6단위 4,625개 상품에 대해서는 개성공단과 한반도 내의 그 밖의 공업지구에서 생산된 품목이 한국 영토를 거쳐 싱가포르로 수출될 경우 원산지 상품으로 인정

한·EFTA FTA	• (부속서 I 부록 4 영역원칙의 면제) (i) 역외가공에서 발생한 비용이 최종 제품의 공장도가격의 10% 이하이고, (ii) 수출 전 당사국에서 완전 획득되거나 불충분 작업 이상의 작업이 이루어진 것에 한하여 역외가공을 인정
	• 부록에 열거된 HS6단위 267개 품목에 대해서 다음의 요건을 만족하면 개성공단을 포함한 공단에서 수행된 작업 또는 가공을 거쳐 재수입된 상품을 원산지 상품으로 인정
	  (i) 비원산지 투입요소의 비용이 최종 제품의 공장도가격 40% 이하
	  (ii) 수출된 원산지재료의 가치가 재수입된 또는 상품제조에 사용된 재료 총가격의 60% 이상일 경우

한 · ASEAN FTA	• (제6조 특정 상품의 취급) 역외가공을 통해 생산된 제품에 대해 원산지인정을 허용하여 실질적으로 개성공단제품에 대한 관세혜택을 부여하도록 하였으며 양측 경제장관들 간의 교환각서에 구체적인 합의내용을 담고 있음 • FTA 협정국가들은 혜택을 받을 수 있는 상품에 대해 상호 합의하고 각국의 개별목록의 상품 수는 HS 6단위로 100개로 제한되며 원산지 부여 조건은 다음과 같음 (i) 비원산지 상품의 총가격이 최종상품 FOB의 40% 이하 (ii) 수출되기 전 원산지재료의 가격이 상품을 제조하는 데 사용된 재료의 총가치의 60% 이상 • ASEAN 국가의 국내 사업에 피해 또는 피해 우려가 발생할 경우 제6조 조항의 적용을 중지할 수 있는 특별수입제한조치를 취할 수 있음 • 협정 발효 5년 후 ASEAN 회원국이 제6조의 적용으로 인해 국내 사업에 심각한 피해를 입었다고 결정할 경우 교환 각서의 적용을 철회할 수 있음
한 · 미 FTA	• (제22장 제도 규정 및 분쟁해결의 부속서 22-나. 한반도 역외가공지역위원회) 한반도 역외가공위원회를 설립하여 역외가공지역들의 설립 및 개발을 통한 추가적인 경제개발에 대한 적절성 여부를 검토함 • 위원회는 협정 발효 1년 후에 회합되며 매년 최소 1년 또는 상호 합의하는 대로 어느 때나 회합될 수 있음 • 위원회의 역할 – 역외가공지역들로 지정될 수 있는 지리적 구역 결정 – 역외가공위원회의 생산품이 특혜관세를 받기 위한 요건 설정 – 역외가공지역이 위원회가 마련한 기준 충족 여부 결정 – 역외가공지역에서 원산지 최종상품에 추가될 수 있는 총투입가치의 최대 비율 설정 – 한 · 미 FTA와 동일한 방식으로 규정
한 · EU FTA	• 한 · 미 FTA와 동일한 방식으로 규정
한 · 중 FTA	• (제3.3조 특정 상품의 취급) 부속서 3-나에 나열한 품목에 대하여 비원산지재료의 총가치가 FOB 가격의 40%를 초과하지 않고 해당 당사국으로부터 수출된 원산지재료의 가치가 상품을 가공하는 데 사용된 재료의 총가치의 60% 이상일 경우 원산지 상품으로 인정 • 역외가공지역위원회 설립 – 이행 점검 – 역외가공지역위원회의 활동 보고 및 필요시 공동위원회에 권고 – 기존 역외가공지역의 확대와 추가 역외가공지역 검토 및 지정 – 그 밖의 사안에 대한 논의

자료 : 각 협정문을 기초하여 저자 작성

⑦ 직접운송

직접운송원칙은 원산지 결정기준을 충족하는 물품이라 하더라도 협정 당사국 간에 직접운송된 물품에 한해 역내산으로 인정하여 특혜관세를 부여하고 제3국을 거쳐 수입하는 경우에는 원칙적으로 역내산으로 인정하지 않는 규정을 의미한다. 다만 역외국을 거치더라도 관세당국의 통제하에 당해 물품의 운송 또는 보존에 필요한 작업 이외에 추가적인 가공이 수행되지 않는 경우에는 직접운송된 것으로 간주하는 것이 일반적이다.

직접운송원칙은 규정 방식에 따라 PANEURO형과 NAFTA형으로 나눌 수 있는데 PANEURO 방식은 보다 보편적이고 일반적인 규정 방식으로 제3국을 경유하는 환적 또는 통과화물의 경우 보존 이외의 추가가공이 이루어지지 않아야 하고 세관 통제하에

표 5-12 직접운송 및 통과 · 환적 조항

방식	협정내용
PANEURO 방식 (한 · EU FTA)	〈제1조 정의〉 탁송화물이란 수출자로부터 수하인에게 일시에 송부된 제품이거나, 수출자로부터 수하인으로의 선적에 대한 단일의 운송서류에 의하여, 또는 그러한 서류가 없는 경우 단일의 송품장에 의하여 다루어지는 제품을 말한다. 〈제13조 직접운송〉 이 협정에 규정된 특혜대우는 이 의정서의 요건을 충족하면서 양 당사자 간 직접적으로 운송되는 제품에만 적용된다. 그러나 단일 탁송화물을 구성하는 제품은 상황이 발생하면 다른 영역에서 환적 또는 일시적으로 창고 보관되어 그 다른 영역을 통해 운송될 수 있다. 다만, 그 제품이 통과 또는 창고 보관하는 국가에서 자유로운 유통을 위해 반출되지 아니해야 하고, 하역, 재선적 또는 제품을 양호한 상태로 보존하기 위해 고안된 모든 공정 이외의 공정을 거치지 아니해야 한다. 제1항에 규정된 조건이 충족되었다는 증거는 수입당사자에 적용 가능한 절차에 따라 관세당국에 다음을 제출하여 제공된다. 가. 제3국에서 원산지 제품의 환적 또는 보관과 관련된 상황의 증거 나. 수출당사자에서 경유국을 통한 통과를 다루고 있는 단일 운송서류, 또는 다. 경유국의 관세당국이 발행한 다음 증명서 　1) 제품의 정확한 설명을 제공하는 것 　2) 제품의 하역 및 재선적 일자, 적용 가능한 경우 선박명 또는 사용된 다른 운송수단을 기재하는 것, 그리고 　3) 제품이 경유국에 머물러 있는 그 상태를 증명하는 것
NAFTA 방식 (한 · 미 FTA)	〈제6.13조 통과 · 환적〉 각 당사국은 다음의 경우 상품이 원산지 상품으로 간주되지 아니하도록 규정한다. 가. 그 상품이 하역 · 재선적 또는 상품을 양호한 상태로 보존하거나 당사국의 영역으로 운송하기 위하여 필요한 그 밖의 공정 이외에, 양 당사국의 영역 밖에서 이후의 생산이나 그 밖의 어떠한 공정이라도 거치는 경우, 또는 나. 그 상품이 비당사국의 영역에서 세관당국의 통제하에 머물러 있지 아니하는 경우

보관·전시된 경우에만 원산지를 인정하는 방식이다. 반면에 NAFTA 방식의 경우는 단순히 통과 및 환적 규정을 두고 당사국 영역 밖에서 보존 이외의 추가가공이 이루어지지 않아야 하고 세관 통제하에 보관·전시되었음을 입증할 경우에만 원산지를 인정하는 방식이다.

우리나라의 기체결 FTA 중 한·미 FTA와 한·칠레 FTA만이 NAFTA 방식의 직접운송(환적) 원칙이 적용되고 있으며 여타 FTA에서는 PANEURO 방식의 직접운송 원칙이 적용되고 있다. PANEURO 방식이 적용된 한·EFTA FTA, 한·싱가포르 FTA, 한·ASEAN FTA 등은 직접운송원칙을 규정하고 예외로 비체약국 경유 운송을 허용한다. 예외를 인정받기 위해서는 비체약국 세관의 통제하에 하역, 재선적 또는 상품을 양호한 상태로 유지하기 위한 작업 이외의 어떠한 가공 또는 작업도 없어야 하고 이를 서류로 입증해야 한다. 또한 한·ASEAN FTA의 경우는 비체약국 경유 사유를 지리적 또는 운송상의 이유로 한정하여 보다 경직된 직접운송원칙이 적용되는 경우라 할 수 있다.

반면에 한·칠레 FTA와 한·미 FTA는 직접운송요건을 두지 않고 '통과·환적' 조항만을 둠으로써 반드시 수출 당시 수출체약국에서 수입체약국을 최종목적지로 하여 발송될 필요가 없다. 또한 수입자가 정해지지 않은 상태에서 수출당사국에서 수출하여 비당사국 보세구역에 장치하였다가 구매자가 나타났을 때 계약하여 수입당사국으로 운송한 경우에도 원산지물품으로 인정될 수 있어 상품 운송에 유연성을 가진다. 그러나 비체약국 세관의 통제하에서 하역, 재선적 또는 상품을 양호한 상태로 유지하기 위한 작업 외에 어떠한 가공 또는 작업도 없어야 한다는 점은 직접운송요건을 두는 경우와 동일하게 적용된다.

⑧ 누적기준

누적조항은 FTA 체결국 간의 역내교역, 특히 중간재 교역을 촉진하기 위한 방안으로 활용하게 된다. 누적조항은 누적의 범위에 따라 **양자누적**(bilateral cumulation), **유사누적**(diagonal cumulation) 그리고 **완전누적**(full cumulation)으로 분류할 수 있으며 누적 대상 측면에서 재료누적과 공정누적 그리고 부가가치누적으로 나눌 수 있다. 재료누적에 의하여 세번변경기준이나 부가가치기준 충족이 용이해지며, 공정누적에 의해 가공공정기준을 쉽게 충족할 수 있게 된다. 한국이 체결한 FTA 중 한·칠레 FTA, 한·미 FTA, 한·싱가포르 FTA만이 공정누적을 인정하고 있으며 여타 FTA는 모두 재료누적만을 인정하고 있다.

또한 누적 범위에 따른 분류인 양자누적, 완전누적, 유사누적 등 세 가지 유형의 누적조항에서 한국의 기체결 FTA에서는 모두 양자누적만이 적용된다. 한·ASEAN FTA와 한·EFTA FTA의 경우 양자 간 FTA이기는 하지만 체결 상대국이 복수국가로 이루어진 국가연합의 형태라는 점에서, 비록 양자누적을 도입하고 있지만 완전누적의 성격을 띤 양자누적으로 보는 견해도 있다. 또한 한·EU FTA도 한·ASEAN FTA나 한·EFTA FTA와 유사하게 다국가 간에 적용된 양자누적이 활용된다.

⑨ 중간재에 대한 롤업

롤업(roll-up) 혹은 **롤다운**은 중간재에 대한 원산지 인정 여부에 관한 규정으로 부가가치기준의 경직성을 완화하는 중요 보충기준이다. 비원산지재료가 일정한 가공요건을 충족하여 원산지 지위를 획득하고 또 최종 제품에 사용되면 해당 재료는 100% 역내산으로 간주하는 롤업원칙(혹은 흡수원칙, absorption principle)은 역내산 재료의 사용과 역내가공을 촉진할 수 있다. 반면에 역외산 재료 수입과 역내 가공을 통해 생산된 중간부품이 역내산으로 인정받지 못하면, 여기에 투입된 역내 부품과 부가가치도 역내산으로 인정받지 못하는 방식을 롤다운 원칙이라고 한다.

중간재 규정은 원산지재료비 계상기준을 완화하여 특혜대상물품 인정 범위를 확대하며 중간재를 생산하는 자가생산자를 외부조달자보다 불리하지 않게 대우한다는 의미를 지니고 있다. 중간재 규정이 없을 경우 역내 다른 업체에서 생산된 물품을 구입(원산지기준 충족)하면 비원산지재료 가격이 동 물품의 가격에 포함되어 역내부가가치에 포함될 수 있으나, 자체 생산하면 비원산지재료 가격이 역외부가가치로 계상되어 불리할 수 있게 된다. 또한 일반적으로 중간재는 완제품 생산자가 자율적으로 지정할 수 있으나 한·칠레 FTA와 한·싱가포르 FTA에서는 지정된 중간재의 원산지 결정기준이 부가가치기준인 경우에는 그 이전 단계의 중간재료 중에서 결정기준이 부가가치기준인 품목은 지정할 수 없다.

현재 한국이 체결한 FTA 중 한·ASEAN FTA와 한·인도 CEPA 그리고 한·중 FTA

표 5-13 GATT 및 WTO체제와 FTA의 자유무역규범 특징

구분	한 · 칠레	한 · 싱가포르	한 · 미국	한 · EFTA	한 · 호주
중간재 인정 여부	○	○	○	○	○
대상물품	자가생산품	자가생산품	자가생산품	역내생산품	역내생산품
중간재 지정의무	○	○	×	×	×
구분	한 · ASEAN	한 · 인도	한 · EU	한 · 페루	한 · 중
중간재 인정 여부	×	×	○	○	×
대상물품	×	×	역내생산품	자가생산품	×
중간재 지정의무	×	×	×	×	×

자료 : 최홍식, 이영달(2011) 및 협정문 내용을 기초로 저자 작성.

를 제외한 모든 FTA는 롤업 원칙이 적용되는 중간재에 대한 규정을 가지고 있다. 다만, 한 · 칠레와 한 · 싱가포르 FTA, 한 · 미 FTA에서는 중간재 규정을 별도로 두어 자가생산품에 대해 롤업 원칙을 적용하며 한 · EFTA FTA와 한 · EU FTA에서는 중간재에 대하여 명시적인 규정이 없으나, 실질적으로는 역내생산품 전체에 롤업이 적용되고 있어 '중간재' 규정을 별도로 두고 자가생산품에 대해서만 롤업을 인정하는 경우보다 폭넓게 롤업을 적용할 수 있다.

한 · EFTA FTA 부속서 제5조 제1항에서는 '원산지 지위를 획득한 상품이 다른 상품의 제조에 재료로 사용되는 경우 재료로 사용되는 상품에 통합된 비원산지재료는 고려하지 아니한다'고 규정하면서 자가생산 재료는 물론이고 역내에서 생산된 원산지재료를 외부로부터 구입하여 사용한 경우에도 롤업을 인정하고 있다.

4 원산지증명 및 검증

1) 원산지증명

(1) 원산지증명 방식

원산지증명은 수출 전 수출국가에서 FTA 특혜무역관세혜택을 받기 위해 원산지를 확인하는 절차이며 증명주체에 따라 **기관발급제**와 **자율발급제**로 나뉜다. 기관발급제의 경우 수출자가 발급신청서를 제출하면 수출국의 관세당국이나 기타 발급권한이 있는 기관이 협정이 정하는 절차와 방식에 따라 원산지규정 충족 여부를 평가하여 원산지증명서를 발급해 주는 방식이다. 반면에 자율발급제는 협정이 정하는 방식이나 절차에 따라 수출자나 생산자가 자율적으로 물품의 원산지규정 충족 여부를 확인하여 원산지증명서를 수입국과 수입자에게 제출하는 방식을 의미한다.

한·싱가포르 FTA, 한·ASEAN FTA, 한·인도 CEPA, 한·페루 FTA 및 한·중 FTA에서는 기관발급제가 적용되고 있다. 한·인도, 한·페루, 한·중 FTA의 경우 통일된 증명서식으로 12개월간 유효함을 규정하고 있다. 한·인도 CEPA의 경우 협정 발효 5년 이후에 필요시 자율발급제로의 전환을 검토하고 개정하기로 합의하였다. 한·페루 FTA의 경우에도 협정 발효 5년 이후 자율발급제로 전환되며, 과세가격이 2,000 달러 미만이거나 인증수출자의 경우 자율발급이 가능함을 규정하고 있다.

원산지증명서 발급기관으로 한국은 관세청과 대한상공회의소, 싱가포르는 싱가포르 세관, ASEAN은 국가별 지정기관,[1] 인도는 인도수출검사위원회, 페루는 통상부가 각각 지정되어 있다.

표 5-14 FTA별 기관증명 방식 비교 : 기관증명 방식

구분	한·인도	한·페루	한·중
증명 방식	기관증명	기관증명 자율증명	기관증명
증명주체	한국 : 관세청, 대한상공회의소 인도 : 인도수출검사위원회	한국 : 관세청, 대한상공회의소 페루 : 통상부	
증명 방법	양국 간 통일증명서식	양국 간 통일증명서식	양국 간 통일증명서식
유효기간	12개월	12개월	12개월

자료 : 협정문 토대로 저자 작성

---

[1] ASEAN의 지정 원산지 발급기관은 브루나이 외교통상부(브루나이), 캄보디아 상무부(캄보디아), 인도네시아 통상부(인도네시아), 라오스 통상산업부(라오스), 말레이시아 국제통상산업부(말레이시아), 미얀마 상무부(미얀마), 필리핀 세관(필리핀), 싱가포르 세관(싱가포르), 베트남 통상부(베트남)이다.

한·칠레 FTA, 한·EFTA FTA, 한·미 FTA와 한·EU FTA에서는 자율발급 방식이 적용되고 있다. 한·칠레 FTA에서는 수출자가 양국 간 통일된 원산지증명서식을 사용하며 원산지증명서는 2년간 유효하고 한 번의 수입에만 적용된다.

한·미 FTA에서는 여타 협정과 달리 무역업계의 편의 향상 차원에서 수출자와 생산자뿐만 아니라 수입자도 원산지증명서를 작성할 수 있도록 하였으며, 원산지증명서 역시 특정 형식 없이 필수사항만 기재하고, 단일 선적 또는 12개월 동안 동일상품의 복수 선적에 적용할 수 있으며 4년간 유효하다. 증명서에 포함해야 하는 필수사항의 경우 다음의 요소에 한정되지 않으나 ① 필요한 경우 연락처 또는 그 밖의 신원확인 정보를 포함하여 증명인의 성명, ② 상품의 수입자(아는 경우에 한함), ③ 상품의 수출자(생산자와 다른 경우에 한함), ④ 상품의 생산자(아는 경우에 한함), ⑤ 통일 상품명 및 부호체계에 따른 품목분류와 품명, ⑥ 상품이 원산지 상품임을 증명하는 정보, ⑦ 증명일, ⑧ 증명일로부터 12월을 초과하지 않는 기간 이내에 동일상품의 복수 선적에 따라 발급되는 포괄증명의 경우, 증명 유효기간 등을 포함하도록 하고 있다.

한·EFTA FTA와 한·EU FTA의 경우 원산지증명서 대신 해당 제품을 충분히 설명할 수 있는 송장 및 상업 서류로 대치할 수 있으며, 인증받은 수출자에 한하여 세관인증번호를 기재하면 서명 없이 작성된 원산지신고서도 인증해 주는 **인증수출자제도**를 도입하였다. 다만 한·EFTA FTA에서는 일반 수출자나 생산자가 원산지신고서를 작성할 수 있으나, 한·EU FTA에서는 인증수출자와 6,000유로 미만의 상품 수출자에 한하여 원산지증명서를 발급할 수 있도록 한 점에서 차이를 보인다.

표 5-15 각 FTA별 원산지 증명 방식 : 자율증명 방식

구분	한·칠레 한·호주 한·캐나다	한·미	한·EU
증명 방식	자율증명	자율증명	자율증명
증명주체	수출자	수출자, 생산자, 수입자	수출자
증명 방법	양국 간 통일증명서식	무형식 (필수사항만 기재)	인보이스 신고 방식
유효기간	2년	4년	12개월

자료 : 협정문 토대로 저자 작성

한편 원산지증명 방식 외에도 FTA에 따라 특징적인 내용이 포함되었는데, 특히 한·ASEAN FTA의 경우 **연결원산지증명서**(back-to-back certificate of origin)제도를 도입하여 회원국 내 수출물품을 원활하게 통관하도록 규정하고 있다. 연결원산지증명서는 최초 수출당사국이 발행한 원산지증명서를 근거로 경유하는 경우 수출당사국에 의해 발행되는 원산지증명서를 의미한다. 단, 경유국의 수입자와 경유 당사국에서 동 원산지증명서 발급을 신청하는 수출자가 동일해야 하며 ASEAN 회원국으로부터 수입된 물품을 원상태로 수출하는 경우에도 원산지 자격을 인정하고 있다.

(2) 원산지증명서 제출 면제

각 FTA별로 원산지증명을 회피하기 위한 목적인 아닌 경우에 한하여 다음과 같은 경우에는 원산지증명서의 제출이 없더라도 특혜관세혜택을 받을 수 있도록 규정하고 있다. 협정별로 한·칠레 FTA에서는 협정문의 Article 5.5의 '예외(Exceptions)' 조항에서 이를 규정하고 있으며, 한·미, 한·페루, 한·캐나다, 한·호주 FTA에서는 이와 동일한 내용을 '**원산지증명서 제출 면제**(Waiver of CO)' 조항에서 규정하고 있다.

면제기준은 협정별로 다소 차이를 보이는데 한·칠레 FTA에서는 미화 1,000달러 미만인 상품의 상업적 혹은 비상업적 수입 혹은 수입국 원산지증명서 요건을 면제한 상품의 수입인 경우 원산지증명서 제출이 없더라도 특혜관세혜택을 받을 수 있도록 규정하고 있다.

반면에 한·EU FTA에서는 (i) 유럽공동체로 수입되는 경우 소포는 유로화 500유로미만, 여행자 개인수화물은 유로화 1,200유로 미만인 제품, (ii) 한국으로 수입되는 경우 소포와 여행자 개인수화물 모두 미화 1,000달러 미만인 제품에 대하여 원산지증명서 제출을 면제하고 있다.

한·인도 CEPA에서는 개인소포 및 여행자 개인수화물에 대해서만 인정하고 있다. 한·중 FTA에서는 미화 700달러 미만인 상품에 대하여 면제가 가능하지만 원산지증명서 제출을 회피할 목적으로 지속적인 수입이 이루어진다고 인정될 경우 원산지증명서 면제가 적용되지 않음을 명시적으로 규정하였다. 기타 FTA에서 원산지증명서 면제기준은 〈표 5-16〉에서 정리하고 있다.

표 5-16 각 FTA별 원산지증명서 제출 면제기준

구분	면제 요건
한 · 칠레 FTA	• 미화 1,000달러 미만인 상품의 상업적 및 비상업적 수입 • 수입국이 원산지증명서 요건을 면제한 상품의 수입
한 · 싱가포르 FTA	• 관세가치가 미화 1,000달러 미만인 상품의 수입 • 수입국이 원산지증명서 요건을 면제한 상품의 수입
한 · EFTA FTA	• 개인소포는 한국으로 수입되는 경우 미화 1,000달러 미만, 유럽자유무역연합회원국으로 수입되는 경우 유로화 500유로 미만인 제품 • 여행자 개인수화물은 한국으로 수입되는 경우 미화 1,000달러, 유럽자유무역연합회원국으로 수입되는 경우는 유로화 1,200유로 미만인 제품
한 · ASEAN FTA	• 당사국 영역을 원산지로 하는 물품으로 FOB 가격기준 미화 200달러 미만인 상품의 수입 • 우편으로 송부된 물품으로 FOB 가격기준 미화 200달러 미만인 제품
한 · 인도 FTA	• 개인소포 및 여행자 개인수화물
한 · 미국 FTA	• 관세가치가 미화 1,000달러 미만인 상품의 수입 • 수입국이 원산지증명서 제출요건을 면제한 상품의 수입
한 · EU FTA	• 유럽공동체로 수입되는 경우 소포는 유로화 500유로 미만, 여행자 개인수화물은 유로화 1,200유로 미만인 제품 • 한국으로 수입되는 경우 소포와 여행자 개인수화물 모두 미화 1,000달러 미만인 제품
한 · 페루 FTA	• 수입품의 과세가격이 미화 1,000달러(혹은 수입당사국 화폐로 이에 상당하는 금액) 미만인 경우 • 수입국이 원산지증명서 제출요건을 면제한 상품의 수입
한 · 중 FTA	• 수입품의 과세가격이 미화 700달러 미만인 경우 • 단, 원산지증명서 제출을 회피할 목적으로 지속적인 수입(a series of importations)이 이루어진다고 인정될 경우 원산지증명서 면제가 적용되지 않음을 명시

자료 : 원산지결정기준(2015) 및 협정문에 기초하여 저자 작성.

(3) 서류(기록)보관의 의무

각 FTA별로 수출자 또는 생산자는 수출품 및 생산 재료의 구매 · 비용 · 가격 및 지불, 수출되었던 형태로의 상품의 생산에 대한 기록 등 상품의 원산지와 관련된 모든 기록을 보관해야 하며, 수입자는 원산지증명서 사본 및 상품 수입과 관련된 모든 문서를 협정문에 명시되어 있는 기간 동안 보관해야 할 의무가 있음을 규정하고 있고, FTA에 따라 다음의 내용에서 차이를 보인다.

먼저 한 · 칠레, 한 · 싱가포르, 한 · 인도, 한 · 미, 한 · 페루 FTA에서는 수출자 또는

표 5-17 각 FTA별 서류(기록)보관 의무

구분	한·칠레	한·싱가포르	한·EFTA	한·ASEAN
수출자/생산자	5년 이상	5년 이상	최장 5년	3년 이상
수입자	5년 이상	5년 이상	수입국의 국내법령에 따라 수입관련 기록을 보관	수입국의 국내법령에 따라 수입 기록 보관

구분	한·미	한·EU	한·인도	한·페루
수출자/생산자	5년 이상	5년	5년 이상	5년 이상
수입자	5년 이상	수입국의 국내법령에 따라 수입관련 기록을 보관	5년 이상	5년 이상

자료 : 각 협정문을 기초하여 저자 작성.

생산자와 수입자 모두 최소 5년 이상 관련 문서를 보관해야 함을 규정하고 있다. 한편 한·ASEAN FTA에서는 생산자 또는 수출자와 발급기관은 3년 이상, 수입자는 수입국의 국내법령에 따라 관련 기록을 보관하도록 규정하고 있다. 유럽국가인 한·EFTA FTA와 한·EU FTA의 경우에는 수출자 또는 생산자는 최장 5년 동안 수출관련 서류를 보관해야 하며, 수입자는 수입국의 국내법령에 따라 수입관련 기록을 보관해야 하고, 수입국의 관세당국은 제출된 송품장신고서를 5년 동안 보관할 것을 명시하고 있다.

2) 원산지 검증

원산지 검증은 수입 후 원산지증명서의 정확성과 수입된 상품의 원산지규정 요건 충족 여부를 검증하기 위해 수입국의 요청에 의해 이루어지며, 협정 대상 국가들의 지리적·역사적·정치적 상황이나 검증의 효율성, 비용 등을 고려하여 FTA에 따라 다양한 검증 방식들이 채택되고 있다.

검증 방식에는 우선 검증주체에 따라 **직접검증**과 **간접검증**으로 나뉜다. 직접검증은 수입국의 관세당국이 자국의 수입자뿐만 아니라 수출국의 생산자나 수출자를 대상으로 원산지 검증을 수행하는 방식이며, 간접검증은 수출국의 관세당국에게 검증을 위탁하는 방식을 의미한다. 이외에도 수출국의 관세당국이 검증을 하되 수입국의 관세당국이 참관인으로 참여하는 제한적 간접검증 방식이나 수출국과 수입국이 공동으로 검증하는 공동검증 방식 등이 사용되기도 한다.

한 · 칠레 FTA, 한 · 싱가포르 FTA, 한 · 미 FTA(섬유 · 의류 분야 제외)는 직접검증 방식을 적용하고 있으며 이들 FTA별 세부 절차는 서로 유사한 특징을 보인다. 직접검증의 단계는 크게 서면조사와 현지방문조사로 구분된다. 서면조사는 수입국의 관세당국은 자국영역으로 수입되는 특혜관세 상품의 원산지규정 요건 충족 여부를 판단하기 위해 서면으로 수입자, 수출자 또는 생산자에게 원산지증명서 및 증빙서류 등의 정보를 요청하고 질의할 수 있고 서면요청을 받은 수입자, 수출자 또는 생산자는 30일 이내에 답변을 회신해야 하며 1회에 한하여 30일을 초과하지 않는 범위 안에서 답변 기간을 연장해 줄 것을 요청할 수 있다.

서면조사 결과가 불충분할 경우 수입국의 관세당국이 직접 수출자 혹은 생산자의 사업장을 방문하여 검증하는 현지방문조사를 수행할 수 있다. 현지방문조사를 실시하기 전에 이러한 의사를 수출국의 관세행정기관과 방문할 수출자 또는 생산자에게 통보하고 서면동의를 얻어야 한다. 방문할 수출자나 생산자는 통지를 받은 후 30일 이내에 현지방문조사에 대해 서면으로 동의를 해야 하고, 1회에 한하여 통보를 받은 수령일로부터 15일 이내에 최대 60일을 초과하지 않는 범위 안에서 검증방문을 연기할 수 있다. 검증방문이 종결되면 수입국은 해당 상품의 원산지 자격 여부에 대한 판정 내용을 서면으로 상품의 수출자나 생산자에게 통보하도록 하고 있다. 수입자, 수출자 또는 생산자가 서면 질의나 정보 요청에 답변하지 않거나 현지방문조사에 대해 동의하지 않을 경우, 검증 결과 수입된 상품의 원산지가 허위 증명 또는 근거가 불충분할 경우 수입국은 관련 상품에 대하여 특혜관세대우를 거부할 수 있다

한 · 미 FTA에서는 섬유 · 의류산업의 원산지 검증에 대해 '제4장 섬유 및 의류'에서 별도로 규정하고 있으며 간접검증과 공동검증 방식을 적용하고 있다. 다만 모든 방문은 증거를 인멸하거나 변경할 위험성이 존재하기 때문에 수출자 또는 생산자에게 방문에 대하여 사전통보하지 않는 것을 원칙으로 한다. 수입국의 검증 요청 후 12개월 이내에 검증 결과를 제공하지 못하거나 부정적인 결론이 판정될 경우 수입국은 해당 상품에 대해 특혜관세대우 부여를 중지할 수 있다.

반면에 한 · ASEAN FTA와 한 · 인도 FTA의 원산지 검증은 선(先) 간접검증, 후(後) 직접검증 방식을 채택하고 있으며, 검증절차에 있어서도 거의 흡사하다. 수입국

의 무작위 또는 원산지 정보에 대한 합리적인 의심이 드는 경우 수출국의 발급기관에 사후검증을 요청할 수 있다. 수입국에서 검증을 요청하면 수출국의 발급기관은 한·ASEAN FTA는 2개월 이내, 한·인도 FTA는 3개월 이내에 검증 결과를 회신해야 하며 검증 결과를 통보받은 수입국은 대상 상품의 원산지규정 충족 여부를 결정하고 이를 수출국에 통보해야 한다.

이러한 사후검증 절차는 6개월 이내에 완료되어야 하며 사후검증 절차가 진행되는 동안 수입국은 특혜관세대우 부여를 보류할 수 있다. 한편 수출국에 의한 사후검증 결과가 만족스럽지 못한 경우 수입국의 관세당국이 직접 수출국의 생산자 또는 수출자의 사업장을 방문하여 검증을 실시할 수 있으며 현지방문조사 절차는 칠레, 싱가포르, 미국과의 FTA 현지방문조사 절차와 동일하다.

한·인도 FTA에서는 수출자 또는 생산자에게 서면으로 정보 및 서류 요청, 질의를 할 수 있으며 이러한 통보를 받은 수출자 또는 생산자는 30일 이내에 회신해야 한다. 그러나 수출자 또는 생산자가 동 기간 동안 회신하지 못할 경우, 수입국은 검증이 완료되기 전에 고려될 만한 서면의견서나 추가정보를 수출자나 생산자가 제공하도록 최소 30일 전에 서면으로 통보를 한 후 해당 상품에 대한 특혜관세대우를 배제할 수 있다.

한·EFTA와 한·EU FTA는 수입국이 무작위 또는 원산지증명서의 진정성, 원산지규정 요건의 충족에 대하여 합리적인 의심을 갖게 되는 경우 수출국의 관세당국에게 검증을 요청하는 간접검증 방식을 채택하고 있다. 다만 한·EFTA FTA의 간접검증은 수출국의 관세당국이 검증을 수행하되 수입국의 세관공무원이 검증과정에 참관인으로 참여할 수 있는 제한적 간접검증 방식을 채택하였다. 반면 한·EU FTA는 간접검증을 원칙으로 하되 이를 보완하기 위해 검증과정에 수출국의 동의를 얻어 수입국의 관련 공무원도 검증과정에 참여할 수 있는 공동검증 방식을 함께 채택하고 있다. 수입국이 원산지증명서 사본 및 관련 증빙서류를 검증 사유와 함께 수출국의 관세당국에 송부하면 수출국의 관세당국은 검증을 실시하고 10개월 이내에 회신을 해야 하며, 검증 결과를 기다리는 동안 수입국은 해당 상품에 대한 특혜관세대우 부여를 정지할 수 있다.

한·페루 FTA의 경우 직·간접 검증을 선택할 수 있도록 규정하고 있다. 수입당사국은 (i) 수입자로부터 추가적인 정보의 서면 요청, (ii) 수출당사국의 관세당국을 통해 수출자 또는 생산자로부터 추가적인 정보의 서면 요청, (iii) 수출당사국의 관세당국에 대한 상품의 원산지 검증에의 지원 요청, (iv) 수출당사국의 관세당국 공무원이 동행하여 수출자 혹은 생산자의 사업장에 대한 검증 방문 등을 통해 검증을 수행할 수 있음을 규정하고 있다. 검증과 관련하여 수입국은 다음의 경우에 특혜관세대우를 거부할 수 있음을 규정하고 있다.

1) 상기의 (i)과 (ii)에 의한 추가적인 정보의 서면 요청을 접수한 다음 날로부터 90일 이내에 답변하지 못하는 경우
2) 수출당사국의 관세당국이 요청을 접수한 다음 날로부터 150일 이내에 서면진술을 제공하지 못했거나, 서면진술서의 정보가 충분하지 못할 경우
3) 상기 (iv)에 의한 검증을 수행하려는 경우 당국은 검증 방문 30일 이전에 수출국의 관세당국에 이러한 요청을 서면으로 통지해야 하며, 수출국의 관세당국은 이러한 통지를 접수한 다음 날부터 30일 이내에 이에 서면으로 동의하지 않는 경우

또한 수입당사국은 검증 개시 다음 날로부터 1년 이내 수출국의 관세당국을 통한 수출자 및 생산자를 포함하여 수입자와 수출당사국에 상품이 원산지 상품인지에 대한 결정과 그러한 결정을 위한 조사 결과와 법적 근거를 서면으로 통지해야 한다.

한·중 FTA에서도 수입물품의 원산지 여부를 검증하기 위해 직·간접 방식을 도입하였는데, 수입당사국이 (i) 수입자에게 수입품 원산지에 대한 정보 요청, (ii) 수출당사국의 관세당국에 원산지 검증 요청(간접검증), (iii) 수출국의 생산자 및 수출자에 대한 방문검증 실시를 위해 수출국 관세당국에 요청, (iv) 기타 양국이 합의하는 방식에 따른 절차 등에 따라 검증이 가능함을 규정하고 있다.

간접검증과 관련하여, 수입국 관세당국은 (i) 간접검증 요청의 이유, (ii) 원산지증명서 사본, (iii) 기타 관련 정보를 수출국에 제공해야 하며 수출국 관세당국은 검증을 요청받은 날로부터 6개월 이내에 검증 결과를 수입국 관세당국에 제공해야 하고, 수입국 관세당국은 그로부터 3개월 이내에 원산지 여부에 대한 결정을 수출국 관세당국에 통보해야 한다.

또한 수입국 관세당국이 수출국 관세당국이 수행한 검증 결과에 만족하지 못할 경우

수입국 관세당국은 수출국 관세당국의 동의(consent)하에 수출국의 생산자 및 수출자에 대한 방문검증을 실시할 수 있다. 검증 이전에 수입국 관세당국은 검증 방문일로부터 최소한 30일 전에 수출국 관세당국에 방문검증에 대한 의도를 서면으로 통지하고, 수출국 관세당국은 요청을 받은 날로부터 30일 이내에 이러한 요청에 대한 응답을 해야 한다.

수출국 당사국이 이러한 요청에 동의하지만, 검증 예정일을 연기하고자 할 경우 수입국은 방문검증에 대한 동의와 함께 60일이 넘지 않는 범위 내에서 연기 일정을 통보해야 하며 수입국 관세당국은 수출국 세관공무원의 동행하에 방문검증을 실시하게 된다. 방문검증은 실제 방문일로부터 최종 결정일(수출국 관세당국 및 수입자에 서면 통지한 날)까지 최대 6개월이 넘지 않아야 하며, 검증에 대한 세부 절차는 양국이 공동으로 결정 가능하도록 규정하고 있다.

표 5-18 각 FTA별 원산지 검증 방식

구분	한 · 칠레	한 · 싱가포르	한 · EFTA	한 · ASEAN	한 · 터키
검증 방법	직접검증	직접검증	제한적 간접검증	선 간접검증 후 직접검증	간접검증 및 공동검증
검증 주체	수입국	수입국	수출국 및 수입국	선 수출국 후 수입국	수출국 및 수입국
구분	한 · 미국	한 · EU	한 · 인도	한 · 페루	한 · 중
검증 방법	직접검증 (섬유 · 의류는 간접검증 및 공동검증)	간접검증 및 공동검증	선 간접검증 후 직접검증	직접 · 간접 중 선택	직접 · 간접 중 선택
검증 주체	수출국 (섬유 · 의류는 수입국)	수출국 및 수입국	선 수출국 후 수입국	수출국 혹은 수입국	수출국 혹은 수입국

자료 : 원산지결정기준(2015) 및 협정문을 기초하여 저자 작성.

FTA 활용 비즈니스 모델

1 FTA 활용 전략

1) 거점별 진출 전략 수립

FTA를 활용한 다양한 전략이 존재하겠지만, 먼저 시장선점적 전략이 필요하다. FTA를 체결하게 되면 그만큼 진출할 수 있는 시장의 범위와 규모가 커지게 된다. 이러한 시장은 지역별 또는 국가별로 산재해 있다. 이러한 시장에 대하여 FTA가 체결됨에 따라 우리 기업들은 전략적 행위를 통하여 시장 진출을 해야 한다. 이러한 점에서 먼저 시장 선점과 주변지역으로 진출을 위한 거점별 진출 전략을 고려해볼 수 있다.

우리가 체결한 FTA 중에 영향력이 가장 클 것으로 예상되는 FTA는 한·미 FTA이다. 미국은 인구 3억 명, 세계 최고 1인당 소득의 거대 내수시장을 가지고 있다. 또한 지형적으로 위로는 캐나다, 아래로는 멕시코 등의 남미 국가들이 있다. 즉 미국은 자체의 거대한 소비시장을 갖고 있는 것은 물론 지형적으로 구미 국가들을 연결할 수 있는 유리한 위치를 차지하고 있다. 따라서 우리 기업은 한·미 FTA를 활용하여 안정적으로 미국의 내수시장을 진출하는 것은 물론 구미 시장을 진출하는 거점지역으로 활용할 수 있다.

한편, EU는 세계 최대의 거대경제권으로 GDP 규모가 세계의 약 26%를 차지하고 있으며, 인구도 5억 명이 넘는 시장이다. 더욱이 EU는 지형적으로 동구지역과 연계되어 있어 동구지역에 진출할 수 있는 거점지역으로 매우 적절하다. EU는 동구권만이 아니라 더 넓게는 러시아 지역까지 진출하기 위한 거점으로 활용이 가능할 것으로 보인다.

인도는 현재 우리나라와 FTA 등 지역무역협정이 상대적으로 체계적으로 체결되어 있지 않은 파키스탄, 스리랑카, 방글라데시와 같은 남아시아 국가, 중동, 아프리카 또는 동남아시아에 진출하기 매우 유리한 위치에 있다. 따라서 한·인도 CEPA를 통해서 주변지역에 진출할 수 있다. 더욱이 인도는 최근에 가장 주목받는 신흥시장으로 부상하고 있는데, 특히 향후 세계 3대 경제대국이 될 수 있는 가능성이 높고, 최근에 중산층이 급속하게 증가하고 있어 장래의 주요 내수시장으로 성장할 가능성이 높다. 이러한 점을 고려하여 한·인도 CEPA를 남아시아의 거점시장 및 내수시장으로 활용할 수 있

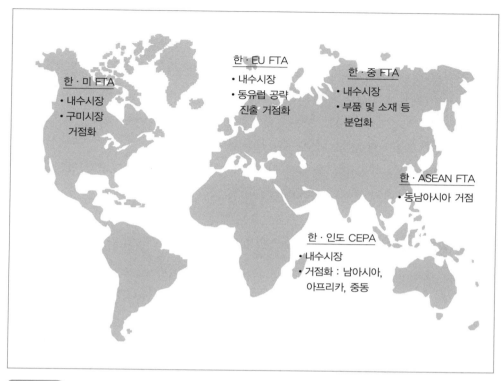

한 · 미 FTA
• 내수시장
• 구미시장 거점화

한 · EU FTA
• 내수시장
• 동유럽 공략 진출 거점화

한 · 중 FTA
• 내수시장
• 부품 및 소재 등 분업화

한 · ASEAN FTA
• 동남아시아 거점

한 · 인도 CEPA
• 내수시장
• 거점화 : 남아시아, 아프리카, 중동

그림 6-1 ▶ 주요 FTA별 거점화 진출전략 개념도

는 기반으로 이용해야 할 것이다.

ASEAN은 인건비가 저렴하고, 인구가 5억이 넘기 때문에 신흥시장으로서 각광을 받고 있다. ASEAN이 우리의 5대 교역지역이라는 점에서 향후 내수시장은 물론 생산기지로도 충분하게 활용할 수 있을 것으로 보인다.

마지막으로 중국과 FTA 체결로 우리나라는 13억 명의 인구를 갖고 있고, 세계의 공장이라는 점에서 중국을 활용할 수 있다. 더욱이 중국은 동아시아, 중앙아시아, 남아시아, 동남아시아를 모두 연결할 수 있는 지형적 위치에 존재한다는 점에서 글로벌 가치사슬(global value chain)을 통한 활용전략을 고려할 수 있다.

결과적으로, 주요 FTA들이 각 지역별로 내수시장과 거점화 가능한 지역과 체결되었다는 점에서 우리 기업들은 기존의 주요 FTA 체결국 및 주변지역에 대한 체계적인 진출전략을 모색할 필요가 있다. 특히 이러한 지역은 다른 특징을 가지고 있기 때문에 이에 대한 대응전략을 명확하게 확립할 필요가 있다. 가령 중국 및 ASEAN으로부터 일부 부품을 수입하고, 한국에서 최종재를 생산하여 미국, EU 또는 인도에까지 수출할 수 있는 방안을 마련할 수도 있다. 또한 다양한 진입장벽이 높은 지역의 진출에 필요한 글로벌 인재를 육성하는 방안도 모색해야 할 것이다. 유럽, 인도, ASEAN 등은 상대적으로 매우 다른 시장이다. 이러한 시장에 접근하기 위해서는 각 시장에 접근하여 진출하는 데 필요한 인재를 양성하는 것이 매우 중요하다.

이러한 특징들을 이용하여 각 지역에 맞게 FTA를 활용하고, 글로벌 시장에 진출할 수 있는 마케팅 전략도 새롭게 마련할 필요가 있다.

2) FTA별로 상이한 특혜관세기준일과 활용전략 점검

기체결된 주요 FTA별로 특혜관세 기준일이 모두 다르다.[1] 이러한 특혜관세 기준일이 각 FTA별로 다르기 때문에, 기업들이 모든 FTA의 특혜관세혜택을 받기 위해 수출입하는 모든 품목에 대하여 특혜관세를 신청하는 것이 꼭 효율적이라고 할 수는 없다. 즉 특혜관세 기준일과 현형 관세율 및 비용이 달라 우리 기업들이 FTA의 특혜관세를 적용받을 경우 오히려 손실을 보는 경우가 발생할 수도 있다. 그 경우는 ① 특혜세율이 실행세율보다 높은 경우(특혜세율 > 실행세율), ② 특혜세율이 다른 특혜세율(예 : ASEAN 및 인도의 경우 방콕협정)보다 높은 경우(특혜세율 > 다른 특혜세율), 그리고 ③ 특혜세율을 적용하는 것이 비용이 높은 경우(특혜세율 < 비용) 등이 있을 수 있다. 이러한 경우, 모든 FTA의 특혜를 받기 위해 특혜관세를 신청하는 것보다는 오히려 FTA의 특혜관세를 적용받지 않는 것이 유리하다.

다음으로는 특혜관세의 혜택이 없는 경우가 있다. 이런 경우 우리 기업들이 해당 FTA의 특혜관세를 활용할 수 없다. 특혜관세가 없는 경우는 ① 양허제외 품목, ② 양허대상이지만 이미 무관세 품목, ③ 관세회피 및 관세환급 대상 품목, ④ 양허대상이지만 원산지 규정이 충족되지 않는 경우 등이다.

---

[1] 한국과 미국의 FTA에서 특혜관세 기준일은 한 · 미 FTA 시행연도 1월 1일이다. 이에 반해 한 · EU FTA의 특혜를 받을 수 있는 특혜관세의 기준일은 2007년 5월 6일이다. 한 · 인도 CEPA는 발효일은 2010년 1월 1일이지만, 혜택을 받을 수 있는 특혜관세 기준일은 2006년 4월 1일로 발효일의 관세기준과 특혜관세기준일과의 차이가 한국 기준 3년 8개월, 인도 기준 3년이 차이가 난다. 이에 반해 한 · ASEAN FTA는 발효연도인 2006년 1월 1일이 기준일이다.

표 6-1 주요 FTA별 양허관세 제외 및 현행 관세 유지 품목

FTA	양허 제외 품목
한 · 미 FTA	벼, 메현미, 찰현미, 멥쌀, 찹쌀, 쇄미 쌀가루 등 16개 쌀 품목, 식용대두, 감자, 탈 · 전지분유 및 연유, 천연꿀 등
한 · EU FTA	현행 관세 유리 : 감귤, 고추, 마늘, 양파, 인삼, 오징어, 명태, 민어 등 현행 관세 유지 및 수입쿼터 : 분유, 천연꿀, 오렌지 등
한 · 중 FTA	주철관, 동판, 니켈괴, 초산, 초산에틸, 판유리, 타일, 순면사, 소모사, 기타 폴리에스터사, 직물제 의류(남성용 합섬코트 및 재킷), 편직제 의류(합섬스웨터), 기타 신발, 볼베어링, 전기드릴, 승용차, 화물차, 엔진섀시(승용차 외), 합판(열대산 목재 일부), 화강암(기타), 보리, 감자, 쇠고기, 돼지고기, 닭고기, 분유, 치즈, 버터, 꿀, 감귤류 · 오렌지, 사과, 배, 포도, 키위, 호박, 고추, 마늘, 양파, 인삼류, 조기(냉동), 갈치(신선, 냉동), 고등어(신선, 냉동, 염장), 넙치(냉동 활어), 홍어(냉동), 문어, 소라, 멸치(건조), 돔(냉동, 활어), 오징어, 민어(냉동, 활어), 북어, 볼락(냉동), 꽃게(냉장, 활어) 등
한 · 인도 CEPA	한국 측 : 768개 품묵, 인도 측 765개 품목
한 · ASEAN FTA	HS6단위 200개 또는 3% 이하

자료 : 각 FTA 협정문.

또한 각 FTA별로 양허 제외된 품목이 각각 다르다. 한 · 미 FTA에서는 쌀 16개 품목이 양허 제외되었으며, 한 · EU FTA에서는 현행 관세를 유지하거나, 현형 관세 유지 및 수입쿼터를 적용하는 품목들이 있다. 한 · 미 FTA와 한 · EU FTA에서는 모든 품목을 대상으로 개방화를 추진하고 있기 때문에 양허 제외되거나 현행 관세를 유지하는 품목이 많지 않다. 하지만 한 · 인도 CEPA에서는 한국 측 768개, 인도 측 765개 품목이 양허 제외되어 있다. 한 · ASEAN FTA에서는 200개 품목이 양허 제외되어 있다. 그러므로 FTA가 체결되었다고 해서 모든 품목에 대하여 특혜관세를 유지할 수 없다. 따라서 FTA의 특혜관세를 받기 위해서는 해당 품목에 대한 관세 이행을 자세하게 살펴본후 해당 품목에 대한 특혜관세를 신청해야 한다.

다음으로 기존의 무관세 품목이 즉시 양허대상 품목에 상당하게 포함되어 있다는 점을 인식해야 한다. 특히 IT관련 품목들은 이미 100% 무관세 품목이 대부분이므로 해당 품목의 특혜관세혜택을 신청할 경우가 신청하지 않는 경우보다 비용이 더 들 수 있다. 특히 우리나라의 경우 한 · 인도 CEPA에서 협정문 체결 전부터 무관세로 분류되었던 품목의 30%가 즉시철폐 품목에 포함되어 있기 때문에, 각 FTA별 즉시 관세 철폐라고 규정되어 있는 경우에는 자세하게 살펴 기존부터 무관세 품목인지 아닌지 확인해서 특혜관세를 신청해야 한다. 끝으로, 양허대상임에도 불구하고 각 FTA별로 원산지 규정이 다르므로 이를 세밀하게 따르는 것이 중요하다. 우리 기업들이 생산하여 수출하려는 품목이 원산지 규정을 미충족할 경우 특혜관세를 신청해도 혜택을 받을 수 없다.

3) 특혜관세를 활용한 가격정책 전략의 제고

FTA의 가장 중요한 혜택은 특허관세의 적용을 받는 것이다. 따라서 FTA의 혜택을 받기 위해서는 양허대상 여부 및 양허 관세율을 확인하는 것이 중요하다. 이와 더불어 원산지 기준 충족 여부 확인 및 충족 방안을 강구해야 한다. 모든 FTA별로 원산지 기준이 다르기 때문에 각 FTA별로 원산지 기준을 충족해야 한다. 이를 위해 우리 기업들은 각 원산지 기준을 확인하고 이를 충족하기 위한 노력이 필요하다.

더욱이 특혜관세의 혜택을 받게 되면, 취급 품목의 가격이 특혜관세혜택을 받는 만큼 가격이 할인되는 효과가 발생한다. 따라서 현행 적용하고 있는 가격정책을 모두 검토할 필요가 있다. 만약에 특정 시장에서 경쟁력을 갖고 있고, 경쟁도 없는 경우에는 특혜관세의 혜택을 받지만 꼭 가격을 그만큼 내려 출하할 필요는 없다. 하지만 경쟁이 심한 경우에는 가격을 최대한 특혜관세혜택만큼 인하할 필요가 있다. 즉 우리 기업들은 특혜관세의 혜택을 받을 경우 특혜관세의 혜택 부분 중에서 어느 정도 가격을 할인할 것인지에 대한 검토가 필요하다.

다음으로 해당 FTA국가의 거래업자(수출 또는 수입업자)와의 관세율 인하 혜택에 대한 분배전략이 필요하다. 특혜관세로 관세율 인하로부터 가격이 기존보다 낮아지게 되면, 일방적으로 수입자 또는 수출자만 혜택을 받을 수 있지만 경우에 따라서는 그 혜택을 분배할 수 있다. 가령 우리나라에서 EU에 수출할 경우, 관세율 인하 혜택을 EU의 수입업자와 분배할 수도 있다. 특히 가격정책의 변화는 현지에서 우리 제품에 대한 이미지에 따라 다르게 정책을 수행을 해야 한다. 따라서 현지에서 우리 제품에 대한 이미지를 확인할 필요가 있다. 마지막으로 투자에 대한 많은 장애들이 제거되기 때문에 현지에 수출만이 아닌 완제품에 대한 투자도 고려해볼 수 있다. 이를 위해서는 현지 공장 이전에 필요한 최적 장소와 투자 절차 등을 확인하는 것이 필요하다.

4) 정부조달시장 접근 방안 강구

정부조달시장은 정부 또는 공공기관이 민간으로부터 물품이나 건설공사, 컨설팅 업무 등의 일정한 제품과 서비스를 구매하는 시장을 의미한다. 한 · 미 FTA로 약 6조에 달하는 미국 조달시장이 한국에 개방되었다.

한 · EU FTA에서는 현행 WTO GPA(Government Procurement Agreement) 양허 수준에서 개방하기로 했다. 한 · 인도 CEPA에서 양국은 협력 활동을 촉진하도록 했다. ASEAN과는 정부조달에 대한 협력을 규정하지 않았다. 따라서 미국과 EU, 특히 미국의 정부조달시장이 개방되었다. 하지만 중소기업의 경우에는 이에 대응하여 진출하기에는 아직도 미진한 부분이 많다. 가령 미국은 세계 최대의 조달시장으로 규모가 약 6조 원 정도로 추정되고 있다. EU의 경우, 정부조달시장은 GDP 규모의 16% 수준인 2조 유로 규모(2008년 기준)로 추정되고 있다.

정부조달시장은 이렇게 거대한 시장이지만, 각 지역 및 국가별로 계약 방식과 정책이 차이가 많다. 미국의 경우 일반경쟁 입찰 방식, 협상계약 방식, 다수 공급자 물품계약 방식은 물론 **우대구매제도**를 도입하고 있다. EU의 경우 **최적가격 낙찰 방식**, **최저가 낙찰 방식**, **경쟁적 교섭 방식**, **기본협약 방식** 등을 적용하고 있으며, 단일조달 시장을 형성하여 조달지침 등도 다양하게 구비되어 있다.

중국의 정부조달시장도 매년 빠르게 성장하고 있으며, 조달법도 시행되고, 집중조달 및 분산결합 방식 등이 적용되고 있다. 또한 에너지, 환경, 자국 및 수입산 우대구매 정책 등이 도입되고 있다.

이러한 정부조달시장이 FTA 등을 통해 개방되고 있지만, 아직도 상당한 수준에서 실질적인 차별제도가 여전히 존재하고, 소액 조달 등 특정 조달 분야는 시장개방 범위에서 여전히 제외되고 있다. 특히 국산화 비율, 기술이전, 입찰가격 평가 시 자국기업 우대 등 상당한 장애요인이 있다. 이러한 점을 모두 고려하여 기업이 조달시장에 효율적으로 진출하여 성과를 거두기는 쉽지 않다. 따라서 우리 기업들이 현지 정부조달시장에 진출할 수 있도록 각 FTA별 조달시장에 대한 명확한 조사 및 분석을 수행하여 우리 기업들에게 관련 정보 및 진출 방안을 제공하고 최대한 정부조달시장에 진출할 수 있도록 도와주어야 할 것이다. 특히 우리 기업들이 부족한 현지 시장 상황 및 문화에 대한 이해를 확대할 수 있도록 하고, 복잡한 조달 절차 및 조달 담당기관, 조달시장 독점 타개 방안, 제품에 대한 명확한 정보 등 다양한 지원이 필요한 실정이다.

5) 제품 및 부품소재의 수입선 전환 정책 검토

EU와의 FTA에서 가장 크게 기대할 수 있는 긍정적인 효과는 일본 또는 미국에서부터 집중적으로 수입해 오던 고부가가치 기계 및 장비 등을 EU로 수입선을 전환할 수 있다는 점이다. 한국무역협회 국제무역연구원(2009)은 우리나라가 EU와 FTA 체결 시 일본에서 수입하는 제품 중에서 EU로 수입선을 전환할 수 있는 품목으로 전자, 기계, 자동차 관련 품목을 예상하고 있다.

따라서 필요한 완제품이나 부품소재 등의 수입 제품에 대한 관세율과 품질을 확인하여 비용 및 품질이 우수한 경우 수입선을 전환하여 비용을 절감할 필요가 있다. 물론 이를 위해서는 원산지 기준 충족 여부 및 충족 방안을 수립하는 것이 매우 중요하다.

또한 생산체계 및 시장 수용성도 확인해야 한다. 완제품과 부품의 수입선을 전환할 경우 단기적인 효과만을 고려할 수가 없기 때문에 중·장기적인 조달 및 생산 환경의 변화를 고려하고, 생산 공정이 우리가 원하는 제품을 생산할 수 있는지에 대한 적합성을 확인해야 한다. 이와 더불어 시너지 효과를 최대화할 수 있는 가능한 투자 파트너를 물색하는 등 다양한 각도에서 점검 후 수입선을 전환해야 할 것이다. 즉 수입선을 전환한다는 것은 새로운 제품을 도입한다는 것을 의미하기 때문에, 이로부터 많은 전환비용과 문제점이 발생할 수 있다. 따라서 이러한 모든 점을 파악하여 대응할 수 있다는 확신이 있을 때 수입선을 전환해야 할 것이다.

6) 복잡한 원산지규정과 스파게티 볼 효과 대응 정책 필요

관세청에 따르면 우리나라가 많은 FTA를 체결하면서 우리 기업들이 FTA에서 협정 적용 대상 물품에 대한 정보가 부족하여 관세를 신청하지 않아 손해를 보는 경우가 발생하는 것은 물론 복잡한 원산지규정을 충족시키지 못하거나, 원산지증명서 양식도 각 협정마다 달라 잘못된 원산지증명서를 근거로 협정관세 적용을 신청하여 관세를 추징당하는 사례도 발생하는 것으로 나타났다.

표 6-2 주요 FTA별 양허관세 제외 및 현행 관세 유지 품목

구분	FTA							
	칠레	싱가포르	EFTA	ASEAN	인도	EU	미국	중국
발급 방식	자율 방식	기관 발급	자율 발급	기관 발급	기관 발급	인증 발급	자율 발급	기관 발급

자료 : 각 FTA 협정문.

점차적으로 우리나라가 체결하고 있는 FTA가 증가하면서, 우리 기업들이 원산지 기준은 물론 원산지 결정기준 충족 여부, 원산지증명서 발급지, 원산지증명서 양식 등 모든 조건을 충족시키기 위해서는 추가적으로 비용이 발생할 수 있다. 이러한 경우, 대기업들은 상당한 정보와 분석에 의해 원산지증명을 받는 데 문제가 없지만, 중소기업의 경우 원산지증명을 모두 다 받는 것은 점점 더 어려워질 것으로 보인다. 따라서 중소기업들이 모두 FTA에 대응하여 특혜관세 품목에 대하여 분별 및 원산지증명을 모두 받을 수 있는 방안이 요구되고 있다.

이를 위해서는 먼저 협정이 체결된 국가와 수출입하는 품목의 특혜관세 적용 품목 및 관세율에 대해 관련 법령에 따라 실제로 부과될 관세의 연도별 적용관세율 및 적용기간을 확인할 수 있도록 관련제도 또는 시스템 구축이 필요하다.

둘째, 품목이 확정되면, 원산지 결정기준이 협정별 또는 FTA 대상 국가별로 상이하므로 원산지를 인정받을 수 있는지를 확인할 수 있도록 한다. 앞에서도 언급하였지만, 원산지 결정기준은 완전생산기준과 실질적인 변형기준으로 나누고, 실질적인 변형기준은 다시 부가가치기준, 가공공정기준, 세번변경기준, 복합기준 등으로 복잡하다. 또한 부가가치기준은 외국산 원재료비 공제법, 역내 부가가치 누적법 등이 있어 더욱 복잡하다.

셋째, 원산지를 결정한 후 협정에서 규정한 양식을 사용하여 발급권한이 있는 기관 및 자율에 의한 원산지증명서를 발급 받아야 한다.

7) FTA별 유망품종 전략과 피해 가능 업종 대책 마련

주요 FTA별로 수출이 증가할 것으로 예상되는 품목과 수입이 증가할 가능성이 높은 품목들이 있다. 그러나 중소기업들이 각 FTA별로 발생하는 영향이나 품목별 수출입 증가 가능성 등을 분석하고 이에 대한 맞춤별 전략을 세우기란 거의 불가능하다. 이는 어느 특정 FTA로 인해 자사에 미치는 악영향을 상쇄할 수 있는 방안을 여타 FTA에서 찾을 수 있음에도 불구하고 중소기업들의 경우에는 인적, 물적 자원의 한계에 따른 정보 수집 및 분석력의 부재로 인해 그 기회에 접근할 가능성조차 갖지 못할 수 있다는 것을 의미한다. 따라서 정부 주도로 각 FTA의 긍정적 영향 및 부정적 영향을 꾸준히 그리고 적극적으로 교육, 홍보함으로써 중소기업들이 FTA를 제대로 활용할 수 있도록 다양한 프로그램을 개발, 추진해야 할 것이다.

또한 일부 업종별로 나타날 수 있는 피해를 미리 예측하고 분석하여 보다 세부적인 대책을 마련할 필요가 있다. 다시 말해, 어느 특정 FTA로 인해 피해가 급증할 수 있는 업종의 경우, 여타 FTA의 여건과 국내 해당 업종의 경쟁력을 종합적으로 판단하여 특정 FTA로부터의 피해를 상쇄할 수 있는 방안을 적극 강구하며, 글로벌한 경쟁력의 열위로 국내에서 피해가 증가할 수밖에 없는 업종의 경우에는 사업전환 등을 고려해야 한다.

8) 인력이동에 대한 대응

앞으로 FTA는 인력이동을 포함할 가능성이 높아지고 있다. 특히 한국은 한·인도 CEPA에서 162개 분야에 인력이동을 양허하였다. 이에 따라 우리나라는 실질적으로 독립전문가 분야에서 인력이동을 개방하였다고 볼 수 있다. 특히 중국과의 FTA가 체결된 만큼 우리는 중국으로부터 인력이동에 대한 활용 및 대응방안을 마련해야 할 것이다.

문제는 이러한 인력이동이 우리 기업들에게 도움을 줄 수 있는 방향으로 진전될 필요가 있다는 점이다. 한국과 인도와의 CEPA에서 독립전문가에 대한 인력을 개방함으로써 우리 기업들이 부족한 기술인력을 활용할 수 있는 기반이 마련된 것처럼, 향후 중국을 포함한 모든 FTA에서 인력의 개방은 중소기업의 필요성과 연계되어야 할 것이다.

한편, 중국은 DDA에서 의료 및 치의료 서비스, 컴퓨터관련 서비스(11개 업종), 번역 및 통역, 교육 서비스(군대, 경찰, 정치, 당교 교육 등은 제외), 관광 및 여행 서비스, 호텔 및 레스토랑 분야에서 인력이동을 양허하고, 현재까지 체결된 대부분의 FTA 협상

표 6-3 인도 전문인력 수요 예상 직종

구분	직종
기술자문 지도 서비스	비건축 엔지니어링
활용경험 업체 분석	경영지도 · 진단 전문가, 건축가, 토목 및 측량관련 기술자, 화학공학기술자, 시스템소프트웨어 개발자, 응용소프트웨어 개발자, 데이터베이스 관리자, 네트워크시스템 분석가 및 개발자, 시스템 운영 관리자, IT 컨설턴트, 도시계획가, 기계공학기술자, 금속 · 재료 공학 기술자, 컴퓨터 및 통신공학기술자, 식품공학기술자
외국인 전문가를 활용할 의사가 있 는 업체 분석	토목 및 측량관련 기술자, 화학공학기술자, 시스템소프트웨어 개발자, 응용소프트웨어 개발자, 데이터베이스 관리자, 네트워크시스템 분석가 및 개발자, 시스템 운영 · 관리자, IT 컨설턴트, 섬유공학기술자, 컴퓨터시스템 설계 · 분석가, 컴퓨터보안 전문가, 웹 개발자
국내 전문가 부족 및 저임금	토목 및 측량관련 기술자, 화학공학기술자, 시스템소프트웨어 개발자, 응용소프트웨어 개발자, 데이터베이스 관리자, 네트워크시스템 분석가 및 개발자, 시스템 운영 · 관리자, IT 컨설턴트

에서 인력이동을 포함시켰다. 이에 따라 한 · 중 FTA가 체결될 경우, 중국과의 인력이동은 피할 수 없는 부분이 될 가능성이 높다. 만약에 중국과의 FTA에서 인력이동을 포함시킬 수밖에 없다면, 한국은 대기업보다는 중소기업들이 인력을 활용할 수 있는 분야에 개방을 하는 방향으로 FTA가 추진되어야 할 것이다. 이를 위해서는 기업들로부터 중국 인력을 활용할 수 있는 분야를 초기에 조사하여 적극적인 대응방안을 마련해야 한다.

또한, 중소기업이 고급 서비스 인력을 적극 활용할 수 있도록 우수한 인재를 확보하고 매칭하는 시스템이 필요하다. 해외인력이 문화적 이질감을 극복하고 한국에서 적응력을 높이고 한국 경제에 기여할 수 있도록 교육 프로그램을 마련할 필요가 있다. 가령 일본은 일본-필리핀 EPA에서 간호 서비스 인력을 개방하고, 이 분야의 인력에 대하여 연수 프로그램을 실시하고 있다. 이러한 일본의 사례를 적극 검토하는 것도 하나의 방법일 수 있다. 또한 인력이동에 대한 적극적인 홍보도 필요한 실정이다.

표 6-4 중국 기체결 FTA의 Mode 4 범주별 양허표

구분	국가	ICT	SS	I/S	BV	CSS	IP
CCH	중국	3년	90일	–	–	–	–
	칠레	2년 (2년 연장)	–	–	체류기간 명시 안 함	–	–
CPK	중국	3년	90일	3개월	6개월	–	–
	파키스탄	3년	1년	–	6개월	1년 갱신 가능	최장 1년
CNZ	중국	3년	90일	3개월	6개월	–	–
	뉴질랜드	3년, 특수 전문가 12개월	–	3개월	3개월	–	1년
CS	중국	3년	–	–	6개월	1년	–
	싱가포르	2년, 3년씩 8년까지 연장	–	–	최장 90일	90일, 90일 연장 가능	–
CP	중국	3년	–	–	6개월	–	–
	페루	1년(지속 갱신 가능)	–	–	180일	–	–
OCS	중국	3년	90일	–	6개월	–	–
	코스타리카	2년	–	–	1년	–	–

주 : 1. CCH : 중국·칠레 FTA, CPK : 중국·파키스탄 FTA, CNZ : 중국·뉴질랜드 FTA, CS : 중국·싱가포르
　　　FTA, CP : 중국·페루 FTA, OCS : 중국·코스타리카 FTA
　　2. ICT : 기업·내 전근자, CSS=contract service supplier, SS=service salespersons, BV=business visitors,
　　　I/S=installers/servicers
자료 : 여지나(2010), 대외경제정책연구원, p. 92.

9) 내향형 국제화를 활용한 수출 경쟁력 강화

국제화는 **외향형**(outward) **국제화**와 **내향형**(inward) **국제화**라는 2개의 개념으로 구분된다. 외향형 국제화는 국가 내부로부터 국경을 건너 외부로 향하는 국제화를 의미한다. 반면 내향형 국제화는 프랜차이징이나 라이선싱 그리고 직접투자나 제휴 등을 통해 재화와 용역은 물론, 자금과 기술 등을 직접 혹은 간접적으로 수입하는 활동을 의미하는 것으로 외향형 국제화의 거울형상(mirror image)으로 정의될 수 있다.[2] 그러나 외향형 국제화의 경영 행태와 1:1로 대비되는 내향형 국제화의 특성으로 인해 내향형 국제화

는 외향형 국제화의 보조적 활동 정도로만 여겨지는 경향이 있었다. 이에 따라 우리나라를 포함한 대다수 정부의 국제화 정책은 상품과 서비스의 수출과 같은 외향형 국제화 정책에 초점이 맞추어져 있으며 기업의 내향형 국제화 활동이 기업의 국제화에 미치는 영향을 간과하고 있다는 지적이 제기되고 있다.[3]

그러나 내향형 국제화는 궁극적으로 상품과 서비스의 수출을 포함한 외향형 국제화 경쟁력의 강화에 큰 도움을 줄 수 있다.[4] 실제로 내향형 국제화를 추진하는 데 따른 다양한 활동과 이로부터 얻을 수 있는 회사 내 주요 의사결정자들의 경험이 향후 수출과 같은 외향형 국제화를 추진하는 데 중요한 역할을 할 수 있다. 수입 활동을 하는 기업인은 내향형의 국제화 활동을 통해 외국 시장으로의 진출, 공급자와 가격의 조사, 외국 공급자와의 교섭, 외국 운용 방식에서의 협상, 해외 무역 기술 등과 같이 국제무역을 추진하는 데 필요한 여러 가지 상황에 노출된다. 따라서 수입업자들은 이러한 내향형 국제화를 추진하는 과정에서 습득한 지식과 경험을 통해서 향후 수출을 추진하는 데 필요할 수 있는 많은 지식이나 관련 업무들에 쉽게 접근할 수 있다.

이러한 개념은 **수입 경쟁력**(import competitiveness) 강화라는 개념과도 일맥상통하는 부분이 있다. 최근의 글로벌 아웃소싱 형태를 고려해보면, 내향형 국제화로 표현되는 수입경쟁력의 강화는 궁극적으로 국내기업들의 수출 경쟁력(export competitiveness) 강화에 직간접적인 요인이 된다는 것을 알 수 있다. 최근의 글로벌 생산사슬의 형태는 최종 제품의 생산을 위해 가장 경쟁력 있는 부품, 소재나 중간재를 얼마나 경쟁력 있게 조달하는지가 최종 제품의 글로벌 경쟁력에 영향을 준다.

FTA는 이러한 전략을 가장 잘 활용할 수 있는 환경을 조성해 준다. 수입선 다변화도 결국 수입경쟁력 강화의 일환이다. 중소기업들을 포함한 우리 기업들이 쉽게 접근할 수 있는 수입시장 정보지원 시스템을 구축하는 것도 고려해볼 수 있다. 정부는 획일적인 수출경쟁력 강화라는 고정 틀에서 벗어나 수입경쟁력의 강화를 통해 국내 생산사슬

---

[2] Luostarinen and Welch(1990).

[3] Welch and Luostarinen(1993).

[4] Korhonen et al.(1996)은 1991년도에 3,157개 핀란드 기업에 대해 실시한 설문조사를 통해 국내인이 소유한 기업의 45%만이 수출과 같은 외향적 국제화를 통해 국제적인 영업을 시작하였으며, 약 54% 정도는 국제화 초기에 내향형 국제화와 관련된 영업을 통해 국제화 활동을 시작했고, 이 과정에서 축적한 국제화의 경험을 통해 외향형 국제화를 추진해 나갔다는 조사 결과를 발표하였다.

전체의 경쟁력 강화를 도모하고, 궁극적으로 그리고 중·장기적으로 최종 제품의 수출 경쟁력에 도움이 될 것이다.

2 FTA 비즈니스 모델

이 절에서는 우리나라가 체결한 FTA를 활용하여 비즈니스로 연계시킬 수 있는 방안들에 대해서 논의하고자 한다. 여기에서는 기업들이 FTA를 활용하여 수익성을 창출할수 있는 모델들을 주로 정리하고 있다. 이러한 모델들은 주로 관세청 FTA 포털사이트의 'FTA 비즈니스 모델'에 게재되어 있다. 특히 정부가 중소기업들을 위해 수출업체, 무역협회, 관세사, FTA 전문가들로부터 자문을 받고 정교하게 FTA 비즈니스 모델을 만들었다는 점에서 활용도가 매우 높다. 이에 이 절에서도 이러한 모델들을 적극 활용하여 우리 기업들이 활용 가능한 FTA 비즈니스 모델을 제시하고 있다.[5]

1) FTA 관세혜택 활용

(1) 관세 인하 및 철폐 활용 수출 모델

FTA가 발효되면 관세가 인하되거나 철폐되어 무관세혜택을 누릴 수 있다. 즉 수출할경우 현지에서 상품가격이 FTA 관세혜택을 받은 만큼 하락하게 된다. 이러한 경우 수출품목의 협상력(Bargaining Power) 증가가 발생한다. 더욱이 가격 인하로 인하여 가격경쟁력이 제고되어 현지 시장점유율을 증가시킬 수 있다. 우리나라와 FTA를 체결한국가에 수출을 할 경우 FTA를 체결하기 전보다 FTA 체결 후에 관세혜택으로 인하여가격 하락으로 가격경쟁력이 제고되어 현지에 더 많은 제품이 판매될 수 있다. 판매의 확대는 궁극적으로 수출의 확대를 의미하면서도 국내에서 생산의 증가가 발생했다는 것을 말한다.

　FTA 체결국의 관세 인하 및 철폐로 인한 혜택은 크게 수출 확대와 채산성 제고로 나

---

[5] 관세청 FTA포털 홈페이지에 제시하고 있는 FTA 비즈니스 모델에 대한 자세한 내용은 http:///fta.customs.go.kr에 기술되어 있다. 따라서 관세청 FTA포털 홈페이지를 이용하면 이 절에서 활용한 'FTA 비즈니스 모델'에 대한 자세한 내용을 찾아볼 수 있다.

타나게 되는데, 어디에 우선순위를 두느냐에 따라 가격 인하 또는 채산성 제고 전략을 선택할 수 있다. 현지의 시장 선점이 중요하다면 시장점유율을 증가시켜야 한다. 이러한 경우에는 FTA의 관세 인하를 가격 인하로 연결하여 더 많은 제품을 현지에 판매하는 전략이 요구된다. 하지만 현지의 시장점유율보다는 이전보다 더 높은 수준의 수익 또는 이익을 얻기를 원한다면, 즉 채산성을 제고하고 싶다면 FTA의 관세 인하 혜택을 가격 인하로 연결하지 않고 기존의 가격으로 계속 판매하는 전략이 필요하다. 이미 관세혜택을 받고 있기 때문에 가격을 인하하지 않는다면 그만큼 더 많은 이득이 보장된다. 이러한 경우 수출업자와 수입업자 간에 관세율 인하로 발생하는 혜택을 어떻게 분배할 것인지에 대한 전략도 필요하게 된다. 즉 관세 인하로 수출이 이전보다 더 많이 되거나 채산성이 제고되면 그 혜택을 수출업자가 모두 획득하기는 쉽지 않다. 따라서 수입업자와 협의하여 그 혜택을 어떻게 분배할 것인지에 관한 합의가 필요하다.

　가령 면 의류(HS6101200)를 미국에 수출하는 경우를 살펴보면, 면 의류의 미국 기본관세율이 15.90%인데, 한·미 FTA의 협정세율은 무관세이다. 미국에 면 의류를 수출할 때 FTA가 체결되지 않았다면 15.9%의 관세를 지불해야 하나, FTA가 체결되면서 협정세율을 적용받게 되면 15.9%의 관세율만큼 가격을 인하할 수 있거나 아니면 가격을 인하하지 않고 그만큼 채산성을 높이는 방안으로 활용할 수 있다. 미국의 면 의류 시장에서 한국 제품들이 시장점유율을 확대할 의향이라면 관세가 인하된 만큼 가격을 인하하는 것이 좋은 전략이 된다. 하지만 시장점유율보다는 더 많은 이득이 목표라면, 가격 인하를 포기하고 기존 가격으로 제품을 공급하면 수출량은 기존과 똑같지만 수익은 15.9%만큼 증가하게 된다. 이러한 전략은 시장 및 업체의 사정에 따라 선택하면 된다.

　이러한 경우 가격이 인하되기 때문에 소비자들은 더 많은 제품을 구매하게 된다. 더욱이 기존에 구매하지 않았거나 사용하지 않았던 제품들을 구매하게 된다. 따라서 가격 인하로 인하여 해외시장에서 FTA 관세혜택을 받는 우리나라 제품들이 더 많이 판매될 수 있다. 즉 FTA로 인하여 수출이 증가하게 되는 것이다. 이러한 효과를 무역창출효과(trade creation effect)라고 한다. 즉 FTA의 관세 인하 혜택으로 인하여 FTA 체결국 간에 무역이 늘어나는 무역창출효과가 발생하는 것이다.

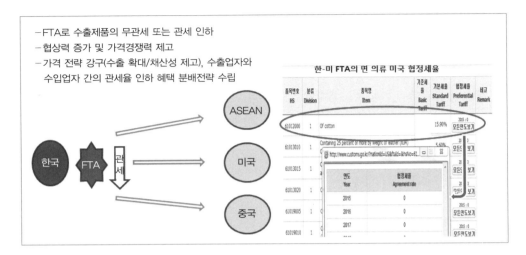

그림 6-2 FTA 관세 인하 활용 모델과 예시

자료 : 관세청 FTA 홈페이지(http://www.fta.customs.go.kr).

(2) 수입선 전환 모델

면 의류를 수입할 경우 기본관세율이 13%이다. 이는 특정한 협정세율을 적용하지 않을 경우 면 의류 수입은 13%의 관세를 지불해야 한다는 것을 의미한다. 하지만 한·ASEAN FTA, 한·호주 FTA, 한·칠레 FTA 등을 이용할 경우 무관세가 된다. 즉 13%의 관세혜택을 받을 수가 있다. 기존에 FTA를 체결하지 않는 국가로부터 수입하고 있었다면 이제는 13%의 관세율 혜택을 받을 수 있는 국가로 수입선을 전환하면 그만큼 이득을 보게 된다.

특정 제품에 대하여 기존 FTA 미체결국가로부터 수입하던 제품을 관세가 인하되거나 철폐된 FTA 체결국으로 수입을 전환하게 되면 FTA 관세 철폐만큼 혜택을 받게 된다. 이러한 효과를 **무역전환효과**(trade diversion effect)라고 한다. 가령 국내 돼지고기 수입시장에서 벨기에가 1위를 차지하고 있었으나, 한·칠레 FTA 이후에는 상대적으로 값싼 칠레산 돼지고기가 수입이 확대되면서 칠레산 돼지고기가 시장점유율 1위를 차지하는 변화가 나타났다. 결과적으로 기존의 벨기에 돼지고기는 칠레산보다 상대적으로 비싸게 되어 국내에서 판매할 수 있는 기회가 상실된 것에 반해 칠레산은 가격의 인하로 판매할 수 있는 기회가 더 증가한 것이다.

물론 무역전환효과는 수입선을 완전히 전환하는 경우에도 발생하지만 수입가격의 변화로 인하여 국내 소비자들이 주요 구매 제품을 FTA 관세혜택을 받아 가격이 인하된 제품으로 바꾸는 것도 포함된다. 가령 한·칠레 FTA 발효 후에 칠레 자동차 수입시장에 변화가 있었다. 칠레 자동차 수입시장에서는 일본 자동차가 언제나 부동의 1위를 차지하였으나, 한국과 칠레 간에 FTA가 체결된 후 한국의 자동차가 칠레 자동차 수입시장에서 1위를 차지하였다. 즉 한·칠레 간에 FTA가 체결되면서 한국에서 칠레로 수출되는 자동차의 관세율이 인하되고 이것이 다시 자동차 가격 인하로 연결되면서 칠레 소비자들이 일본 자동차보다 상대적으로 값이 싸진 한국 자동차를 더 많이 구매한 것이다. 이러한 효과를 무역전환효과라고 한다.

이러한 효과에 대한 사례는 많이 찾을 수 있다. 가령 미국산 와인과 칠레산 와인과의 경쟁을 고려할 수 있다. 한·미 FTA가 발효되기 전에 국내에는 칠레산 와인이 더 많이 소비되고 있었다. 그 이유는 한·칠레 FTA로 인하여 미국산보다 칠레산이 더 저렴했기 때문이다. 하지만 이제 미국과도 FTA가 체결되어 미국의 와인도 싸졌다. 이로 인해 다시 미국산 와인에 대한 수요가 점차 증가하였다.

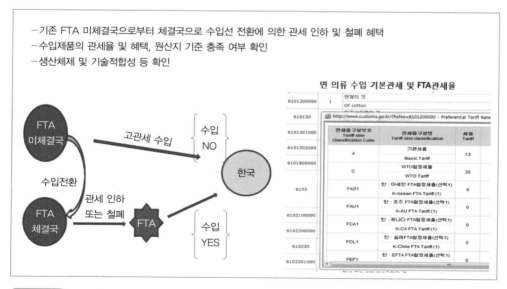

그림 6-3 ▶ 수입선 전환 모델과 예시

자료 : 관세청 홈페이지(www.custom.go.kr).

이러한 무역전환효과는 우리나라와 무역을 하는 국가 간에 경쟁을 유발하기도 한다. 쇠고기 수입을 예로 들 수 있다. 한국과 미국 간에 FTA를 체결하면서 미국산 쇠고기 수입을 확대시켰다. 이에 따라 호주도 한국 시장에서 쇠고기 판매를 확대하기 위해 한국과 FTA를 체결하였다. 물론 FTA를 체결하는 데는 다양한 요인이 있지만, 이러한 경쟁적 요인들도 FTA를 체결하는 중요한 요인이 된다는 점을 이러한 예에서 찾아볼 수 있다.

(3) 상대국 체결 FTA 활용 무관세 수출 모델

우리나라는 미국, 중국, 호주, 캐나다, ASEAN, EU, 인도 등 다양한 국가들과 FTA를 체결하고 있다. 이렇게 FTA가 체결된 국가들도 이미 여러 국가들과 FTA를 체결하고 있다. 즉 그 국가들도 다른 국가들과 FTA를 체결하여 무관세혜택을 누리고 있는 것이다. 이러한 경우 그 나라의 원산지규정만 충족시킬 수 있다면 우리나라 기업이 FTA 체결국에 생산시설을 구축하고, 그곳에서 생산한 제품을 그 나라가 FTA를 체결한 국가에 무관세로 수출할 수 있는 기회를 창출할 수 있다. 기존에는 높은 관세를 지불하면서 직접 수출했던 제품을 우리가 FTA를 체결한 국가에 원산지 규정에 부합하는 원부자재를 무관세로 수출하고, 그 나라에서 완제품을 생산하여 그 나라가 FTA를 체결한 국가에 무관세로 수출하게 된다면 더 이상 관세를 내지 않아도 된다. 따라서 관세가 인하되는 효과를 창출하여 최종 소비지에서 가격경쟁력을 갖게 되거나 채산성을 개선할 수 있게 된다.

예를 들어 중국은 파키스탄과 FTA를 체결하고 있으며, 베트남은 ASEAN · 일본 FTA, ASENA · 뉴질랜드 FTA에 의하여 일본 또는 뉴질랜드와 무관세 무역을 하고 있다. 따라서 우리나라는 중국이나 베트남 및 뉴질랜드에 원부자재를 한 · 중 FTA 또는 한 · ASEAN FTA를 이용하여 무관세로 수출하고, 현지에서 최종재를 만들어 원산지 증명을 받고 파키스탄이나 일본 및 뉴질랜드로 무관세 수출할 수 있다.

여기에서 주의할 점은 최종 소비지 국가에서 우리나라 제품의 경쟁력이 어느 정도인지, 그리고 FTA를 체결한 국가에 생산설비를 갖추는 것이 상대적으로 비용을 절감하는 것인지에 대한 검토가 필요하다는 것이다. 즉 우리나라에서 생산하는 것보다는 FTA를 체결한 국가에서 생산하는 것이 더 싸거나 최소한 비슷해야 한다. 즉 원가가 싸지거

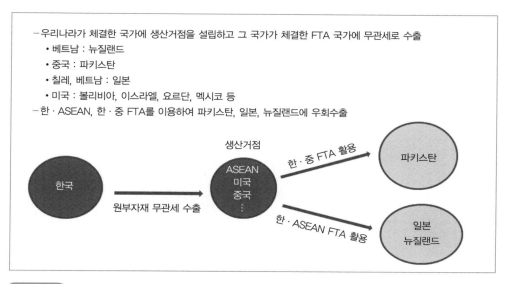

- 우리나라가 체결한 국가에 생산거점을 설립하고 그 국가가 체결한 FTA 국가에 무관세로 수출
  - 베트남 : 뉴질랜드
  - 중국 : 파키스탄
  - 칠레, 베트남 : 일본
  - 미국 : 볼리비아, 이스라엘, 요르단, 멕시코 등
- 한·ASEAN, 한·중 FTA를 이용하여 파키스탄, 일본, 뉴질랜드에 우회수출

생산거점

한국 → 원부자재 무관세 수출 → ASEAN 미국 중국 …

한·중 FTA 활용 → 파키스탄

한·ASEAN FTA 활용 → 일본 뉴질랜드

그림 6-4 ▶ **상대국 체결 FTA 무관세 활용**

나 아니면 최소한 유사해야 한다는 것이다. 또한 FTA를 체결한 국가에 수출하는 우리의 원부자재가 현지 생산시설에서 최종재로 전환 생산될 때 현지의 원산지 기준을 확보할 수 있는지에 대한 점도 확인해야 한다.

2) 원산지결정 활용

(1) 누적조항 활용 모델

FTA 체결 조항에 **누적조항**이라는 것이 있다. 이는 제품 생산자가 제품을 생산하기 위해 사용한 원재료를 FTA 체결 역내국으로부터 수입하여 투입물로 활용할 경우, 그 원자재를 국내산 재료로 간주하여 역내산으로 인정해준다는 조건이다. 여기에서 FTA 체결 역내국이라는 것은 가령 ASEAN인 경우 우리나라는 ASEAN과 FTA를 체결했기 때문에 ASEAN의 모든 국가를 의미한다. 따라서 우리 기업이 ASEAN 국가 내에서 조달한 원자재는 누적조항에 의거하여 국내산 재료로 활용할 수 있다는 것이다.

누적조항은 부가가치누적, 재료누적, 공적누적으로 구분된다. 역내에서 발생한 모든 부가가치를 합하여 인정해주는 것을 '**부가가치누적**'이라고 하고, 협정 상대국의 재료만을 국내산 재료로 인정해주는 것을 '**재료누적**'이라고 한다. 협정 상대국에서 이루

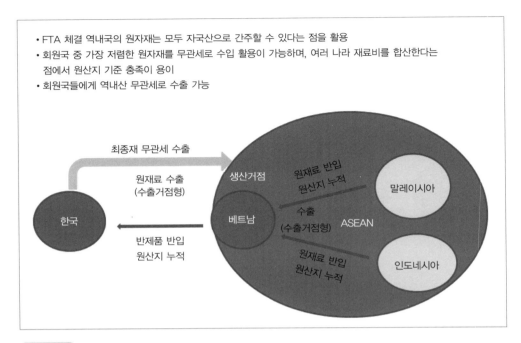

- FTA 체결 역내국의 원자재는 모두 자국산으로 간주할 수 있다는 점을 활용
- 회원국 중 가장 저렴한 원자재를 무관세로 수입 활용이 가능하며, 여러 나라 재료비를 합산한다는 점에서 원산지 기준 충족이 용이
- 회원국들에게 역내산 무관세로 수출 가능

그림 6-5 누적조항 활용 모델

어진 공정을 국내에서 수행한 것으로 간주하는 것을 '**공정누적**'이라고 한다.

이러한 누적조항을 이용하여 제품을 생산할 경우 상당한 수준의 원가 절감뿐만 아니라 관세혜택도 받을 수 있다. 가령 우리나라 기업이 휴대전화를 생산한다고 할 때, 원재료를 말레이시아나 인도네시아로부터 수입하고 이를 다시 반제품으로 만들어 베트남에 있는 공장으로 보내어 특정 공정을 완성한 후 한국으로 다시 재수입하여 완제품을 만들어 ASEAN 국가들에게 수출할 때 그 제품은 역내산으로 인정을 받는 것은 물론 상대적으로 저렴한 인건비 등을 이용한 생산을 할 수 있었다는 점에서 상당한 이점이 발생하게 된다. 특히 이러한 경우 여러 나라 재료비를 합산한 것이 국내산으로 인정받을 수 있다는 점에서 원산지 기준을 충족하는 것이 상대적으로 용이하다. 다만 이러한 공정이 여러 국가로부터 일어나기 위해서는 수송이 용이하면서도 수송비가 적게 들어야 한다는 점을 유의할 필요가 있다. 따라서 거리가 먼 국가들을 이용한 누적조항 활용은 상대적으로 높은 수송비가 발생한다는 점에서 쉽게 활용할 가능성이 낮다.

여기에서 우리가 활용할 수 있는 모델이 두 가지라는 사실에 유의해야 한다. 하나는 국내에 생산거점을 두는 방법과 상대적으로 인건비가 싸고 투자가 용이한 베트남과 같은 국가에 생산거점을 두는 방법이다. 국내에 생산거점을 두는 방안은 국내에서 최종재를 생산하는 것이 기술적 측면이나 비용이 절감되는 경우에 한하여 활용하는 방법이다. 하지만 베트남에서 생산하는 것이 인건비 등에서 절대적으로 비용이 절감되면서도 ASEAN 역내라는 점에서 수송이나 통관이 편리하다는 점을 이용할 경우 해외에 수출형 해외거점을 두는 방안이다. 두 가지 모두 우리에게 유리한 이점이 있기 때문에 비교하여 상대적으로 효율적인 방법을 선택해야 할 것이다.

(2) 롤업 활용 모델

롤업(roll-up)은 비원산지재료와 원산지재료를 결합하여 추가적으로 가공하여 생산한 '재료' 또는 '반제품'이 원산지 결정기준을 충족하면 최종 생산품의 원산지 결정 시 그 재료 또는 반제품 전체 가격 또는 비용을 원산지재료 또는 역내부가가치로 계상하는 방식으로 **흡수조항**이라고도 한다.

이러한 경우 우리나라 기업은 **역내산** 원재료와 **역외산** 원재료를 수입하여 추가적인 공정을 통하여 반제품을 생산할 수 있다. 이때 그 반제품이 원산지 결정기준을 충족하게 되면, 이를 활용하여 최종생산재의 재료로 투입할 수 있다. 이렇게 투입되어 생산된

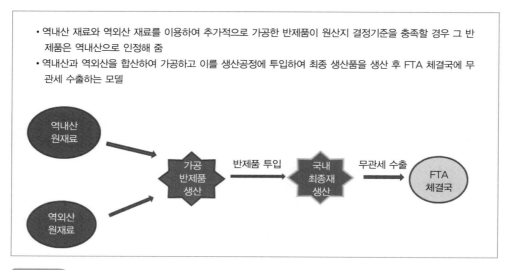

그림 6-6 롤업 활용 모델 예시

최종 제품은 역내산으로 인정되어 FTA 체결국에 무관세로 수출할 수 있다.

(3) 미소기준 활용 모델

미소기준은 **최소허용기준**이라고 하는데, 세번변경기준이 적용되는 제품에 대하여 소량 사용된 재료가 원산지 결정기준을 충족하지 못하여도 해당 상품을 원산지 물품으로 인정하는 것을 말한다.

가령 한 · 중 FTA에는 '세번변경이 이루어지지 아니한 상품의 생산에 사용된 모든 ① 비원산지재료의 가치가 그 상품의 본선인도가격(FOB)의 10%를 초과하지 아니한 경우, ② 비원산지재료의 중량이 그 상품 총중량의 10%를 초과하지 아니하는 경우' 등이 있다. 이러한 경우 소량 사용된 재료는 국내 재료로 인정된다. 이러한 미소기준을 이용할 경우 FTA 체결국가로부터 원재료를 무관세로 수입하는 동시에 FTA 비체결국가로부터 일정 부분의 소량 재료를 수입하여 국내에서 합산하여 생산한 후 해외에 무관세로 수출할 수 있다.

(4) 역외가공규정 활용 모델

한 · ASEAN, 한 · 인도 등의 FTA에서는 개성공단에서 생산한 제품을 국내산으로 인정해 주고 있다. 따라서 개성공단에서 생산한 반제품을 국내로 유입하여 완제품을 만들어 ASEAN 및 FTA 체결국에 무관세로 수출할 수가 있다. 이러한 **역외가공규정**은 개성공단만이 아니라 다른 나라의 역외가공지역을 활용할 수 있는 경우도 있다. 가령

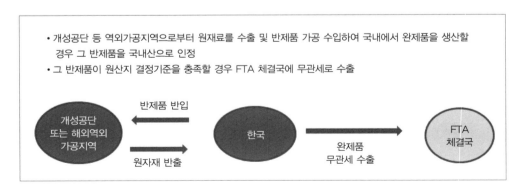

그림 6-7 역외가공지역 활용 모델 예시

한 · EFTA의 FTA에서는 개성공단만이 아니라 다른 나라의 역외가공지역도 인정해주고 있다.

(5) 중간재 조항 활용 모델

중간재는 최종 물품의 생산에 사용된 재료로서 생산자가 역내산 또는 역외산 재료를 이용하여 자체 생산한 반제품 또는 재료를 의미한다. 중간재를 생산할 때 역외산과 역내산 재료를 동시에 사용해도 역내산의 요건을 충족한 중간재는 최종 물품 역내부가가치 계산 시 중간재 전체 가격이 역내부가가치로 계상된다. 특히 자동차 산업과 같은 경우 활용하기가 용이하다. 가령 자동차 엔진이나 자동차를 생산할 경우 역외산과 역내산 재료를 이용하여 엔진을 생산하고 이를 직접 FTA 체결국에 수출하거나 아니면 동 엔진을 완성차에 부착하여 FTA 체결국에 국내산으로 인정받고 무관세 수출하여 FTA 특혜를 받는 경우를 고려할 수 있다. 이는 앞에서 보았던 롤업 방식 활용과 개념적으로는 동일한 방식이다.

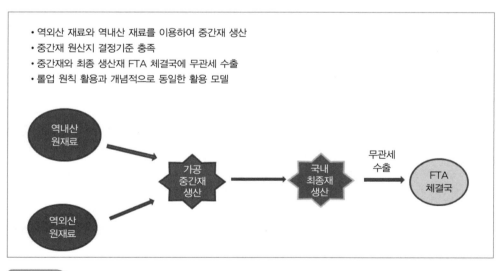

그림 6-8 중간재 조항 활용 모델 예시

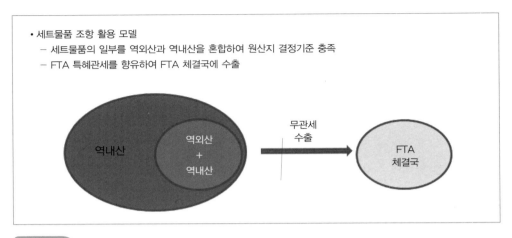

- 세트물품 조항 활용 모델
  - 세트물품의 일부를 역외산과 역내산을 혼합하여 원산지 결정기준 충족
  - FTA 특혜관세를 향유하여 FTA 체결국에 수출

그림 6-9 세트물품 조항 활용 모델

(6) 세트재 조항 활용 모델

HS 통칙 제3호에서 규정된 **세트물품**의 원산지 결정기준은 구성요소가 모두 원산지 요건을 충족한 물품인 경우에만 세트 전체를 원산지물품으로 인정하는 것이 원칙이지만, FTA에 따라 예외적 조건 규정에 의거하여 세트물품 중 비원산지물품이 일정 수준 이하일 경우 그 세트 구성물품 전체를 원산지물품으로 간주하고 있다. 가령, 한·미 FTA의 경우 비원산지 상품의 가치가 세트 전체 가격의 15%를 초과하지 않을 경우 세트물품을 국내산으로 인정해주고 있다. 따라서 세트 물품을 수출하는 업체는 세트물품의 경우 그 일부를 비원산지 물품으로 구성하여 원산지 결정기준을 충족하면 FTA의 특혜관세를 향유하게 되어 실질적인 가격 인하 효과를 누릴 수 있다.

(7) FTA 허브

FTA의 상대방 협정파트너가 다양한 FTA 또는 지역무역협정을 체결할 경우 그 국가는 FTA의 허브국가가 된다. 이러한 경우 협정대상국을 FTA의 **허브**로 활용한 투자 및 무역이 발생할 수 있다. 가령 NAFTA가 발효된 이후 한국 기업들이 미국에 우회 진출하기 위하여 멕시코에 직접투자를 확대하여, 멕시코를 허브로 활용하여 무역을 확대하였다. 일종의 수출 플랫폼 전략을 통한 해외직접투자 증대를 기대할 수 있는 것이다. 또한 한국 정부가 칠레 및 페루와 FTA를 체결한 주요 의의 중 하나가 두 나라를 중남미시장 진출의 교두보로 활용하는 데 있다고 밝히고 있다. 즉 양자 간 또는 다자간 FTA 체결은 역내는 물론 역외 진출을 위한 교두보 확보 또는 허브 활용에도 중요하다. 이러한 경우 FTA를 체결한 국가에 직접투자를 확대하여 주변 국가들에게 수출을 증대해 나가는 전략을 추진하게 된다.

이와 더불어 만약에 FTA를 체결한 국가가 다양한 주변국가와 FTA를 체결한 경우 역내에 여러 개의 사업체 또는 생산조직을 갖고 있는 것보다 하나의 생산조직만을 가지고 그 역내에서 생산 및 판매를 하는 것이 더 효율적이기 때문에 FTA 허브 역할을 하는 국가에 직접투자를 하여 무역을 확대할 수 있다.

(8) 물류비 절감

한 · ASEAN FTA는 다른 FTA와는 달리 수입된 제품 원상태 그대로 재수출되는 물품에 대해서도 원산지로 인정해주고 있다. 이를 **연결원산지증명서**(back-to-back certificate of origin)라고 한다. 우리나라 기업이 수출제품을 ASEAN에 있는 주요 물류거점국가에 수출을 하고, 이를 다시 각 ASEAN 국가로 운송함으로써 물류비용을 절감하는 것은 물

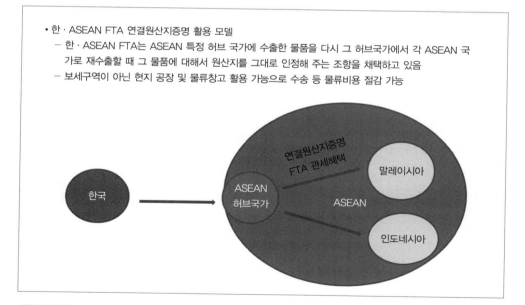

그림 6-10 물류비 절감 모델

론 FTA 관세혜택을 누릴 수 있다. 일반적으로 완성된 제품을 보세구역에 보관하면 관세를 면제받을 수 있지만, 이러한 경우 보세구역이 아닌 현지 공장의 물류창고에 보관할 수 있다는 장점이 있다. 특히 제품을 대량 수송하여 특정 허브지역으로 물품을 운송한 후 각 거점지역으로 제품을 재수출할 때 매우 유용하다.

3 주요 FTA 유망 분야

1) 한 · 미 FTA 유망 분야

한 · 미 FTA 체결에 따른 관세 인하 및 철폐로부터 특혜관세의 혜택을 누릴 제품들이 궁극적으로 양자 간 교역 유망 품목이 될 가능성이 높다. 특히 높은 관세율과 장기적으로 관세가 철폐되는 품목일수록 혜택은 더욱 커질 것으로 판단된다. 이러한 기준에서 한 · 미 FTA에 따른 유망품목은 관세 인하 양허안(modality)에 좌우된다고 판단된다.

양국 양허 단계별 주요 품목을 보면, 우리나라의 즉시철폐 대상 품목은 승용차, 자동차부품, 항공기엔진, 디지털 프로젝션 TV 등이고, 미국은 3,000cc 이하 승용차, 자동차부품, LCD 모니터, 컬러 TV, 신발, 전구 등을 즉시철폐하기로 하였다.

3년 또는 5년 관세 철폐 품목을 살펴보면 한국은 요소, 실리콘 오일, 치약, 골프채, 고주파 증폭기, 알루미늄 판, 안전면도날, 바닷가재 등이며, 미국은 DTV, 3,000cc 이상 승용차, 샹들리에, 타이어, 가죽의류, 폴리에스테르 등이다.

한국은 아귀, 가오리, 볼락, 오징어, 꽃게, 섬유판, 고등어, 명태 등과 같은 민간수산물에 대한 관세는 10년 또는 10년 이상에 걸쳐 자유화하기로 하였다. 한편 미국은 전자레인지, 세탁기, 장신구, 베어링, 화물자동차 등은 10년에 걸쳐 자유화하고, 특수신발 등 20~25%의 고관세 품목은 12년 이후에 철폐하기로 하였다. 자세한 내용은 〈표 6-5〉에 기술하고 있다.

표 6-5 한 · 미 FTA의 양허 단계별 주요 품목

( ) : 관세율

	우리 측	미국 측
즉시	승용차(8), 자동차부품(3~8), 크실렌(5), 통신용 광케이블(8), 항공기엔진(3), 에어백(8), 전자계측기(8), 백미러(8), 디지털 프로젝션 TV(8) 등	3,000cc 이하 승용차(2.5), 자동차부품(1.3~10.2), LCD 모니터(5), 캠코더(2.1), 귀금속 장식품(5.5), 폴리스티렌(6.5), 컬러 TV(5), 기타 신발(8.5), 전구(2.6), 전기앰프(4.9) 등
3년	요소(6.5), 실리콘오일(6.5), 폴리우레탄(6.5), 치약(8), 향수(8), 골프채(8) 등	DTV(5), 3,000cc 초과 승용차(2.5), 컬러 TV(5), 골프용품(4.9), 샹들리에(3.9) 등
5년	고주파 증폭기(8), 알루미늄 판(8), 안전면도날(8), 환자감시장치(8), 면도기(8), 조제세제(6.5), 헤어린스(8), 바닷가재(20) 등	타이어(4), 가죽의류(6), 폴리에테르(6.5), 스피커(4.9) 등
10년	기초화장품(8), 페놀(5.5), 초음파 영상진단기(8), 볼베어링(13), 콘택트렌즈(8) 등	전자레인지(2), 세탁기(1.4), 폴리에스테르수지(6.5), 모조장신구(11), 베어링(9), 섬유건조기(3.4), 화물자동차(25) 등
10년 비선형	아귀(10), 가오리(10), 볼락(10), 오징어(24), 꽁치(36), 꽃게(14), 파티클보드(8), 섬유판(8), 합판(12) 등	참치캔(6~35), 세라믹 타일(8.5/10), 철강(4.3~6.2)
10년 이상	명태(30), 민어(63), 기타 넙치(10), 고등어(10)	특수신발(20~55.3)

자료 : 한국 정부 관계부처 합동(2007), 한 · 미 FTA 상세 설명자료.

표 6-6 미국 양허 단계별 주요 품목

( ) : 관세율

단계	품목 수	주요 품목 (관세율)
즉시	6,175	3,000cc 이하 승용차(2.5), LCD 모니터(5), 캠코더(2.1), TV 카메라(2.1), 자동차 부품류(1.3~10.2), 전기앰프(4.9), 귀금속 장식품(5.5), 폴리스티렌(6.5), 컬러 TV(5), 스위치(2.7), 헤드폰(4.9), 기타 신발(8.5), 전구(2.6), 계전기(2.7), 아세탈수지(6.5), 에폭시수지(6.1), 낚시릴(3.9), 그랜드피아노(4.7), 볼펜(8.4), 천연색음극선관(15), 가죽핸드백(9), 헤어드라이어(3.9), 머리핀(5.1), 백미러(3.9), 금속포크(9.3), 라이터(9), 마이크로폰(4.9), 매트리스(6), 유리거울(7.8) 등
3년	361	3,000cc 이상 승용차(2.5), DTV(5), 골프용품(4.9), 고밀도 에틸렌(6.5), 샹들리에(3.9), 은(3), 실리콘수지(3), 콘택트렌즈(2), 금속절삭가공기계(4.4), 기타 승용차(2.5), 골프채(4.4), 드릴공구(8.4) 등
5년	197	타이어(4), 알루미늄포일(5.8), 접착제(2.1), 가죽의류(6), 실리콘망간철(3.9), 폴리에테르(6.5), 폴리스티렌(6.5), 안전유리(4.9), 스피커(4.9), 자전거(11) 등

10년	332	전자레인지(2), 세탁기(1.4), 폴리에스테르수지(6.5), 베어링(9), ABS수지(6.5), 비닐타일커버(5.3), 에어컨(2.2), 기타 안료(6.6), 섬유건조기(3.4), 접시세척기(2.4), 전기믹서기(4.2), 모조장신구(11), 금속식기(14), 유리제품(5.0~38), 화물자동차(25) 등
10년 (비선형)	12	참치캔(6~35), 세라믹 타일(8.5/10), 철강(4.3~6.2)
12년 (비선형)	17	특수신발(20~55.3)

자료 : 한국 정부 관계부처 합동(2007), 한 · 미 FTA 상세 설명자료.

표 6-7 한국 양허 단계별 주요 품목

( ) : 관세율

단계	품목 수	주요 품목(관세율)		
		공산품	임산물	수산물
즉시	7,219	승용차(8), 자동차 부품(3~8), 크실렌(5), 백금(3), 통신용 광케이블(8), 항공기엔진(3), 에어백(8), 자동제어반(8), 기어박스(8), 전자계측기(8), 레이저 기기(8), 카 스테레오(8), 백미러(8), 헬륨(5.5), 디지털 프로젝션 TV(8), 할로겐 전구(8), 가스경보기(8), 카본블랙(5.5), 칫솔(8), 광섬유(8) 등	원목(2), 기타 비금속광물(3~8), 벼루(8) 등	브라인슈림프알(8), 통조림굴(20), 냉동굴(20), 연어(10), 검정대구(10) 등
3년	719	톨루엔(5), 폴리카보네이트(6.5), 운분(3), 요소(6.5), 캐디터(8), 실리콘오일(6.5), 폴리우레탄(6.5), 정수기필터(8), 골프공(8), 콘택트렌즈(8), 냉각기(8), 치약(8), 샴푸(8), 향수(8), 알칼리망간건전지(13), 온도계(8), 제초제(6.5) 등	제재목류(5), 단판(5~8)	명태연육(10), 연어(20), 해삼(20), 먹장어(10), 왕게(20) 등
5년	168	고주파증폭기(8), 알루미늄 판(8), 안전면도날(8), 환자감시장치(8), 면도기(8), 조제세제(6.5), 3톤 이하 지게차(8), 헤어린스(8), 치석제거기(8) 등	창문/틀(8), 로진(6.5), 코르크(8), 목제장식품상자(8), 바구니(8), 이쑤시개(8) 등	명란(10), 대구(10), 바닷가재(20), 새우살(20), 은대구(10) 등

10년	300	아크릴니트릴(6.5), 기초화장품(8), 페놀(5.5), 초음파 영상진단기(8), 자기공명 촬영기기(8), 볼베어링(13), 폴리에틸렌(6.5), 복합형 확성기(8), 아세톤(5.5), 안전밸브(8), 내시경(8), 라텍스(8) 등	건축용 목제품(8), 목제식탁용품(8), 목재틀(8), 마루판(12) 등	먹장어(10), 홍어(27), 임연수어(10), 기타 새우(20), 문어(20), 민대구(10) 등
10년 (비선형)	24		파티클보드(8), 섬유판(8), 합판(12) 등	아귀(10), 가오리(10), 볼락(10), 개아지살(20), 명태휠레(10), 오징어(24), 꽁치(36), 꽃게(14) 등
12년 (비선형)	1			고등어(10)
12년 (TRQ)	2			민어(63), 기타 넙치(10)
15년 (TRQ)	1			명태(30)

2) 한 · EU FTA 유망 분야

(1) 양허에 따른 유망품목

한 · EU FTA로 인한 유망품목들은 장기적으로 관세율이 철폐되는 제품들이라고 판단된다. 한 · EU FTA의 수혜 및 유망품목으로 우선 기계 및 화학제품이 될 수 있다. 우리나라가 개방에 민감한 기계 및 화학 분야의 양허율은 최대한 낮은 수준인 3년 내 철폐각각 82%, 87% 수준으로 개방하였다. 한국 측은 7년 관세철폐 주요 품목으로는 순모직물, 동조가공품, 수산화나트륨, 건설중장비, 인쇄기계, 금속절삭가공기계, 기타 기계류, 합판, 섬유판 등이 수입관련 유망품목이 될 수 있다.

기계, 전기전자, 섬유, 자동차 등은 대부분의 품목에서 우리 기업이 수출하는 데 어려움이 없도록 역외산 부품 및 재료의 사용비율이 높은 우리 산업의 특성을 반영한 원산지 기준을 채택하고 있다는 점에서 주요 유망품목이 된다.

표 6-8 **양허 구간별 주요 품목**

	한국	EU
즉시	자동차부품(8), 기타 정밀화학원료(1~8), 계측기(8), 직물제 의류(8~13), 컬러 TV(8), 냉장고(8), 선박(5), 타이어(8), 광학기계(8), 화학기계(8), 전구(8), 섬유기계(5~8), 식품포장기계(8) 등	자동차부품(4.5), 무선통신기기부품(2~5), 스웨터(12), 편직물(8), 냉장고(1.9), 에어컨(2.7), 라디오(9~12), 스키부츠(8~17), 폴리에스테르 직물(8), 진공청소기(2.2), 연축전지(3.7), 리튬전지(4.7) 등
3년	중·대형(1,500cc 초과) 승용차(8), 기타 정밀화학제품(5~8), 펌프(8), 선박용 엔진 및 그 부품(8), 무선통신 기기부품(8), 안경(8), 의약품(6.5), 화장품(8), 철도차량(5), 철도차량부품(5), 선박용부품(8) 등	중·대형(1,500cc 초과) 승용차(10), 베어링(8), 타이어(2.5~4.5), 합성수지(6.5), 고무벨트(6.5), 복사기(6), 전자레인지(5), 주방용 도자기제품(12), 항공기(7.5~7.7), 기타 신발(17), 자전거(15) 등
5년	소형(1,500cc 이하) 승용차(8), 하이브리드카(8), 밸브(8), 베어링(8), 시멘트(8), 윤활유(7), 기초 화장품(8), 접착제(6.5), 합성고무(8), 제재목(5), 원동기(8), 펌프(8), 화물자동차(10), 의료용 전자기기(8), 기타 요업제품(8) 등	소형(1,500cc 이하) 승용차(10), 하이브리드카(10), 컬러 TV(14), 모니터(14), 카 스테레오(10), 광학기기부품(6.7), 순모직물(8), 모사(3.8) 영상기록 재생용 기기(14), 화물자동차(22) 등
7년	순모직물(13), 동조가공품(8), 수산화나트륨(8), 건설중장비(8), 인쇄기계(8), 금속절삭가공기계(8), 기타 기계류(16), 합판(8~12), 섬유판(8) 등	미사용

주 : ( ) 안은 2006년 1월 1일 기준 관세율임.
자료 : 외교통상부, 통상교섭본부(2009), 한·EU FTA 설명자료.

(2) 수출

수출 비중이 높고 관세율이 높은 품목들이 한·EU FTA 체결로 수출이 증가할 것으로 예상하였다. 즉 기존에 경쟁력이 있으면서도 높은 관세율이 FTA로 인하여 가격을 인하하는 품목들이 수혜를 많이 받을 것으로 예상되었다. 무엇보다 한국 자동차 산업은 FTA 특혜 관세로 인하여 10%가 넘는 관세율이 철폐되어 가장 큰 수혜를 볼 것으로 예상되었다. 또한 선박, 무선통신기기 등도 비록 무관세 품목이지만 수출 비중이 높아 부수적 효과로 인하여 시장점유율이 확대될 것으로 전망되었다. 석유화학, 기계류 등은 수출 비중은 크게 높지는 않지만 관세율이 높은 품목으로 관세 인하 효과가 있을 것으로 분석되었다. 하지만 반도체, 컴퓨터 등은 수출 비중이 낮은 것은 물론 관세 자체가 낮았던 품목으로 직접적인 혜택을 향유할 가능성이 낮은 품목으로 예상되었다.

표 6-9 한 · EU FTA 체결 수출 수혜 예상 품목

혜택 예상	수출 비중 및 관세율	예상 품목
최대 수혜품목	높은 수출 비중 및 관세율	자동차
시장점유율 확대 품목	높은 수출 비중, 무관세 품목	선박, 무선통신기기
제한적 수출증대 품목	낮은 수출 비중 및 관세율	반도체, 컴퓨터, LCD, 철강, 플라스틱
경쟁력 제고 품목	낮은 수출 비중, 높은 관세율	섬유제품, 산업기계, 영상기기, 화학제품

자료 : 삼성경제연구소(2009), 한 · EU FTA의 주요 타결내용과 시사점, p. 18.

(3) 수입

수입에서는 정밀화학, 부품소재, 자동차 등의 수입 증가가 예상되었다. 즉 한국 시장 내에서 기존에 가격경쟁력이 있으면서도 관세율 하락폭이 큰 제품들이 FTA로 수입이 증가할 것으로 예상되었다. 수입 비중과 관세율이 모두 높은 품목인 정밀화학 및 의약, 자동차 및 자동차부품, 산업기계가 가장 수입이 크게 증가할 것으로 분석되었다. 수입 비중은 낮으나 관세율이 대폭 하락할 전자기기부품, 기계부품 등은 가격경쟁력이 제고 되어 수입이 증가할 것으로 계상된다. 한편 수입 비중과 관세율이 낮아 직접적인 관세 혜택은 없지만 여전히 기존 시장점유율을 유지할 가능성이 있는 품목으로 정밀기계류 가 선택되었다.

표 6-10 한 · EU FTA 체결 수입 수혜 예상 품목

혜택 예상	수입 비중 및 관세율	예상 품목
최대 수입 가능 품목	높은 수입 비중 및 관세율	정밀화학 및 의학, 자동차 및 자동차부품, 산업기계
시장점유율 확대 품목	높은 수입 비중, 낮은 관세 품목	일부 정밀화학, 산업기계
제한적 수입증대 품목	낮은 수입 비중 및 관세율	정밀기계, 화학공업, 조선, 석유제품, 철강
경쟁력 제고 품목	낮은 수입 비중, 높은 관세율	전자기기부품, 석유화학, 기타 기계(부품)

자료 : 삼성경제연구소(2009), 한 · EU FTA의 주요 타결내용과 시사점, p. 23.

3) 한·중 FTA 유망 분야

한·중 FTA 체결에 따라 한국의 대중국 수출입 가능성이 높은 품목들을 정리하면 〈표 6-11〉과 같다. 한·중 FTA의 체결은 화학물질 및 화학제품 제조업, 전자부품/컴퓨터/영상 및 통신장비 제조업, 의료/정밀/광학기기 및 시계 제조업에서 절대적인 우위를 보일 것으로 예상된다. 코코스/연탄 및 석유정제품 제조업, 기타 기계 및 장비 제조업, 자동차 및 트레일러 제조업에서는 상대적인 우위를 보일 것으로 전망된다. 하지만 의복/의복 액세서리 및 모피제품, 가죽/가방 및 신발 제조업, 비금속 광물제품, 1차 금속, 기타 운송장비 제조업에서는 절대열위를 보일 것으로 판단된다.

한편 음료, 담배, 목재 및 나무제품, 의료용 물질 및 의약품, 전기장비, 가구, 기타 제품 제조업에서는 상대적 우위 또는 열위를 보이고 있어, 동 분야에서는 경쟁이 치열할

표 6-11 한·중 FTA의 산업별 수출입 비교우위

산업(KSIC) 분류	기상도
식료품 제조업	××
음료 제조업	○
담배 제조업	×
섬유제품 제조업(의복 제외)	×
의복·의복 액세서리 및 모피제품 제조업	××
가죽·가방 및 신발 제조업	××
목재 및 나무제품 제조업(가구 제외)	×
펄프 종이 및 종이제품 제조업	○
인쇄 및 기록매체 복제업	-△
코크스·연탄 및 석유정제품 제조업	○○○
화학물질 및 화학제품 제조업(의약품 제외)	○○○
의료용 물질 및 의약품 제조업	○
고무제품 및 플라스틱제품 제조업	××
비금속 광물제품 제조업	××
1차 금속 제조업	××
금속가공제품 제조업(기계 및 가구 제외)	○○○
전자제품·컴퓨터·영상·음향 및 통신장비	○○○
의료·정밀·광학기기 및 시계 제조업	×
전기장비 제조업	○○
기타 운송장비 제조업	○○
자동차 및 트레일러 제조업	××
기타 운송장비 제조업	×
가구 제조업	×
기타 제품 제조업	×

주 : (○○○)은 10조 원 이상 순수출 우위, (○○)은 1조 이상 10조 원 미만 순수출 우위, (○)은 1조 원 이하 순수출 우위, (-△)은 우위 및 열위 품목 순수입 10억 원 미만, (×)은 1조 원 이하 순수출 열위(순수입), (××)은 1조 원 이상 10조 원 미만 순수출 열위(순수입)

자료 : 이순철(2014), p. 45 재인용.

것으로 판단된다.

한 · 중 FTA에 나타난 상품 양허 유형별로 나타난 유망상품들을 보면 각 유형별로 개방하는 품목이 매우 다양하다. 더욱이 철폐되는 기간이 20년까지 포함되어 있기 때문에 대중국 수출에 대해서는 각별한 관심이 요구된다.

표 6-12 한 · 중 FTA 상품 양허 유형별 주요 품목

양허 유형	한국 양허 주요 품목	중국 양허 주요 품목
즉시철폐 (무관세)	메모리반도체, 휴대용 컴퓨터, 중후판, 화물선, 무연탄, 컴퓨터 부품, 열연강판, 전분박, 치어(돔, 농어)	집적회로반도체, 인쇄회로, 기타 컴퓨터 주변기기, 플라스틱 금형, 평판디스플레이 제조용 장비, 채소 종자, 맥주, 소금
즉시철폐 (유관세)	기타 주철제품, 크레오소트, 합성수지(PE, ABS, PC), 합성고무(BR, SBR, NBR), 견사, 비스코스사, 플라스틱 금형, 화학기계, 리튬이온 축전지, 일부 열대산 단판, 대두박, 생사, 누에고치	철 및 비합금강 L형강, 동괴 · 동박, 폴리우레탄, 항공 등유, 초산비닐, 견사, 마사, 모사, 비스코스사, 스위치부품, 밸브부품, 플라스틱 금형, 고주파 의료기기, 일부 기타 변압기, 건축용 목제품, 단판, 사료첨가제, 냉동새우
5년 철폐	페로실리콘, 반도체 제조용 금, 석유화학제품(파라페닐렌디아민/기타), 기타 순견직물, 고무 플라스틱 가공기계부품, 농기계부품(가금 사육용), 전동기부품, 목탄, 사료첨가제	기타 철 구조물, 이온교환수지, 연료유(No.5-7), 액화 프로판, 기타 직물, 면, 마, 편직물, 방모 직물, 부직포, 일부 전화기부품, 전동기부품, 농기계(이앙기), 지게차, 냉동새우, 커피
10년 철폐	관연결구류(주철), 실리콘오일, 마사, 직물제 의류(양모 코트 및 재킷), 일부 순면생지, 일부 금속공작기계 부품, 식품가공기계(커터), 차체 부분품, 브레이크 부품, 엔진섀시(승용차용), 기타 전선(점화용 와이어링), 광학렌즈(사진기용/기타) 일부 기타 중전기기 부품, 냉장고, 세탁기, 에어컨, LCD 패널, 기타 운동용구(체조 · 육상/기타), 일부 직물제 가방, 합성수지제 가방, 화강암(절단), 일부 기타 단판, 충전재용 깃털, 캔디, 자라	스테인리스 냉연강판(0.5~1mm), 중후판(10mm미만), 스테인리스 열연강판(3~4.75mm), 알루미늄 박, 에틸렌, 프로필렌, LCD 패널, PPS수지, 직물제 의류(운동복), 편직제 의류(유아복,운동복), 기타 식품 포장기계, 농기계(세정기), 액체용 여과/청정기, 집진기, 편광 재료 판, 충격흡수기, 냉장고(500L 이하), 세탁기(10kg 이하), 에어컨, 전기밥솥, 진공청소기, 조립식 건축물(목제), 충전재용 깃털, 토마토케첩, 송이버섯, 소시지, 김, 꽃게, 굴
15년 철폐	페로망간(합금철), 폴리염화비닐, 편직제 의류(면 티셔츠), 편광재료판, 일부 베어링, 일부 볼트 및 너트, 기어박스, 에어백, 클러치, 일부 소형 직류전동기, 일부 변환/변압기, 기타 석제품, 사료, 해삼	착색아연도강판, 톨루엔, 나프타, 석유아스팔트, 윤활기유, 폴리카보네이트, 순면사, 프레스 금형, 일부 기체펌프, LCD부품, 디젤트럭, 안전벨트, 기타 TV 카메라부품, 일부 합판(열대산 목재), 일부 섬유판(5mm 이하), 액정 디바이스 부품, 비스킷 초콜릿, 문어

20년 철폐	편직제 의류(면 스웨터), 로드휠, 기타 납축전지, 기타 배전 및 제어기(1,000v 이하), 기타 가죽제 가방, 목재펠릿, 도라지, 도토리, 새우살	스티렌, ABS수지, 폴리스티렌, 일부 폴리에스터 직물, 기타 원동기(유압식), 목재가공기계, 디젤버스, 브레이크, 차체부품, TV 카메라(범용), 대형 냉장고, 기타 플라스틱 상자, 콘택트렌즈, 혼합조미료, 조미김
부분 감축	안전유리, 방모사, 면직물, 직물제 의류(여성용 합섬코트 및 재킷), 스포츠화, 일부 밸브부품, 원동기(리니어액팅), 섬유판(미가공 일부), 제재목(적송), 김치, 혼합조미료, 기타 소스, 꽃게(냉동), 굴(냉동, 염장), 김	방향성 전기강판, 스테인리스선재, 염화비닐수지, 기타 폴리에스터사, 일부 타이어코드, 인쇄기계, 머시닝 센터, 자동기어변속장치, 마이크부품, 샴푸, 린스, 기타 조제식료품
현행관세+TRQ	낙지, 대두, 참깨, 아귀(냉동), 미꾸라지(활어), 바지락, 고구마전분, 팥(건조), 오징어(가공), 맥아, 복어(활어)	―
협정 배제	쌀(멥쌀, 찹쌀, 벼, 쌀가루 등)	―
양허 제외	주철관, 동판, 니켈괴, 초산, 초산에틸, 판유리, 타일, 순면사, 소모사, 기타 폴리에스터사, 직물제 의류(남성용 합섬코트 및 재킷), 편직제 의류(합섬스웨터), 기타 신발, 볼베어링, 전기드릴, 승용차·화물차, 엔진섀시(승용차 외), 합판(열대산 목재 일부), 화강암(기타), 보리, 감자, 쇠고기, 돼지고기, 닭고기, 분유, 치즈, 버터, 꿀, 감귤류·오렌지, 사과, 배, 포도, 키위, 호박, 고추, 마늘, 양파, 인삼류, 조기(냉동), 갈치(신선, 냉동), 고등어(신선, 냉동, 염장), 넙치(냉동 활어), 홍어(냉동), 문어, 소라, 멸치(건조), 돔(냉동, 활어), 오징어, 민어(냉동, 활어), 북어, 볼락(냉동), 꽃게(냉장, 활어) 등	일부 전기아연도강판, 일부 용융 아연도강판, 일부 전기강판, 파라자일렌, 테레프탈산, 폴리프로필렌, 에틸렌글리콜, 공업용 방직 섬유, 나일론사, 굴삭기, 승용차, 기어박스, 핸들, 클러치, 컬러 TV, OLED, 귀금속 장식품, 기타 벽지, 목제 창문틀, 목재펠릿, 일부 섬유판(5~9mm), 파티클보드, 쌀, 설탕, 건조 인삼, 밤(미탈각), 식물성 유지, 밀크와 크림, 밀, 밀가루, 당류, 샥스핀

자료 : 관계부처합동, 한·중 FTA 상세설명자료, 2015. 3.

4) 한·인도 FTA 유망 분야

즉시철폐 품목은 전 산업으로 분산되어 있으나 화학, 기타 제조업, 전기·전자에 상대적으로 많이 분포되어 있는 것이 특징이다. 이에 반해 대(對)인도 양허 제외 품목은 기타 제조업, 화학과 섬유 분야이며, 민감한 섬유 분야의 81개 품목과 기타 제조업 48개 등 132개 품목은 기준세율의 50%를 10년에 걸쳐 단계별로 인하하기로 하였다.

표 6-13 한 · 인도 CEPA 양허 단계별 주요 품목

양허 단계	인도 측 양허	우리 측 양허
즉시철폐	무선전화기, 컴퓨터 기기, 축전기, 팩시밀리, 소가죽 등	나프타, 오일케이크, 벤젠, 적철광, 폴리카보네이트
5년 철폐	신문용지, 합성고무(SBR), 초음파 영상진단기, 폴리카보네이트 TV 영상모니터, 형광램프 등	윤활유, 20톤 초과 화물자동차, 대리석, 초음파 영상진단기기, 유리 비드, 살균제 등
8년 철폐	탱커(선박), 볼베어링, 건설중장비 냉연 및 열연강판 등	기타 항생물질, 산양 가죽, 유박 비공업용 다이아몬드, 엑스선관 등
8년 내 1~5%로 인하	디젤엔진, 기타 자동차용 부품, 파라크실렌, 자동차 카 스테레오 등	캐슈넛, 강황, 자동차 휘발유, 화강암 등
8/10년 내 50% 감축	기어박스, 접착제, 살충제, 냉장고, 컬러 TV 등	사료용 옥수수, 망고, 일부 면사 등
양허 제외	TV 음극선관, 승용차, 페놀, 마이크로웨이브 등	소고기, 돼지고기, 갈치, 꽃게, 참깨, 등유, 경유, 일부 순면사 등

자료 : 외교통상부, 2009, 한 · 인도 CEPA 협상 결과.

양국 상호 간 민감한 농업 부문이 양국 양허에서 대폭 제외된 반면, 우리나라의 대인도 10대 수출품은 인도 측 양허안에 모두 포함되었다. 인도의 관세 철폐 또는 감축대상에는 자동차부품, 철강, 기계, 화학, 전자제품 등 주요 수출품들이 다수 포함되었다. 또한 현재 수출이 없으나 향후 수출 잠재력이 큰 디젤엔진, 철도용 기관차 및 엘리베이터 등도 포함되어 향후 인도 철도산업에 대한 진출 가능성도 존재하고 있다.

표 6-14 대인도 10대 수출입 품목의 양허 결과

순위	대인도 주요 수출품	대인도 주요 수입품
	품목명(HS6단위)	품목명(HS10단위)
1	자동차 기타 부분품	나프타
2	경유(제트유)	합금철(페로크롬)
3	무선전화기	박류(대두유)
4	선박(탱커)	제강용의 비합금선철
5	유선전화기 부분품	박류(유채)
6	철 및 비합금강 열연강판	순면사

7	신문용지	기초유분(부타디엔)
8	철 및 비합금강 냉연강판	사료용 옥수수
9	기타 가정용 전자	참깨
10	선박(화물선)	합금철(페로실리코망간)

자료 : 외교통상부(2009), 한 · 인도 CEPA 협상 결과.

부록

[별지 제16호서식] 협정관세적용신청서 (갑지)

협정관세적용신청서 (갑지)	
(처리기간 : 즉시)	(페이지번호/총페이지 수)

① 수입신고번호 : XXXXX-XX-XXXXXXX-X

② 수입자 : (상호) XXXXXXXXXXXXXXXX (성명) XXXXXXXXXX
　　　　　(주소) XXXXXXXXXXXXXXXXXXXXXXXXXXXXXXX
　　　　　(전화번호) XXXXXXXXXXXXXXXX (FAX) XXXXXXXXXXX
　　　　　(전자주소) XXXXXXXXXXXXXXXXXXXXXXXXXX
　　　　　(사업자등록번호) 999-99-99999 (통관고유부호) XXXXXXXX-9-99-9-99-9

③ 수출자 : (상호) XXXXXXXXXXXXXXXX (국가명) XX (성명) XXXXXXXXXX
　　　　　(주소) XXXXXXXXXXXXXXXXXXXXXXXXXXXXXXX
　　　　　(전화번호) 999-99-99999 (FAX) XXXXXXXXXXX

④ 생산자 : (상호) XXXXXXXXXXXXXXXX (성명) XXXXXXXXXX
　　　　　(주소) XXXXXXXXXXXXXXXXXXXXXXXXXXXXXXX
　　　　　(전화번호) 999-99-99999 (FAX) XXXXXXXXXXX

999란　　　　　　　　　　　　　　　　⑤ 신청일자 : YYYY/MM/DD
⑥ 원산지증빙서류 종류 : [X] (1 : 원산지증명서, 2 : 사전심사서, 3 : 동종동질물품)
⑦ 원산지증명서 발급주체 : [X] (1 : 기관, 2 : 자율(수출자), 3 : 자율(생산자), 4 : 자율(수입자))
⑧ 원산지 : XX
⑨ 기관명 및 종류 : XXXXXXXXXXXXXXXXXXXXXXX, [X] (1 : 국가기관, 2 : 상공회의소, 3 : 기타)
⑩ 발급번호 : XXXXXXXXXXXXXXXXXXXXXX　　　⑪ 발급일자 : YYYY/MM/DD
⑫ 총순중량 : 999,999,999 XXX
⑬ 적출국 : XX ⑭ 적출항 : XXXXXXXXXXXXXXXXXXX　　⑮ 출항일 : YYYY/MM/DD
⑯ 환적국 : XX ⑰ 환적항 : XXXXXXXXXXXXXXXXXXX　　⑱ 환적일 : YYYY/MM/DD

⑲ 연결원산지증명서 발급국가 : XX　　　　　　⑳ 제3국 송품장 발급국가 : XX
㉑ 원산지인증수출자 번호 : XXXXXXXXXXXXXXXXXXXXXXXXXX
㉒ 협정적용 순중량 : 999,999,999 XXX　　　㉓ 분할차수 : 999
㉔ HS부호 : 9999.99　　　　　　　　　㉕ 협정관세율(구분) : 9,999.99(XX XXXX)
㉖ 원산지결정기준 : [X] (A : 완전생산, B : 세번변경, C : 부가가치, D : 조합기준, E : 역외가공,
　 F : 기타, G : 자율발급)

자유무역협정의 이행을 위한 관세법의 특례에 관한 법률 제10조의 규정에 의하여 원산지증빙서류를
갖추고 이를 통하여 원산지물품임을 확인하였기 위와 같이 협정관세 적용을 신청합니다.

　　　　　　　　　　　　210mm×297mm[일반용지 60g/m² (재활용품)]

협정관세적용신청서 (을지)

(페이지번호/총페이지 수)

란번호	001란	002란	003란	004란	005란
⑤ 신청일자					
⑥ 원산지증빙서류 종류					
⑦ 원산지증명서 발급주체					
⑧ 원산지					
⑨ 기관명 및 기관종류					
⑩ 발급번호					
⑪ 발급일자					
⑫ 총순중량					
⑬ 적출국					
⑭ 적출항					
⑮ 출항일					
⑯ 환적국					
⑰ 환적항					
⑱ 환적일					
⑲ 연결원산지증명서 발급국가					
⑳ 제3국 송품장 발급국가					
㉑ 원산지 인증수출자 번호					
㉒ 협정적용 순중량					
㉓ 분할차수					
㉔ HS부호					
㉕ 협정관세율(구분)					
㉖ 원산지결정기준					

210mm×297mm[일반용지 60g/m² (재활용품)]

[별지 제16호서식] 협정관세적용신청서 (갑지)

협정관세적용신청서 기재요령

○ 수입신고서 란이 1개인 경우에는 (갑지)에 작성하며, 란이 2개 이상인 경우에는 (을지)에 각 란별 내역을 적습니다.

항목	작성요령	작성 예
① 신고번호	○ 수입신고서의 수입신고번호를 기재	40620-08-0700105-
② 수입자 - 상호 - 성명 - 주소 - 전화번호 - Fax - 전자주소 - 사업자등록 번호 - 통관고유부호	○ 원산지증명서 수입자 관련사항 기재 - '상호'는 반드시 원산지증명서 수입자의 상호를 기재 - 그 외의 항목은 물품양수도 등의 이유로 수입신고인이 원산지증명서 '수입자'의 관련사항을 알 수 없는 경우에는 수입신고서의 '납세의무자'의 해당 항목을 기재	- 모나리자(주) - 홍나리 - 서울 강남구 논현동 235 - 02-402-7896 - 02-402-8816 - trade@monarisa.com - 112-81-66062 - 모나리자1771025
③ 수출자 - 상호 - 국가 - 성명 - 주소 - 전화번호 - FAX	○ 체결상대국의 수출자 관련사항 기재 - 원산지증명서상의 회사명을 기재 - 원산지증명서상 수출자가 소재하는 국가명(통계부호표 국가명 참조) - 원산지증명서상의 대표자 성명을 기재 - 원산지증명서상의 주소지를 기재 - 회사 또는 담당부서의 전화번호 기재 - 회사 또는 담당부서의 FAX번호 기재(수입자가 아는 경우에 한함)	- ABC Corporation - 칠레의 경우 : CL - 미국의 경우 : US - JOELLE LAU - 55 Newton Road #10 Revenue House Singapore - 68-6355-2050 - 68-6355-2051 *(국가코드)-(지역번호)-(전화번호) 순으로 기재
④ 생산자 - 상호 - 성명 - 주소 - 전화번호 - FAX	○ 체결상대국의 생산자 관련사항 기재 - 회사명을 기재 - 대표자 성명을 기재 - 회사의 주소지를 기재 - 회사 또는 담당부서의 전화번호 기재 - 회사 또는 담당부서의 FTA번호 기재 * 생산자관련 정보는 수출자와 생산자가 다른 경우로서 원산지증명서상에 생산자가 기재되었거나 수입자가 알고 있을 때에만 기재	- CBA Corporation - Tan Juan Fook - 371 Beach Road #10-11 Keypoint Singapore - 68-7755-7777 - 68-7755-7780 *(국가코드)-(지역번호)-(전화번호) 순으로 기재

⑤ 신청일자	○ 협정관세 적용 신청일자를 기재	- 2008/02/01
⑥ 원산지증빙서류 종류	○ 원산지물품 확인 및 협정관세 적용 신청의 근거자료 기재 - 원산지증명서 등 : "1"로 기재 - 사전심사서 : "2"로 기재 - 원산지증명서 제출면제 동종동질물품 : "3"으로 기재	- 원산지증명서를 소지하고 협정관세 적용신청을 하는 경우 : 1
⑦ 원산지증명서 발급주체	○ 원산지증명서 발급자를 기재 - 기관발급 방식인 경우 : "1"로 기재 - 수출자가 자율증명한 경우 : "2"로 기재 - 생산자가 자율증명한 경우 : "3"으로 기재 - 수입자가 자율증명한 경우 : "4"로 기재	- 싱가포르 세관에서 발급한 원산지증명서인 경우 : 1 - 한 · 미 FTA 수출자가 자율발급한 경우 : 2
⑧ 원산지	○ 원산지증명서류상의 원산지를 기재 - FTA 원산지기준에 의하여 결정된 원산지 - 한 · EU FTA 적용물품으로 원산지가 EU 당사국 내 어느 한 국가가 아닌 경우 'EU'로 기재	- 원산지증명서상의 원산지가 싱가포르인 경우 : SG - 원산지증명서상의 원산지가 미국인 경우 : US
⑨ 기관명 및 기관 종류	○ 원산지증명서의 발급기관명을 기재 ○ 원산지증명서 발급기관의 종류를 기재 - 국가기관인 경우 : "1"로 기재 - 상공회의소인 경우 : "2"로 기재 - 기타의 비국가 기관 : "3"으로 기재 ⑨번 항목이 "1"인 경우에만 기재	- 싱가포르 세관에서 발급한 원산지증명서인 경우 : Singapore Customs [1]
⑩ 발급번호	○ 원산지증명서의 일련번호 기재 * 다만, 사전심사서의 경우 승인번호 기재 * 동종동질물품의 경우 해당 HS 기재	- SCCOIN200603010001 - 자율발급인 경우 해당 서류번호를 기재 - 해당 서류번호가 없을 경우 송품장 번호를 기재
	○ 해당 서류의 발급번호를 띄어 쓰지 않고 대문자로 기재 * 특수문자('-', '/' 등)는 기재 생략 * 발급번호가 중복되는 경우 뒤쪽에 발급일자 기재 * 같은 날짜에 발급번호가 중복되는 경우 뒤쪽에 일련번호 기재	- VN-KR/02 71인 경우 : 'VNKR0271' - 'VNKR0271(20080201)' - 'VNKR0271(2008020112)'

⑪ 발급일자	○ 원산지증명서상의 발급일자 기재 　－ 기관발급의 경우 : 발급일자를 기재 　－ 자율증명의 경우 : 서명일자를 기재 　* 다만 사전심사서의 경우 승인일자 　　기재 　* 동종동질물품의 경우 기재 생략	－ 발급일자가 2008년 2월 1일인 경 　우 : 2008/02/01
⑫ 총순중량	○ 원산지증명서상의 총순중량을 기재	－ 100kg
⑬ 적출국	○ 선하증권(B/L)상의 선적국을 기재 　－ 선적국의 국가부호를 기재(통계부호 　　표 참조)	－ 선적국이 미국인 경우 : US
⑭ 적출항	○ B/L상의 선적항을 기재	－ 적출항이 싱가포르 항구인 경우 : 　Singapore
⑮ 출항일	○ B/L상의 B/L 발행일을 기재	－ B/L상의 발행일(Date of issue of 　B/L)이 2008년 2월 1일인 경우 : 　2008/02/01
⑯ 환적국	○ 최초 선적지 발행 B/L 또는 운송사의 　운송정보를 통하여 확인된 환적국을 　기재	－ 싱가포르에서 출발하여 일본을 　환적한 경우 : JP
⑰ 환적항	○ 최초 선적지 발행 B/L 또는 운송사의 　운송정보를 통하여 확인된 환적항을 　기재	－ 환적항이 요코하마 항구인 경우 : 　Yokohama
⑱ 환적일	○ 최초 선적지 발행 B/L 또는 운송사의 　운송정보를 통하여 확인된 환적일을 　기재	－ 환적일이 2008년 2월 20일인 경 　우 : 2008/02/20
⑲ 연결원산지증 명서발급국가	○ 한·ASEAN FTA의 규정에 따라 생산 　국의 원산지증명서를 근거로 다른 체 　약상대국이 연결원산지증명서를 발급 　한 경우, 최초로 발급한 국가의 국가부 　호를 기재	－ 베트남 원산지 제품을 싱가포르 　에서 다시 수출하며 연결원산지 　증명서를 발행하는 경우 : 'VN'
⑳ 제3국 송품장 발급국가	○ 제3국 송품장이 발급된 경우 발급한 국 　가의 국가부호를 기재(통계부호표 국 　가코드 기재)	－ 일본에서 제3국 송품장이 발행된 　경우 : 'JP'
㉑ 원산지 인증수 출자 번호	○ 수출자가 원산지인증수출자인 경우 인 　증수출자 번호를 기재 　* 특수문자('/', '－' 등)는 입력 생략 　* 공란은 제거(붙여서 기재)	－ 원산지인증수출자번호를 기재 : 　IT001RM106

㉒ 협정적용 순중량	○ 수입신고 물품 중 협정관세적용신청 물품의 순중량을 기재 – 원산지증명서를 분할하여 수입하는 경우 분할 수입신고하는 물품의 순 중량을 기재	– 원산지증명서상의 윤활유 1,000kg 중 500kg에 대해 수입신 고 및 협정관세 적용신청을 하는 경우 : 500kg
㉓ 분할차수	○ 원산지증명서의 물품을 분할하여 수입 하는 경우 분할차수를 기재	– 2회 차 분할신고 시 : 2
㉔ HS부호	○ 원산지증명서상의 HS부호 6단위를 기재 ＊ 수입신고서의 HS와 C/O상의 HS가 불일치할 경우에는 C/O를 기준으로 기재 ＊ C/O에 HS를 기재하지 않아도 되는 협정의 경우 수입신고서상의 HS를 기재	– C/O상 6단위 HS : 2710.19
㉕ 협정관세율 (구분)	○ FTA 협정관세(관세율 구분부호) 기재 – 적용받고자 하는 FTA의 협정관세 과 해당 관세율 구분부호를 기재	– 한·싱가포르 FTA에 따라 항공 기용 윤활유(2710.19-7110)를 수입한 경우 : 3.5(FSG)
㉖ 원산지 결정기준	○ 원산지물품의 종류를 기재 – 완전생산물품 : "A"로 기재 – 세번변경기준 충족물품 : "B"로 기재 – 부가가치기준 충족물품 : "C"로 기재 – 조합기준 충족물품 : "D"로 기재 – 역외가공기준 충족물품 : "E"로 기재 – 기타 원산지기준 충족물품 : "F"로 기재 – 자율발급원산지증명서 물품 : "G"로 기재	– 완전생산물품의 경우 : [A] – 세번변경과 부가가치 조합 기준 의 경우 : [D] – 세번변경과 부가가치 선택 기준 의 경우 • 세번변경 기준 적용 : [B] • 부가가치 기준 적용 : [C] – 자율발급 원산지증명 물품으로 원산지기준을 알 수 없는 경우 : [G]

참고문헌

Holmes, Peter and G. Shephard(1983), "Protectionism in the Economic Community", *International Economics Study Group*, 8th Annual Conference.

Koshinen, Matti (1983), "Excess Documentation Costs as a Non-tariff Measure: an Empirical Analysis of the Import Effects of Documentation Costs", Working Paper, Swedish School of Economics and Business Administraion.

김영귀, 금혜윤, 유새별, 김양희, 김한성(2014), 「한국의 FTA 10년 평가와 향후 정책방향」, 대외경제정책연구원.

이웅, 조충제, 송영철, 최윤정, 이정미(2014), 「인도의 확대가 한·인도 교역에 미치는 영향」, 대외경제정책연구원.

이순철(2014), 한중 FTA 협상 진행 현황 및 산업별 기상도, 「신용사회」 11월호, 신용보증기금.

정인교, 조정란, 방호경, 김석오(2005), 「우리나라 FTA 원산지규정(ROO) 연구 및 실증분석」, 한국경제연구원.

최흥석, 이영달(2011), 「FTA 시대 원산지 이론과 실무」, 한국관세무역개발원.

한홍렬(1994), 「NAFTA 원산지규정의 의의와 정책시사점」, 대외경제정책연구원.

〈웹사이트〉

한국무역협회, www.kita.net